장엄하고도 아름다운

처절한 사랑

장엄하고도 아름다운 처절한 사랑

초판 1쇄 발행 2018. 10. 10.

■지은이　　이상덕
■펴낸이　　방주석
■펴낸곳　　베드로서원
■주　소　　10252 경기도 고양시 일산동구 고봉로 776-92
■전　화　　031-976-8970
■팩　스　　031-976-8971
■이메일　　peterhouse@daum.net
■창립일　　1988년 6월 3일
■등　록　　(제59호) 2010년 1월 18일

ISBN　978-89-7419-366-9 03230

책값은 뒤표지에 있습니다.

베드로서원은 말씀과 성령 안에서 기도로 시작하며
영혼이 풍요로워지는 책을 만드는 데 힘쓰고 있으며,
문서선교 사역의 현장에서 세계화의 비전을 넓혀가겠습니다.

나의 힘이신 여호와여 내가 주를 사랑하나이다 (시 18:1)

장엄하고도 아름다운
처절한 사랑

이상덕 목사 지음

베드로서원

목 차

서 문 • 8

1. 십자가의 길 찾아

1-1 나는 여호와라 • 14

1-2 길 따라 가야 한다. • 19

1-3 길 찾아가다 • 23

1-4 끝없는 악의 뿌리 • 29

1-5 홀로코스트 앞에서 • 33

2. 베들레헴 ·나사렛

2-1 독생자를 품은 베들레헴 • 38

2-2 아기 예수 찾는 사람들 • 43

2-3 양의 우리가 없다 • 47

2-4 무지한 나사렛 • 51

2-5 목수의 집이 없다 • 55

3. 요단강·광야

3-1 요단 물 찾아오다 • 60

3-2 시험 받은 광야 • 65

3-3 눈 열어주소서 • 69

4. 갈릴리

4-1 갈릴리야 • 74

4-2 팔복 내린 산마루 • 78

4-3 오병이어 사랑 • 83

4-4 막달라 마을에서 • 88

4-5 막달라의 눈물 • 92

4-6 네가 나를 사랑하느냐 • 96

4-7 베드로 물고기 배 • 100

4-8 베드로 물고기 맛 • 106

4-9 살아 있는 갈릴리 • 110

4-10 죽은 바다 사해 • 114

5. 예루살렘

5-1 하늘 사랑 머문 베다니 • 118

5-2 히스기야 터널 • 122

5-3 실로암 가는 길 • 126

5-4 베데스다에 핀 꽃 • 129

5-5 예루살렘 성전아 • 133

5-6 마지막 만찬에서 • 137

6. 감람산

6-1 닭이 울다 • 144

6-2 베드로 통곡 소리 • 149

6-3 감람산아 • 153

6-4 감람나무 아래 핀 장미꽃 • 159

6-5 감람나무야 들었느냐 • 165

7. 비아 돌로로사

7-1 비아 돌로로사(Via Dolorosa) • 172

7-2 빌라도 관정 • 179

7-3 로마 총독 빌라도 • 183

7-4 빌라도의 오판 • 187

7-5 채찍 소리에 • 191

7-6 가시관 • 196

7-7 홍포 • 201

7-8 하늘 보는 아들 • 205

7-9 고난의 길 • 210

7-10 도살장으로 • 215

7-11 골고다 • 219

7-12 험한 골고다가 없다 • 225

7-13 망치 소리에 • 229

7-14 내가 목마르다 • 234

7-15 엘리 엘리 라마 사박다니 • 239

7-16 다 이루었다 • 244

7-17 십자가 언덕 가는 길 • 249

7-18 들을 수 없나요 • 254

7-19 하늘 성에서 • 259

8. 부활의 노래

8-1 부활의 벚꽃 • 266

8-2 빈 무덤에서 • 269

8-3 네가 주의 종이냐 • 273

8-4 통곡의 벽에서 • 278

8-5 하나님 나라 • 283

서 문

나는 유치부 때부터 '예수 사랑하심은'이라는 노래를 부르며 자랐다.
어려서부터 신앙생활을 했기에 예배에 참석하지 않으면 큰 일 나는 줄
알았다. 교회에서 직분을 맡기면 하나님의 일로 생각하고 성실하게 감
당했다. 교회에서와 직장에서 그리고 친구들 사이에서 독실한 교인으
로 통했다. 그러나 돌이켜 보면 모양은 그리스도인이었으나 실상은 세
상 사람들과 다를 바가 없었다. 영원히 멸망당할 죄인임에도 죄인이라
는 사실을 마음속 깊이 깨닫지 못하고 제법 신앙생활을 잘하는 의로운
사람인 것처럼 외식하며 살았다. 자신의 죄가 얼마나 무서운 것인지,
자신이 얼마나 비참한 결과를 맞이할 인생인지를 깨닫지 못하면 십자
가를 절실하게 붙잡을 수가 없다. 십자가가 가슴에 와 닿지 않으니 십
자가를 통해 부어주시는 하나님의 사랑과 은혜를 깨달을 수 없고 누릴
수 없다. 그러니 신앙생활을 기쁨으로 할 수 없고 때로는 짐이 되기도
한다. 어려서부터 신앙생활을 해온 사람들이 빠지기 쉬운 함정이기도
하다.

이런 함정에 빠진 사람들은 하늘 아버지의 마음을 슬프게 하는 일을
수도 없이 하면서도 회개하고 돌이키지 않는다. 인생길 굽이굽이 돌 때

마다 하나님이 사랑으로 나를 붙잡아주시고 위로해 주시고 세워주셨지만 당연한 것으로 생각하고 여전히 마음을 세상 것에 두고 세상을 좇아가며 살았다. 십자가의 은혜와 사랑이 머리에서 가슴으로 내려와 내 심령 깊은 곳에 이르기까지 너무나도 긴 세월이 흘러갔다. 이 사랑과 이 은혜가 내 심령을 울릴 때 비로소 파스칼의 고백과 같이 환희, 환희, 환희의 기쁨으로 하나님을 사랑하고 이웃을 자신과 같이 사랑하며 살 수 있는데 그렇지를 못했다. 지는 해를 붙잡으려고 하늘이 힘들어할 즈음에야 가쁜 숨을 몰아쉬며 살아온 인생길을 뒤돌아보니 발아래 자욱한 눈물자국과 땀방울뿐이었다. 영원한 것을 심고 영원한 것을 거두어야 하는데 거둘 것이 없었다.

땅의 것만 바라보던 눈으로 하늘을 보았다. 거기 내가 가야할 길이 있었다. 어려서부터 엄마가 잃어버리면 안 된다고 신신당부하던 길이다. 사랑의 길, 영원한 생명의 길이니 절대로 잊어서는 안 된다는 길이다. 어리석은 죄인이 이제야 신앙에 철이 드는지 인생길을 일곱 구비나 돌아서야 하늘 아들이 이루어놓은 그 길을 가슴에 담기 위해 젖과 꿀이 흐르는 땅으로 찾아갔다. 하늘 아들이 사람의 몸으로 태어나신 베들레헴에서부터 자라나신 나사렛과 생명의 말씀을 전하던 갈릴리 지역과 예루살렘 성 안과 밖에 있는 하늘 아들의 흔적을 찾아다녔다. 하늘 사랑이 심령 깊숙이 사무치게 다가올 때까지 하늘 아들이 걸어가신 길을 걷고 또 걸었다. 하늘 아들이 죄인을 구원하기 위해 천지가 개벽할 일을 하신 길이다.

"회개하라 천국이 가까이 왔느니라."하늘 아버지의 뜻을 이루기 위해 사람의 몸으로 이 땅에 오신 하늘 아들 예수 그리스도께서 영원히 멸망 받을 죄인을 구원하기 위해 공생애를 시작하면서 외치신 첫 말씀이다. 이 말씀은 죄를 깨닫고 하나님 앞으로 돌아온 죄인을 구원해 하나님의 자녀로 삼아 영원한 하늘나라에 들어갈 수 있도록 하시겠다는 천금보 다 귀한 복음이다. 그러나 지옥으로 갈 죄인이 의인되어 하늘나라 가 는 일이 어디 쉬운 일인가! 그런데 하늘 아들이 이 일을 해냈다. 하늘이 탄식하고 땅이 놀랄 일을 해낸 것이다. 하늘 아들이 죄인이 의인으로 인 정받아 하늘나라에 들어갈 수 있도록 죄인들의 모든 죄를 담당하고 십 자가에 달려 돌아가셨다. 십자가는 죄인이 의인 되는 길이요, 죄의 종이 하나님의 자녀가 되는 길이요, 영원한 멸망의 길에서 영원한 생명의 길로 가게 하는 하나님의 지혜요 능력이요 사랑이다. 성 삼위 하나님은 이 일 을 이루기 위해 모든 것을 쏟아 부으셨다. 성자 하나님의 말할 수 없는 고통과 성부 하나님의 눈이 눈물에 상하고 창자가 끊어지고 간이 쏟아 지는 아픔과 하늘 아들이 구원 사역을 완성할 수 있도록 끝까지 붙잡 아 주신 성령 하나님의 역사가 함께 이루어놓은 것이 십자가다. 이 얼마 나 위대하고도 장엄하고도 아름다운 처절한 사랑의 역사인가!

십자가를 붙잡고 하늘 아들이 걸어가신 길을 따라가며 고난의 길목 을 만날 때마다 하늘 사랑이 강물과 같이 밀려들어와 흐르는 눈물을 주체할 수 없었다. 나는 이 사랑과 이 은혜를 함께 나누기 위해 시를 쓰 고 글을 썼다. 이 시와 글은 작품이 아니다. 평생 하늘 아버지 마음을 안타깝게 하며 살던 죄인이 생명의 길, 하늘나라 가는 길을 열어주신 하 늘 아버지와 십자가에 달린 독생자와 나를 이끌어 주시는 성령님께 드 리는 사랑의 고백이요 신앙이다. 이 시와 글이 십자가가 점점 멀어져가는 세대에 자기중심적인 삶을 살아가는 하늘 백성들과 나와 같이 하늘을 보지 않고 허탄한 것을 좇아가며 세월을 흘러 보내고 있는 사람들이 십자가의 은혜와 하늘 사랑을 더 깊이 깨닫고 누리며 전할 수 있는 길잡이가 되었으면 하는 바람 간절하다. 그리고 이스라엘 성지순례를 다녀온 성도들에게는 기억을 되살리며 은혜를 함께 나누고, 성지순례를 계획하고 있는 성도들에게는 십자가를 통해 부어주시는 하나님의 사랑을 충만하게 깨닫고 누릴 수 있는 계기가 되었으면 좋겠다.

이 시와 글에 대한 이해를 돕기 위해 줄인 말로 사용한 몇 몇 용어에 대해 언급하고자 한다. '하늘 아버지'라는 말은 '하늘에 계신 우리 아버지'를, '하늘 아들'은 '하늘 아버지의 아들'을, '하늘나라'는 '천국, 즉 하나님의 나라'를 줄여서 쓴 말이다.

끝으로 이 죄인이 하늘 사랑을 깨닫고 목사가 돼 주의 일을 감당하면서 이 시와 글을 쓸 수 있기까지 많은 분들의 도움이 있었다. 목사로서 첫 걸음을 내딛도록 이끌어주신 강동제일교회 이홍재 목사님, 협력선교사로 세워주시고 지원해 주신 장석교회 이용남 원로목사님과 함택 담임목사님, 군선교의 길을 열어주신 전 백석예술대학 부총장 이찬규 목사님, 그리고 늦깎이 목사를 주의 종이라고 신뢰하며 사역을 지원해준 사랑하는 친구 최철 장로님과 황선영 집사님, 그리고 동역자 이영식 목사님과 베드로서원 대표이신 방주석 장로님께 감사의 마음을 드린다.

그리고 이 시와 글로 신학대학원을 마치고 사역의 동역자로 주의 종의 길을 함께 가고 있는 사랑하는 아내와 주의 일이라면 언제나 우선적으로 배려해 주는 사랑하는 아들과 함께 여호와 우리 하나님의 한없는 사랑과 은혜를 날마다 받아 누리며 즐거워하고 기뻐하며 그 사랑과 그 은혜를 전하고 싶다.

십자가의 길 찾아

1-1

나는 여호와라

여호와
영원한 그 이름
시작도 없고
끝도 없는
영존하신 지존

여호와
창조주 그 이름
스스로 계시고
스스로 만드시고
스스로 이루시는
만유의 주

여호와
거룩한 그 이름
죄를 저주하고
의를 세우시는
공의의 하나님

여호와
사랑의 그 이름
죄인 구하려
십자가에 달린
독생자를 버리신
나의 하나님

여호와
사망이 없고
아픔과 눈물 없는
하늘나라 보좌에 앉으신
하늘 아버지

▷▷▷▷

프랑스의 천재 작가 베르나르 베르베르가 쓴 《개미》라는 소설에 이런 장면이 나온다. 에드몽이 개미와 대화할 수 있는 기계를 발명했다. 에드몽이 그 기계로 개미와 대화를 하기 시작했다.

에드몽 "내가 신호를 보냅니다. 내 신호를 받고 있나요?"

개미 "이게 뭐야!"

에드몽 "내가 신호를 보냅니다. 내 말이 들리나요?"

개미 "애그머나나, 개미 살려. 아유 숨 막혀."

에드몽이 보낸 송신이 너무 강해 개미가 숨 막혀 하므로 다시 기계를 조정하고 어휘를 늘려 재차 개미와 대화를 시작했다.

에드몽 "자 됐나요?"

개미 "아니오, 당신 대화할 줄 모르는군요."

에드몽 "그럴 겁니다."

개미 "당신 누구세요?"

에드몽 "난 커다란 동물입니다. 내 이름은 에드몽, 인간입니다."

개미 "뭐라구요, 전혀 이해를 못하겠어요. 개미 살려! 도와 줘요! 아유 숨막혀!…"

에드몽이 개미와 대화를 시작할 수는 있었지만, 이 대화를 끝내고 난 후 대화를 한 그 개미는 5초 후에 죽었다. 송신이 너무 강했던 걸까? 그 개미가 받은 충격이 너무 컸던 것일까?

전능하신 창조주 여호와 하나님과 인간의 대화는 에드몽과 개미와의 대화와 마찬가지로 하나님이 인간에게 다가와야 가능하다. 하나님이 인간의 수준까지 내려오지 않으면, 인간은 하나님을 알 수도 없고 하나님과 대화를 할 수도 없다. 더욱이 인간이 하나님의 생각을 안다는 것은 불가능하다. 하나님의 생각을 알기 위해서는 하나님께서 인간에게 말씀하시고 인간이 하나님의 말씀을 이해할 수 있어야 한다. 그래서 여호와께서 아브라함과 이삭과 야곱에게 찾아와 말씀하셨고, 저들의 삶 가운데 함께 하시고 간섭하심으로 여호와 하나님을 알게 되고 하나님의 구속계획도 알게 됐다. 하나님의 말씀을 통해 알 수 있는 여호와는 어떤 분이신가?

나는 여호와라! 여호와는 영원한 분이다. 사람은 그 날이 풀과 같아 바람이 지나가면 없어져 그 있던 자리도 알지 못하지만, 여호와는 영원부터 계셨고 영원까지 계시는 분이다. 아버지도 없고, 어머니도 없고, 족보도 없고, 시작한 날도 없고, 생명의 끝도 없는 영원하신 분이다. 여호와는 거짓이 없고 약속한 말씀은 결코 바꾸지 않는 지존하신 분이다. 진화도 없고, 변화도 없고, 보탤 것도 없고, 뺄 것도 없는 완전한 분이다.

나는 여호와라! 여호와는 스스로 있는 분이다. 사람이 손으로 만든 우상이 아니다. 깨어지면 붙이고, 색깔이 바래면 도색하고, 먼지가 쌓이면 털고 닦아주고, 사람이 옮기지 않으면 꼼짝달싹 못하는 우상이 아니다. 여호와는 태초에 천지를 만드신 창조주다. 천지만물 가운데 스스로 만들어진 것은 하나도 없고, 모든 것이 창조주가 만든 피조물이다. 따라서 여호와는 존재하는 모든 것의 주인이신 만유의 주다. 천지는 없어지고 만물은 옷같이 낡아 사라질지라도 여호와는 한결같은 분이다.

나는 여호와라! 여호와는 거룩한 분이다. 흠도 없고 티도 없이 깨끗하고 완전한 분이다. 죄와 의를 섞지 않으시고, 죄는 죄의 대가를 치르게 하고, 의는 의에 합당한 보상을 주는 공의로운 분이다. 죄를 싫어하되 세상 죄를 지고 가는 하늘 아들이 십자가에 못 박혀 죽어야 할 만큼 싫어하고, 멀리하고, 가까이 오지도 못하게 하는 분이다. 죄로 인해 더러워진 세상의 피조물들은 바라볼 수도 없는 분이다. 죄인들이 회개하고 돌이켜 하늘 아들이 달린 십자가의 피로 깨끗하게 되지 않으면 지옥불에 던져 영원히 격리시키는 거룩한 분이다. 그러나 화목제물이 된 하나님의 어린 양의 피로 깨끗하게 된 죄인들은 의롭다하시며 여호와의 얼굴을 나타내시고 만나주신다. 그리고 수정 같이 맑은 생명수가 흐르는 시냇가 생명나무 아래서 기다리는 하늘 아들을 만나 그 품에 안기는 기쁨을 주신다.

나는 여호와라! 여호와는 사랑이시다. 여호와는 뜻을 정하고 이루기를 작정하면 반드시 이루시는 분이다. 죄인을 사랑하고 구원하기 위해 뜻을 정하고, 사랑하는 독생자가 십자가에 달려 지옥고통을 당하며 죽음의 문턱에서 아버지를 향해 왜 나를 버리셨느냐며 부르짖고 있어도 외면하고 뜻을 이루는 분이다. 십자가에 달린 하늘 아들을 믿고 구원받은 백성은 죄로 인해 실족해도 끝까지 버리지 않고 돌아오기를 기다리는 분이다. 죄 가운데 살다가 걸레 같이 더러워진 몸으로 돌아와도 독생자의 피로 씻어주고, 거룩한 세마포 옷으로 갈아입히고, 새 신발을 신겨주고, 가락지를 끼워 하늘 아들로 맞이해주는 분, 사랑으로 충만한 나의 하나님이다.

나는 여호와라! 하늘나라 보좌에 앉아 세세토록 영광 가운데 있는 분이다. 사랑하는 아들의 피로 씻음 받고 구원받은 백성들을 그 눈에서 눈물을 닦아주고, 다시는 사망이 없고 애통하는 것이나 곡하는 것이나 아픈 것이 있지 않는 나라, 예전 것은 다 지나가고 만물을 새롭게 한 나라, 여호와가 빛이 돼 어둠이 없는 하늘나라에서 사랑하는 자녀로 맞아주는 분이다. 여호와는 구원 받은 자녀들이 바라보고 기뻐하며 찬송과 존귀와 영광을 세세토록 돌리는 모습을 즐거워하며 풍성한 은혜를 베푸는 하늘 아버지다.

1-2
길 따라 가야 한다.

길 따라 가야 한다
올곧게 뻗어 있는
철길 따라 가야 한다

팔 거리
한 보따리 이고 들고
무거운 발걸음 옮기는
어미 고생 안타까워
마중 나온 어린 새끼

손에 든 짐 받아 매고
앞서 걷는 어린 모습
대견스러워
집 길 잃어버릴까
딴 길로 가지 마란다

어미 떠나보내고
길 잃고 방황하다
틈틈이 일러주던 길
함께 걷던 그 길 찾았다

사랑의 길, 은혜의 길이다
어미 생명 먹고 자란 새끼
그 사랑에 목메어 울며
영원한 생명의 길
그 길 따라 간다

▷ ▷ ▷ ▷

쉘돈 실버스타인(Sheldon Alan Silverstein)의 동화 《아낌없이 주는 나무》에 이런 이야기가 나온다. 어느 마을 입구에 사과나무 한 그루가 있었다. 날마다 한 소년이 찾아왔다. 소년은 나무를 좋아했고 나무도 소년을 좋아했다. 세월이 흘러 소년에게는 돈이 필요했다. 소년이 나무를 찾아와 의논했다. 나무가 소년에게 "내 가지에 달려 있는 사과를 따서 팔아 써라." 했다. 소년은 사과를 팔아 돈을 마련해 기뻤고 나무도 행복했다. 몇 년 후 소년은 거처할 집이 필요했다. 나무에게 와서 근심스레 의논했다. 나무가 소년에게 "내 몸의 가지를 잘라 집을 지어라." 했다. 소년은 나무 가지를 잘라 집을 지어 기뻤고 나무는 행복했다. 세월이 더 흘러 소년은 청년이 됐고 나무는 거목이 됐다. 청년은 바다 멀리 항해하고 싶었으나 배가 없었다. 청년은 다시 나무에게 의논했다. 나무는 "내 몸통을 잘라 배를 만들라." 했다. 청년은 나무를 베어 배를 만들었다. 청년은 기뻤고 나무는 행복했다. 청년은 오랫동안 바다에서 풍랑과 싸우며 항해를 하다가 노인이 돼 고향으로 돌아왔다. 동리 밖 입구에 등걸만 남은 나무를 보았다. 피곤에 지친 노인은 나무 등걸에 걸터앉아 오랜 만에 쉼을 누렸다. 그래도 나무는 행복했다.

이 동화에 나오는 사과나무는 엄마요 소년은 아들이다. 사과나무는 잘릴 때마다 아팠고 소년이 멀리 떠날 때는 슬펐다. 그래도 자식이 좋아하니 참고 기다렸다. 이것이 엄마 마음이다. 모든 것을 자식에게 주고, 또 주고 결국 등걸만 남았어도 자식이 기쁘고 평안하다면 행복해지는 것이 엄마 마음이다. 엄마 떠나보낸 지가 언젠데 이제야 이 죄인 새벽마다 기도하던 엄마 마음 붙잡고 따라가며 일러준 그 길 찾아 나섰다.

　어린 시절 우리 집은 너무 가난했다. 그 시절 가난에 힘들어 하지 않는 집이 얼마나 되겠는가마는 청송 산간벽지 시골에서 살다가 가진 것 없이 무작정 부산으로 내려왔으니, 변변한 집 한 칸도 마련하지 못하고 피난민 수용소 판자촌에서 살았다. 지금은 눈높이만 낮추면 일거리를 구하기가 어렵지 않지만 그 당시는 막일도 구하기가 힘들었다. 아버지 어머니가 밤늦도록 일해도 우리 식구들 하루 한두 끼 굶는 것은 다반사였다. 그나마 집 근처 구호병원에서 끓여 나누어 주는 옥수수 죽이라도 먹을 수 있는 날은 허기를 면할 수 있어 다행이었다. 그것도 매일 먹을 수 있는 것이 아니었다. 옥수수 죽을 타 먹으려면 아침 일찍 서둘러 앞자리에 줄을 서야 했다. 죽이 바닥나면 여동생과 함께 빈 냄비 들고 집으로 돌아올 수밖에 없었다. 그날은 배가 더 고팠다. 늦은 밤까지 일하고 돌아온 엄마, 새끼들 굶어 축 처진 모습을 볼 때마다 가슴 아팠던지 하루 종일 일하고도 굶주림에서 벗어나지 못하는 막일을 그만두고 장사를 하기 시작했다. 점포가 있는 것도 아니었다. 10리쯤 떨어진 큰 시장까지 걸어가 구입한 무, 배추, 파 같은 채소를 몇 보따리 꾸려 머리에 이고, 손에 들고 와서 동네시장으로 들어가는 길바닥에 펴 놓고 팔아야 했다. 내가 초등학생일 때다. 여름방학이 되면 무거운 짐을 이고 들고 땀에 절어 걸어오고 있는 엄마 모습이 안타까워 돌아오는 길목까지 마중 나가 엄마를 기다리곤 했다. 거기까진 철길이 놓여있어 철길만 따라가면 길 잃어버릴 염려는 없었다. 철로 위를 걷거나 철도 침목을 하나 둘 세면서 걷는 재미도 있었다. 땀에 절어 돌아오고 있는 엄마를 만나 손에 들고 있는 보따리를 내가 지고 가겠다면 무거워 안 된다며 한 사코 말렸다. 그래도 나는 떼를 쓰며 그 짐 받아 등에 지고 걸었다. 엄마 앞서 한 짐 지고 걷는 어린 것이 대견한지 엄마는 땀을 비 오듯 하면서도 얼굴에 웃음이 떠나지 않았다. 나는 엄마 웃음이 좋아 날씨만 좋으면 엄마 마중 나갔다. 그래도 엄마는 먼 길까지 걸어서 마중 나오는 어린 새끼가 행여나 길 잃어버릴까 철길만 따라 가란다. 좌로나 우로나 치우치지 말고 올곧은 그 길만 따라 가라 한다.

인생길 수많은 굽이를 돌고 돌았다. 이제야 철없던 어린 시절 엄마와 함께 걷던 그 길, 가슴 속 깊이 묻혀 있던 그 길에 생명의 싹이 나고 있다. 엄마가 새벽마다 무릎 꿇고 눈물로 기도하며 뿌린 씨앗에 생명의 움이 터 자라고 있다. 철길 따라 걸으며 일러준 그 길은 생명의 길이었다. 어린 새끼 위해 모든 것을 아낌없이 쏟아부어준 은혜의 길이었다. 한없는 사랑으로 들려준 그 길은 영원한 생명을 얻는 길이었다.

1-3

길 찾아가다

거기
길이 있다 한다
생명의 길이다
하늘 아들이
멸시를 받으며
지옥의 형벌
부둥켜안고
열어나간 길이다.

거기
길이 있다 한다
은혜의 길이다
사랑하는 아들이
하늘 아버지로부터
버림받아
열어놓은 길이다.

거기
길이 있다 한다
영원으로 가는 길
기뻐하는 아들이
아버지 뜻 이루려
목숨 걸어놓고
이룬 길이다.

거룩한 그 길
아무나 알 수 없는
좁은 길
십자가 없이는
갈 수 없는 길
그 길 찾아 나섰다.

▷▷▷▷

남미에 있는 칠레는 태평양 해안선을 따라 남북으로 길게 뻗어있는 나라다. 동서의 폭은 177km 정도밖에 안 되지만 길이가 5,337km나 된다. 수도는 산티아고, 인구는 천육백만 명 정도 되며, 우리나라와 2002년 10월 FTA(자유무역협정)가 체결된 후 칠레산 과일과 포도주가 많이 들어와 있어 생소하지 않은 나라다. 그러나 칠레는 과일보다 구리 때문에 유명하다. 구리 생산이 세계 1위, 세계 소비량의 35% 이상을 공급한다고 해서 잘 알려진 것이 아니라, 구리광산 사고 때문에 유명해진 것이다.

2010년 8월 5일 구리 광산의 갱도가 무너져 33명의 광부들이 700m나 되는 깊은 곳에 갇혀버렸다. 살려면 나가는 길을 찾아야 한다. 그러나 지하 700m나 되는 곳에서 갱도가 무너지면 살아나갈 수 있는 길은 오직 위에서부터 내려오는 구원의 손길밖에 없다. 광부들은 그것이 거의 불가능하다는 것을 잘 안다. 지상에서 수직으로 갱도가 있는 것이 아니다. 갱도는 동서남북 어디든 구리광맥을 따라 파 들어간 길이기 때문에 지상에서 광부들이 갇혀있는 지점이 어딘지 알아내기가 넓은 백사장에 바늘 하나 떨어뜨려 놓고 찾으라는 것만큼 어렵다고 한다. 이런 절박한 상황에서 첨단 과학 장비를 동원한 결과, 광부들은 17일 만에 지상과 연락될 수 있었고 69일 만에 33명 전원이 기적적으로 구조됐다. 구조된 광부들은 지상과 연락이 단절된 17일간 절망 가운데 있었다고 한다. 구원될 가능성이 전혀 없는 가운데 죽음의 공포가 밀려오고, 화를 주체할 수 없어 말싸움이 여기저기서 일어나고, 굶주림에 시달리자 가장 약한 사람을 잡아먹자는 이야기까지도 나왔다 한다. 이것이 길을 잃어버린 인간 본연의 모습이다. 세상은 무너진 갱도 안과 같은 곳이다. 위로부터 구원의 손길이 닿지 않으면 무너진 갱도 안에서 절망 가운데 있던 광부들의 모습과 같이 비참하게 살 수밖에 없다. 그래서 창조주 여호와 하나님께서 절망 가운데 있을 수밖에 없는 죄인들을 구원하기 위해 하늘로부터 독생자를 이 땅에 보내주신 것이다. 그 길이 예수 그리스도께서 십자가로 이루어놓은 구원의 길, 생명의 길이다.

인간은 철이 들면 길을 찾아 나서는가 보다. 특히 죄인이 영원히 멸망 받을 수밖에 없는 비참한 인생인 것을 깨닫게 되면 살 길을 찾아 나서게 돼 있다. 나는 이제야 철이 들어가는지도 모르겠다. 어릴 적 엄마가 일러준 그 길, 생명의 길을 이제야 찾아 나섰다. 평생 하늘 아버지의 가슴을 아프게 하며 살았던 죄인이 그 사랑에 메인바 돼 십자가의 길을 찾아 나섰다. 사랑하는 독생자가 달린 그 십자가를 바라보며 '눈이 눈물에 상하고 창자가 끊어지고 간이 쏟아지는 아픔'을 견디며 이 죄인을 용서하고 사랑하시는 아버지께서 열어 놓으신 생명의 길을 찾아 나섰다.

어려서부터 엄마가 이 길을 잃어버리면 안 된다고 신신당부하던 길이다. 사랑의 길이다. 영원한 생명의 길이니 절대로 잃어버려서는 안 된다는 길이다. 철없는 어린 아들이 알 리가 없지마는 엄마는 그래도 새벽마다 눈물로 기도했다. 비가 오거나 눈이 많이 쌓인 새벽엔 교회에 가지 못하고 방문 앞 마루에 무릎 꿇고 기도하며 신신당부하던 길이다. 이제 인생길 일곱 구비 돌아 그 길 찾아 나섰다. 머나먼 길이다. 하늘을 날아 13시간 넘어서야 갈 수 있는 길이다. 설레는 마음으로 이스라엘 텔아비브 벤구리온 국제공항으로 가는 비행기를 탔다. 비행기 타고 하늘 길 다닌 것이 한두 번이 아닌데 왜 이렇게 가슴이 떨리고 설레는지! 하늘길이 복잡해 30분 넘게 지체하더니 드디어 이륙이 시작된다. 바퀴 굴러가는 소리가 요란하다. 많은 승객들이 타서 그런지 비행기도 힘들어한다. 모두들 생명의 길 찾아 나서는 걸까? 이 길은 아무나 갈 수 있는 길이 아닌데! 거룩하신 하늘 아들, 천지만물을 창조하신 하늘 아들이 멸시와 천대를 받으며 목숨 걸고 열어놓은 길인데!

이스라엘에는 테러가 종종 발생하기 때문에 입국심사가 매우 까다롭다는 말을 들었다. 드디어 입국심사대 앞에 섰다. 여권을 건네주고 예상 되는 질문에 대답할 말을 미리 준비하고 기다렸다. '나는 목사입니다', '성지순례를 왔습니다.' 미소를 짓고 있어 그런지 아무런 질문도 없이 얼굴 한 번 쳐다보고 여권의 4분의 1정도 되는 종이에 별도로 인쇄한 3개월간 체류 허가증을 준다. 여권에 스탬프를 찍지 않는 이유는 이스라엘에 입국했던 사실이 나타나면 다른 아랍 국가에 입국하기 어렵기 때문에 여행객들의 요구로 그렇게 한다는 것이다.

예루살렘에서 공부하며 선교하는 김영길 목사님 댁에 숙소를 정했다. 공항까지 목사님이 차를 가지고 나와 편안하게 숙소에 도착했다. 숙소에 도착하기까지 호기심으로 차 밖에 펼쳐지는 이스라엘 땅을 유심히 살펴보았다. 젖과 꿀이 흐르는 땅이라는데 어딘지 모르게 너무 삭막하게 느껴진다. 나지막한 언덕에는 여기저기 마을이 형성돼 있다. 어떤 마을은 장벽이 둘러 있다. 테러에 가담했던 아랍인이 거주한 지역에는 테러를 막기 위해 장벽을 둘러싸 통제한다고 한다. 아랍인 거주지역이 가까운 곳에는 검문하는 군인들이 실탄을 장전한 총을 들고 서있다. 수십 년 동안 남북 간의 갈등과 긴장 속에 살아왔지만, 역사적으로 뿌리 깊은 갈등이 직접 부딪치고 있는 곳에 와서 보니 긴박한 긴장이 피부에 와 닿는다. 이 땅이 어떤 땅인가! 미움과 갈등으로 멸망의 길에 들어선 세상에 하늘 아들이 사람의 몸으로 와서 용서와 사랑을 베풀기 위해 십자가에 달려 죽은 땅이 아닌가! 그런데 하늘 아들이 목숨 걸고 베풀어준 용서와 사랑이 보이지 않는다.

다음 날 아침, 설레는 마음에 잠도 잘 자지 못한 상태에서 목사님의 안내로 예루살렘 성을 둘러보았다. 길이 미로 같아 한 번 와보고는 어디가 어딘지 알 수 없는 곳이다. 다니며 묵상하고 싶은 길만 잊지 않기 위해 머리에 담으려 애를 썼다. 길을 잘못 들어서기라도 하면 이리저리 헤매다가 거미줄 같은 복잡한 미로를 벗어나기가 어려울 것 같다. 예루살렘 성은 종교가 다른 사람들이 사는 4개 구역으로 나뉘어져 있다. 평화의 성 예루살렘이 미움과 갈등과 증오로 가득 찬 곳이 됐다. 인간의 탐욕과 죄성이 얼마나 강한지 하늘 아들이 사람의 몸으로 이 땅에 와서 온갖 멸시와 치욕과 박해를 받으며 십자가에 달려 잔인한 처형을 당하기까지 용서와 사랑과 희생을 남겨준 곳인데도 여전히 미움과 증오와 갈등이 넘치고 있다. 예루살렘 성 밖과 안에는 무장한 이스라엘 군인들이 길거리 요소마다 삼삼오오 경계를 하고 있다. 언제 어느 곳에 테러가 일어날지 모르기 때문이다. 수상하면 그 자리에서 바로 검문검색을 한다. 테러범으로 확인되면 즉각 대응한다. 여기 체류하는 동안 긴장의 끈을 늦추지 못할 것 같다.

나는 시를 쓰는 재주도 글을 쓰는 능력도 뛰어나지 못하다. 그러나 나는 이곳에서 시로, 글로 고백할 것이 있다. 어려서부터 하늘 사랑으로 살았으나 그 사랑 깨닫지 못하고 평생 아버지 가슴에 못을 박으며 산 이 죄인이 해야 할 일이 있다. 사랑하는 주님 가신 그 길 따라가며 하늘 아버지의 그 장엄한 사랑과 우리 주 예수 그리스도의 처절한 은혜를 보고 느끼고 확인해 시로, 글로 전하는 것이다. 이 일은 내 힘과 능력으로 할 수 있는 일이 아니다. 성령님께서 도와주셔야만 할 수 있는 일이다. 성자 하나님 예수 그리스도께서 사람의 몸으로 이 땅에 와서 고난의 길을 가다가 십자가에 달려 죽으시고 사흘 만에 부활해 하늘에 올라 성부 하나님 우편에 앉으시기까지 함께 하면서 아름답고도 위대한 사역을 이루도록 역사하신 성령님의 도우심이 있어야 한다. 그래서 이 일은 기도로 시작해서 기도로 끝내야 한다.

이런 일 저런 일로 쫓기며 사는 가운데서도 이와 같이 귀중한 일을 시작할 수 있도록 시간과 여건을 만들어 주시고, 낯설고 얼기설기 얽혀 있는 복잡한 이스라엘 땅에 미리 보내신 귀한 목사님 가정에 자리를 마련하고 많은 도움을 받게 하신 것도 성령님의 역사라 믿는다. 독생자를 주시기까지 우리를 사랑하는 하늘 아버지의 장엄한 사랑과, 목숨까지도 내놓으신 성자 하나님 예수 그리스도의 처절한 은혜를 깨달은 죄인이 지금은 비록 가슴을 찢으며 애통하는 심령으로 아버지 앞으로 나아가지만, 이 사명 다 마친 후에는 사탄의 목을 밟고 여호와 하나님 우리 아버지의 최후의 승리를 외치며 넘치는 기쁨으로 달려가 그 품에 안길 것이다. 그리고 생명수가 흐르는 시냇가 생명나무 아래서 이 죄인을 기다리는 사랑하는 주님을 만나 기뻐 뛰며 춤추며 그 품에 안길 것이다. 나는 지금 이 소망 가지고 가야 할 길을 찾아와 이 일을 시작한다.

1-4
끝없는 악의 뿌리

인간은
악마인가 천사인가
홀로코스트에서
악마를 보았다

하나님 사랑 떠나
죄의 종 된 인간
악마가 만들어가는
끝없는 잔인함
홀로코스트

하늘 아버지
천하보다 아끼는 생명
명태 말리듯 바싹 말려
짐짝처럼 실어 나르는
잔인성

짐승처럼 살 처분한 사람을
불도저로 쓰레기처럼 밀어
구덩이에 쓸어 넣고 묻으며
얼굴 표정 하나 변하지 않는
냉혹성

인간 심령 속에
자리 잡은 악마의 뿌리
지옥까지 뻗어 닿았다
누가 이 악의 뿌리 뽑아
구원할 수 있겠는가

하늘 아버지
택한 백성 구하려
사랑하는 아들 목숨
속죄의 제물로
십자가에 걸었다

홀로코스트(holocaust)는 인간이나 동물을 대량으로 학살하거나 태워 죽이는 것을 말한다. 그러나 고유명사로 '홀로코스트'(Holocaust)를 쓸 때는 제2차 세계대전 중에 독일 나치가 저지른 600만 명이나 되는 유대인의 대량학살을 말한다. 이스라엘 예루살렘에는 홀로코스트를 절대로 잊어서는 안 된다는 것을 후손들에게 알리기 위해 '야드바솀'(Yad Vashem) 기념관이 세워져있다. '야드바솀'이란 '손바닥과 이름' 즉 '이름을 기억한다'는 뜻이다. 홀로코스트로 희생된 유대인들의 이름을 기억하고, 그들이 남긴 유품을 전시하고, 증인들의 증언을 방영하며 다시는 이와 같은 비극을 당하지 않겠다고 다짐하는 곳이다. 이스라엘 사람들은 성인식을 올린 13세 이상이 되면 '야드바솀'을 방문한다. 성인식을 올리지 않은 어린이들은 홀로코스트의 잔인함으로 인해 트라우마가 생길 것을 염려해 방문이 금지된다. 나는 예루살렘 '야드바솀'을 방문해 숙연하고 비통한 심정으로 홀로코스트의 한 장면 한 장면을 바라보며 인간이 어떤 존재인지를 다시 한 번 생각하게 됐다.

파스칼은 '인간은 천사와 짐승 사이에 있는 중간적 존재'로 보았다. 그러나 파스칼이 홀로코스트 현장을 보았다면 이렇게 말을 다시 고쳐 쓸 것이다. '인간은 천사와 악마 사이에 있는 중간적 존재다.' 인간이 어떻게 인간을 그렇게 비참한 지경으로 몰아넣을 수 있는 것일까! 나는 홀로코스트에서 인간도 말린 명태처럼 만들 수 있다는 것을 보았다. 꼼짝달싹 못하게 가두어놓고 먹을 것을 주지 않아 명태처럼 말라비틀어지는 사람을 보면서도 눈도 깜짝하지 않는 인간의 잔인성을 보았다. 말라비틀어져 처참하게 죽어 쓰러진 사람들을 얼굴 표정 하나 변하지 않고 짐짝처럼 들어 트럭에 차곡차곡 쌓아가는 악마의 모습을 보았다. 인간의 시체를 쓰레기처럼 내던지고 불도저로 미리 파놓은 구덩이에 밀어 넣어 덮어 버리는 것을 일상적인 일처럼 할 수 있는 것이 인간이라는 것을 알았다. 이것은 하나님이 창조하신 사람이 하는 짓이 아니다. 악마가 할 수 있는 짓이다. 악의 뿌리가 지옥까지 뻗어 있는 인간이 어떻게 거룩하신 하나님, 사랑과 자비의 하나님의 은혜를 누릴 수 있겠는가!

나는 홀로코스트를 보면서 하나님이 왜 아담에게 "선악을 알게 하는 나무의 열매는 먹지 말라 네가 먹는 날에는 반드시 죽으리라"(창 2:17)고 말씀하셨는지 깨달을 수 있었다. 선과 악은 하나님이 정하신다는 것이다. 인간이 선과 악을 결정하게 되면 홀로코스트와 같은 악을 저지르고도 선이라고 주장한다는 것이다. 아담과 하와가 '선악을 알게 하는 나무의 열매'를 따먹은 후 하나님을 알던 인간의 생령은 죽어버리고 그 심령 가운데 죄성이 깊이 뿌리내렸다. 인간의 악한 죄성이 하나님이 주신 말씀에 제어되지 못하고 고삐 풀린 망아지처럼 날뛰게 되면 인간은 선을 행한다는 명분을 내걸고 순식간에 악마가 될 수 있는 것이다. 홀로코스트가 이것을 보여주고 있다.

유대인을 대량으로 처참하게 죽음으로 몰아넣은 것은 미친 사람 몇이 어울려 한 짓이 아니다. 수많은 사람들이 집단으로 악의 덫에 걸려 함께 저지른 죄악이다. 그것도 기독교 국가에서 저지른 것이다. 외형적인 기독교인이 참 기독교인이 아니라, 십자가를 가슴에 품고 하나님의 말씀과 사랑으로 살아가는 사람이 참 기독교인이다. 외형적인 기독교인이 신앙을 명분으로 악을 저지르게 되면 세상 사람들보다 더 악한 일, 악마가 저지르는 일도 할 수 있다는 것을 알았다. 사람에게서 나간 귀신이 쉴 곳을 얻지 못하고 자신이 나온 곳으로 다시 돌아가 보니 집이 청소되고 수리돼 있어 저보다 더 악한 귀신 일곱을 데리고 들어갔다는 말씀처럼(마 12:43-45) 외형적인 기독교인들이 그 심령에 하늘 아들이 달린 십자가의 사랑과 자비가 없다면 얼마나 더 악하게 될 수 있는 것인가를 홀로코스트는 보여주고 있다.

누가 인간을 근본적으로 선하다 했는가! 하나님은 인간을 선하게 창조하셨다. 그러나 인간은 하나님의 말씀을 믿지 않고 사탄의 말을 믿어 '선악을 알게 하는 나무의 열매'를 따 먹은 후 죄성이 그 마음에 깊이 뿌리를 내리게 됐으며 이로 인해 인간은 근본적으로 악하게 됐다. 인간은 선과 악을 스스로 결정하는 한 언제라도 악을 선이라 우기며 악마가 하는 짓을 서슴없이 할 수 있다. 누가 우리를 이 죄악의 굴레에서 벗어나게 할 수 있겠는가? 하늘 아들 예수 그리스도의 십자가가 없이는 이 죄악의 뿌리를 끊을 수 없다. 사랑하는 아들이 달린 십자가를 바라보는 하늘 아버지의 마음이 내 마음에 와 닿지 않으면 우리의 심령 가운데 깊이 뿌리를 내리고 있는 이 죄성을 이길 수 없다. 우리를 죄에서 구원하기 위해 십자가에 달린 아들을 바라보는 하늘 아버지, 그 눈이 눈물에 상하고 창자가 끊어지고 간이 쏟아지는 그 아버지의 아픔이 우리 심령에 와 닿지 않으면 첫 사람부터 자리 잡은 이 강한 죄성을 이길 수 없다. 그래서 하늘 아버지께서 죄인을 살리려 사랑하는 독생자를 십자가의 제물로 내어주신 것이다. 자신의 죄악을 날마다 십자가 앞에 쏟아 놓고 십자가와 함께 죽어야만 이 죄성을 제어할 수 있으며 하나님의 자녀로 살아갈 수 있는 것이다. 지옥까지 뻗어 있는 이 악마의 뿌리를 제거할 수 있는 방법은 오직 십자가를 붙잡고 하나님의 사랑 앞에 날마다 죽는 길밖에 없다.

1-5

홀로코스트 앞에서

홀로코스트
악마가 만든
처참한 지옥
악마는
우리 속에 있었다

하늘 아버지
사랑 떠나
탐욕과 증오에
사로잡힌 인간
악마의 자식 되었다

이 죄인
홀로코스트에서
죄인의 심령 속에
웅크리고 있는
악마를 보았다

하늘 아버지여
사랑하는 아들 달린
용서와 사랑의 십자가
죄인의 심령 가운데
세워주소서

탐욕과 증오의 광기
홀로코스트 바라보고
가슴 치며 애통하며
아버지께로 돌아오는
심령 되게 하소서

홀로코스트는 악마가 만든 처참한 지옥이었다. 누군가 나에게 악마가 어디 있느냐고 묻는다면 악마는 우리 속에 있다고 말할 수밖에 없다. 홀로코스트는 특별히 악한 인간 몇 사람이 저지른 것이 아니다. 나치의 지배를 지지하며 사랑하고 열광하는 수많은 사람들이 만든 지옥이었다. 홀로코스트를 보고 있는 동안 내 심령의 죄성 가운데 웅크리고 있는 악마를 보았다. 하나님의 사랑을 떠나면 이 악마는 언제라도 홀로코스트와 같은 지옥을 만들 수 있다는 것을 깨달았다. 인간의 내면 깊이 뿌리내리고 있는 이 악한 죄성을 무엇으로 제거할 수 있겠는가? 죽음이 없이는 제거할 수 없는 악의 뿌리다. 그래서 하나님은 사랑하는 아들을 사람의 몸으로 약속의 땅에 보내 십자가에 달려 화목제물이 되게 하셨고, 그리스도와 함께 십자가에 못 박힌 우리를 악마의 자식에서 구원해 하나님의 자녀로 삼아, 용서와 사랑의 길로 가게 하신 것이다. 하나님은 약속하신 가나안 땅 이스라엘에서 사랑하는 독생자의 목숨을 걸고 이 엄청난 일을 행하셨다.

하나님은 왜 이스라엘을 택해 하늘 백성으로 삼아 약속의 말씀을 주시고, 고난과 연단의 광야에서 하나님을 알게 하신 후 젖과 꿀이 흐르는 가나안으로 인도하셨는가? 그리고 독생자 예수 그리스도를 하필이면 이스라엘 땅으로 보내 십자가에 못 박아 화목제물로 삼으시고 구원의 길을 열어주셨는가? 내 속에서 오랫동안 풀리지 않고 궁금증으로 남아있던 의문이 평화롭게 살고 있던 유대인들이 나치 독일에 의해 처참하게 대량으로 학살당한 홀로코스트 현장을 보고 나서야 풀렸다.

예수님이 십자가에 못 박혀 죽기 전에 예루살렘 성의 아름답고 웅장한 모습을 바라보며 감탄하고 있는 제자들에게 예언하신 대로 예루살렘 성은 로마 군병들에 의해 돌 위에 돌 하나도 남지 않을 정도로 완전히 무너졌다. 그리고 수많은 유대인들이 살육 당했으며 살아남은 이스라엘 백성들은 세계 각지에 흩어져 사는 디아스포라가 됐다. 이로 인해 나라 없는 슬픈 역사가 시작됐다. 특히 독일 총통 히틀러의 나치는 제2차 세계대전을 일으키고 유럽의 여러 나라를 점령하면서 유대인들을 대량으로 학살하기 시작했다. 600만 명의 유대인들이 굶주림과 중노동으로 비참한 생활에 내몰리다가 대량으로 죽임을 당했으며, 그 가운데는 어린 아이도 150만 명이나 된다고, 홀로코스트의 생생한 현장을 전하고 있는 '야드바셈'은 말하고 있다. 죽음의 가스실로 가고 있던 유대인들은 "하나님이 어디 있느냐?"고 수도 없이 외쳤다고 한다.

이스라엘은 약속의 말씀대로 회복됐다. 1948년 5월 14일 팔레스타인 땅 가나안에서 독립국가로 일어선 것이다. 세계 각지에 흩어져 나라 없는 서러움을 당한 유대인들이 가나안으로 돌아오고 있다. 그리고 예루살렘을 찾아와 통곡의 벽 앞에서 하나님의 말씀을 붙잡고 가슴을 치며 슬퍼하고 있다. 그들은 왜 예루살렘에 그렇게도 집착하고 있는 것일까? 여호와 하나님 때문이다. '하나님이 어디 있느냐'고 외치며 죽임을 당하던 그들이 여호와를 생각하며 예루살렘으로 돌아오고 하나님의 말씀인 토라를 묵상하며 손에서 놓지 않고 있다. 이천년 가까이 약속의 땅을 떠나 살며 고난과 박해를 당하는 가운데서도 여전히 여호와와 토라는 유대인들의 삶의 중심이었다. 이스라엘이 이런 민족이기에 여호와는 이스라엘을 택하시고 말씀을 주시고 구원의 뿌리가 되게 하신 것이다.

2

베들레헴 나사렛

2-1
독생자를 품은 베들레헴

산골 작은 마을
짐승의 우리
살 찢는 비명소리
잠자던 짐승들
놀라 가슴 뛸 때

숨넘어가는
산모의 고통
헤집고 나온
아기 울음소리가
천지를 울렸다.

창조주 하늘 아버지
사랑과 기쁨의 독생자
생명의 떡 되려고
베들레헴 짐승 우리에서
한 생명으로 태어났다.

도수장으로 끌려갈
하나님의 어린 양
온 몸 찬바람 맞으며
짐승 먹이통에 뉘일 때

땅은 숨소리 죽이고
하늘 아버지 슬픔
가슴에 담았다.

예수님이 태어난 곳은 아시아와 유럽과 아프리카가 만나는 팔레스타인 지역의 작은 나라 이스라엘의 베들레헴이다. 베들레헴은 예루살렘으로부터 남서쪽으로 약 10km 정도 떨어져있으며, 팔레스타인 지역의 중앙으로 뻗어 내리는 산맥의 남쪽 해발 770m 산지에 자리 잡은 작은 마을이다. 하나님은 왜 사랑하는 아들을 산골 마을 베들레헴에서 태어나게 했을까? 하나님은 사랑하는 아들이 멸망의 길로 가고 있는 죄인을 구원하려는 아버지의 뜻을 이루기 위해 피조물인 인간의 모습으로 이 땅에 태어나게 하시는데, 왜 왕궁이나 권력가나 부잣집에서 태어나도록 하지 않고 높은 산지 작은 마을 가난한 목수의 가정에서 태어나게 했을까?

예수 그리스도는 세상을 창조하신 성자 하나님이다. 성자 하나님이 아버지의 뜻을 이루기 위해 피조물인 사람으로 이 땅에 오신 것이다. 피조물인 인간이 아무리 웅장하게 지어놓은 궁궐이라도 성자 하나님을 품을 수 있는 거룩한 곳은 없다. 솔로몬은 아름답고 웅장한 성전을 지어놓고도 하나님 앞에 기도할 때 하늘과 하늘들의 하늘이라도 하나님을 용납하지 못한다고 고백하고 있다. 이사야는 하늘은 하나님의 보좌요 땅은 하나님의 발판이니 이 땅에 하나님이 거할 곳을 아무리 아름답고 웅장하게 짓는다 해도 하나님이 있을 처소는 되지 못한다고 말하고 있다. 그러나 베들레헴이 성자 하나님 예수 그리스도를 품었다. 어떻게 산지의 작은 마을 베들레헴이 성자 하나님을 품을 수 있었는가?

하나님이 하시는 일은 의미 없는 것이 하나도 없다. 특히 사랑하는 독생자가 하늘 아버지의 뜻을 이루기 위해 피조물들이 사는 세상에 사람의 몸으로 오는데 어떻게 아무 곳에서나 태어나도록 하겠는가? 하나님은 일찍이 예수 그리스도께서 베들레헴에서 태어나실 것을 미가 선지자를 통해 말씀하셨다. 예수님이 작은 산골 마을 베들레헴에서 태어난 이유는 그 이름에서 알 수 있다. 베들레헴은 '떡집'이라는 뜻이다. 예수님은 하나님의 사랑하는 독생자지만 죄로 인해 영원히 죽을 수밖에 없는 사람들에게 영원히 죽지 않는 생명의 떡을 주기 위해서 떡집이라는 뜻의 베들레헴에서 태어난 것이다. 예수님은 나는 하늘에서 내려온 산 떡이니 사람이 이 떡을 먹으면 영생한다고 말씀하시고, 이 떡은 세상에 생명을 주기 위해 십자가에 달려 찢기는 나의 살이라고 말씀하셨다. 베들레헴은 일찍이 하늘 아버지께서 독생자가 태어나도록 준비해 놓은 마을이다. 하늘 아버지는 사랑하는 아들이 세상의 산 떡으로 십자가에 달려 찢겨 죽어 생명의 떡이 되도록 떡집인 베들레헴에서 태어나도록 하신 것이다.

우리나라는 모든 남자들이 20세가 되면 징병신체검사를 받고 별 문제가 없으면 군에 입대해야 한다. 대부분의 부모들은 아들이 군에 입대하게 되면 마음이 편치 않다. 특히 1950년에 시작된 6.25전쟁을 3년 넘게 치르며 수많은 장병들이 죽는 것을 경험한 부모들은 아들을 군에 보내면 걱정과 슬픔으로 밤을 새는 경우가 많았다. 군에 입대하면 먹고 입고 생활하는 모든 문제가 해결되고, 거기다 규칙적인 생활과 체력단련까지 시켜주는 데도 부모들의 마음이 편치 않은 것이다. 왜냐하면 전쟁이 벌어지기라도 하면 나라를 지키는 군인들이 생명을 내놓아야 할지도 모르기 때문이다.

　그런데 하늘 아버지께서 사랑하는 독생자를 사람의 몸으로 보낸 세상은 상황에 따라 생사가 걸려있는 곳이 아니라 반드시 죽지 않으면 안 될 곳이다. 산골 작은 마을에 사는 가난한 목수의 아들로 태어나 고향 사람들로부터 배척당하고 고난 받다가 십자가에 달려 살이 찢기고 물과 피를 다 쏟으며 비참하게 죽으러 오신 것이다. 거기다 사랑하는 아버지조차 독생자를 버릴 수밖에 없는 곳으로 오신 것이다. 그곳이 바로 하늘 아들 예수 그리스도께서 태어난 베들레헴이다. 그래서 베들레헴은 하늘 아버지의 슬픔이 있는 곳이다.

　예수 그리스도께서 육신의 몸으로 태어나기 위해 어머니 마리아의 태에 있을 때 로마 당국은 백성들에게 호적을 정리하라는 명령을 내렸다. 이 명령에 따라 육신의 아버지 요셉도 예수님을 잉태해 만삭이 된 아내 마리아와 함께 호적을 정리하러 고향 베들레헴에 왔다. 그러나 그곳의 여관은 이미 사람들로 모두 차 빈 방이 없었다. 그래서 그들은 짐승의 우리에서 지낼 수밖에 없었고, 그곳에서 하늘 아들 예수님이 태어난 것이다. 팔레스타인 땅은 바위에 뚫린 동굴이 많다. 목자들은 양을 먹이다 밤이 되면 동굴에 양을 몰아넣고 입구를 지킨다. 예수님은 짐승의 동굴 우리에서 태어났고, 육신의 부모는 하늘 아들을 강보로 싸서 짐승의 먹이통인 구유에 뉘었다. 아무리 가난한 집이라도 이런 곳에서 아이를 출산하지 않는다. 그리고 갓난아이를 둘 곳이 없어도 짐승의 먹이통에는 누이지 않는다. 그런데 하나님은 사랑하는 독생자가 왜 이렇게까지 비참하게 태어나도록 했을까?

예수님이 이처럼 비참하게 태어난 것은 나 같은 죄인의 죄를 지고 십자가에 달려 죽기 위해 이 땅에 왔기 때문에 풍요롭고 영광스러운 곳에서 태어날 수 없었던 것이다. 예수님은 이 땅에서 가난하고 낮은 곳에서 비참하게 사는 사람들의 죄까지도 담당하고 세상에서 가장 처절한 방법으로 죽어야 했기 때문에 가장 비천한 곳에서 태어난 것이다. 베들레헴이 작은 마을이지만 여관은 있었다. 그러나 하나님은 예수님이 그곳 여관에서조차 태어나지 못하도록 했을 뿐만 아니라 냄새나고 지저분한 짐승의 우리, 찬바람을 몸으로 견딜 수밖에 없는 곳에서 태어나도록 한 것이다. 나는 베들레헴 짐승의 동굴 우리에서 도수장으로 끌려갈 하나님의 어린 양이 온 몸으로 찬바람 받으며 태어나 짐승의 먹이통에 누이는 모습을 바라보는 하늘 아버지의 슬픔을 보았다.

2-2

아기 예수 찾는 사람들

하늘 아버지 사랑
깨달은 죄인
사랑하는 아들
이 땅에 보낸 곳
베들레헴 찾아갔다

낮아지고 겸손해야
하늘 아들
만날 수 있다는
좁고 낮은 문으로
들어갔다

하늘 아버지여
교만한 이 죄인
아들 태어난 곳
바라볼 때
낮아지게 하소서

정욕과 탐욕
가득한 이 죄인
양의 우리에
모두 쏟아놓고
빈 마음 되게 하소서

낮아지고 겸손해진
가난한 심령에
하늘 아버지 사랑
십자가의 은혜로
채워주소서

불쌍한 자 도와주고
상처 받은 자 위로하고
고통 받는 자의 눈에서
눈물을 씻어주는
선한 목자의 마음
품게 하소서

▷▷▷▷

기상학에 '나비효과'(Butterfly Effect)란 말이 있다. 나비효과란 브라질에 있는 아마존 강 유역의 숲에 사는 나비가 날개 짓을 할 때 생긴 아주 미세한 공기의 파장이 점점 증폭돼 미국의 텍사스 주에 도달하게 되면 자동차가 날아가고 나무뿌리가 뽑히는 엄청난 위력의 토네이도가 될 수 있다는 이론이다.

이천여 년 전 이스라엘 베들레헴에서 나비효과가 일어났다. 양들이 머무는 작은 동굴 우리에서 한 아기가 태어났다. 동굴을 울리는 아기 울음소리가 베들레헴에 울리고, 예루살렘과 유다와 사마리아에 울리고, 세상에 울리고, 하늘에 울렸다. 한 아기의 울음소리가 천지개벽을 일으킨 것이다. 높은 자가 낮은 자 되고, 낮은 자가 높은 자 되고, 죄인이 의인 되고, 지옥 갈 사람이 천국 가는 역사가 일어났다. 과거에도 일어났고, 지금도 일어나고 있고, 앞으로 세상의 마지막 날, 하늘 심판이 임할 때까지 일어날 것이다.

아랍인들이 많이 거주하는 베들레헴에 장벽이 빙 둘러 쳐지고 무장한 이스라엘 군인들이 출입문에서 검문검색을 하고 있었다. 하늘 아들이 육신의 몸으로 탄생한 곳을 보려고 수많은 사람들이 베들레헴으로 몰려들고 있었다. 동양인이라 그런지 검문을 받지 않고 출입문을 가볍게 통과해 베들레헴 장벽 안으로 들어갔다. 승용차로 얼마 가지 않아 아기 예수가 탄생한 것을 기념하기 위해 세운 예수탄생교회에 도착했다. 낮고 낮은 곳으로 오신 하늘 아들이 태어난 곳을 보려면 낮아져야 한다고 교회로 들어가는 문이 머리를 숙이고 들어가야 할 정도로 낮았고,

한 사람이 들어갈 정도로 좁았다. 사람들에 밀려 출입문을 지나 교회 안으로 들어갔다. 교회 정면에 제단이 보였다. 아기 예수가 탄생한 곳에 가려면 교회 안 오른쪽에 나 있는 좁은 계단을 따라 밑으로 내려가야 했다. 계단을 내려가면 작은 동굴이 나오는데 그곳이 예수님이 탄생한 곳이란다. 예수님이 탄생한 곳을 보려고 내려가는 좁은 계단 앞에 줄을 서서 기다리는 사람들이 엄청나게 많았다. 이 많은 사람들이 무엇을 보려고 이곳에 이렇게 몰려올까! 계단으로 내려가 보아야 거긴 이미 아기 예수는 없고 흔적만 보여주고 있을 뿐인데! 그런데도 왜 멀고 먼 이곳으로 찾아왔을까?

천지만물을 창조하신 전능하신 여호와 하나님께서 사랑하는 독생자를 왜 이 산지 작은 마을, 그 중에서도 목자의 동굴에서 태어나게 했는지, 아버지의 마음을 알기 위해 찾아온 것이 아닐까? 하늘 아들 태어난 곳을 보려면 좁은 문으로 들어가서 낮은 곳으로 머리 숙이고 내려가야 한다. 그곳은 호화로운 곳이 아니다. 사회적으로 인정받지 못하는 낮고 천한 신분의 목자가 양들과 함께 지내는 냄새나고 지저분한 동굴이 있는 곳이다. 그곳은 세상 사람들이 바라보고 달려가는 곳이 아니다. 하늘나라를 바라보고 달려가는 택한 백성들이 찾는 곳이다. 하늘 아들이 아버지의 거룩한 뜻을 이루려고 순종한 것 같이, 아버지 가슴을 찢어놓으며 살아온 죄인이 회개하고 말씀에 순종하려고 찾아오는 곳이다. 그곳은 하늘 아들이 짐승의 우리인 목자의 동굴, 세상 사람들이 눈길을 주지 않는 낮은 곳으로 오신 것 같이 교만했던 마음을 꺾고 낮아지려는 사람들이 찾아오는 곳이다. 그곳은 독생자 예수 그리스도께서 선한 목자가 되어 양들을 푸른 풀밭, 쉴만한 물가로 인도하고 양들을 구원하기 위해 목숨을 버린 것 같이, 가난하고 불쌍한 이웃을 돌보고, 상처받은 자를 위로해 주고, 고통 받는 자의 눈에서 눈물을 씻어 주려는 사람들이 찾아오는 곳이다.

2-3
양의 우리가 없다

하늘 아들
이 땅에 보내려
태초부터 마련해둔
베들레헴

멸망당할 죄인에게
생명의 떡 주려고
사랑하는 아들
떡집으로 보내신
하늘 아버지여

세상 죄를 지고 가는
하나님의 어린 양
아기 예수로 태어난
양의 우리가 없나이다

찬 기운 가득하고
냄새가 진동하는
더럽고 지저분한
양의 우리가 없나이다

천한 사람도 피하는
양의 우리에
사랑하는 아들 보내며
가슴 아파하던
하늘 아버지여

이 죄인
아버지 아픔 찾아
멀고 먼 길 돌고 돌아
베들레헴에 왔으나
양의 우리가 없나이다

하늘 아들 태어난
양의 우리는
십자가 붙잡고
가슴 치며 회개하는
가난하고 겸손한
심령 속에 있었다

▷▷▷▷

화가는 단순히 겉모양을 보고 그림을 그리지 않는다고 한다. 화가다운 화가는 그림을 그리기 전에 먼저 그릴 대상을 세밀하게 관찰하고 분석한다는 것이다. 신앙도 마찬가지다. 흔들리지 않는 반석과 같은 믿음 위에 서기 위해서는 여호와 하나님을 알아야 한다. 하나님을 생각하고, 하나님이 어떤 분인지 말씀 속에서 관찰하고, 하나님의 뜻을 추론하고, 하나님이 하신 일과 앞으로 하시고자 하는 일을 바로 알 때 어떤 상황 속에서도 흔들리지 않는 힘 있는 신앙생활을 할 수 있다. 나는 십자가를 붙잡고 하늘 아들 예수 그리스도께서 태어나신 베들레헴까지 왔다. 하늘 아들이 왜 산골 마을 양의 우리에서 아기로 태어나야 했는지를 살펴보고 알고 싶었다. 그리고 하늘 아들이 춥고 짐승의 오물 냄새가 진동하는 더럽고 지저분한 우리에서 태어날 때 아버지의 심정이 어떠했는지, 하늘이 안타까워하고 땅이 놀라는 이 일을 통해 아버지께서 이루고자 하는 뜻이 무엇인지 알고 싶었다.

하늘 아들 예수님이 선지자의 예언대로 메시아 즉 그리스도로 베들레헴에서 태어났다. 아름답고 호화로운 저택에서 태어난 것이 아니다. 하늘 아버지의 독생자 예수 그리스도께서 사람의 몸으로 태어난 곳은 냄새나고 더럽고 지저분한 양의 우리인데, 왜 그곳을 보려고 그렇게도 많은 사람들이 몰려오고 있는 것일까? 하늘 아들이 태어난 비천한 곳을 바라보며 아버지의 마음을 생각하고, 하늘 아버지의 사랑을 깨닫고, 그 사랑을 가슴에 담기 위해 온 것일까? 하늘 아들이 당한 고난의 의미를 깨닫고, 목숨 걸고 열어놓은 생명의 길을 걸으며, 하늘 아버지의 뜻을 이 땅에서 이루어나가기를 원하기 때문일까? 그러나 베들레헴에는 하늘 아들이 태어난 냄새나고 지저분하고 찬바람 부는 동굴, 양의 우리가 없었다. 아기 예수가 태어났다는 곳에는 아름답고 웅장한 교회가 세워지고, 교회 지하에 죄인들의 입맛에 맞게 각색하고 보기에 좋으라고 꾸미고 덧입혀놓은 동굴만 있을 뿐이었다. 그런 곳은 냄새나고 지저분한 양들이 있기에는 너무 사치하고 부담스럽다. 하늘 아들이 오신 곳은 그런 곳이 아니다.

예수님은 하늘 아버지께서 사랑하는 아들이지만 죄인을 구원하려는 아버지의 뜻을 이루기 위해 이 땅에서 가장 낮은 곳, 냄새나고 지저분한 양의 우리, 동굴에서 태어났다. 그리고 고난의 길을 가시다가 죄인들의 모든 죄와 허물을 담당하고 하나님의 어린 양으로 화목제물이 되어 십자가에 달려 죽으셨다. 하늘 아들이 태어난 양의 우리, 동굴을 찾아오는 사람들은 십자가를 붙잡고 가슴을 치며 회개하며 애통하는 죄인들이다. 이들이 보고 싶어 하는 곳은 가난하고 비천한 사람도 머물기를 싫어하는 양의 우리다. 아기 예수가 태어난 흔적은 아름답게 각색하고 꾸며놓은 동굴에서는 찾을 수가 없다. 아기 예수의 흔적은 더럽고 냄새나고 지저분한 동굴에서 찾을 수 있다. 왜냐하면 그곳에는 사랑하는 아들을 이 땅에 보낸 하늘 아버지의 아픔이 있고, 세상에서 가장 비천하고 소외당하는 죄인들까지 구원하시겠다는 아버지의 사랑과 결단이 있고, 아버지의 뜻을 이루고자 하늘 보좌에서 누리던 모든 것을 내려놓고 낮고 낮은 곳으로 임하신 하늘 아들의 겸손과 은혜가 있기 때문이다.

베들레헴에는 하늘 아들이 태어난 짐승의 우리, 양들이 지내던 동굴이 없었다. 그래서 하늘 아들이 태어난 동굴이 아니더라도 양들이 지내던 동굴을 보고 싶었다. 그래서 '목자의 들판'으로 갔다. 그곳은 아기 예수님이 태어날 당시 양을 치던 목자들에게 천사가 나타나 기쁜 소식을 전해준 곳이라 한다. '목자의 들판'에도 양들이 있던 동굴은 있으나 아기 예수가 태어날 당시의 동굴 모습은 없었다. 나 같은 죄인이 십자가를 붙잡고 애통한 심령으로 찾고 있는 동굴이 없었다. 양들이 지내는 지저분한 짐승의 우리 동굴에서 창조주 하나님의 사랑하는 아들이 사람으로 태어난 비참한 모습을 가슴에 담고 싶었다. 그곳에서 하늘 아버지께서 사랑하는 아들이 아기 예수로 태어나는 모습을 바라보며 흘리신 눈물로 이 죄인의 가슴을 적시고, 아버지의 아픔을 내 심장에 새기고 싶었다. 나는 깨달았다. 하늘 아버지의 아픔과 눈물 그리고 사랑과 결단이 머문 양의 우리는 십자가 앞에서 가슴 치며 애통하며 그 십자가를 붙잡고 아버지 앞으로 돌아오는 죄인의 심령 속에 있다는 것을 알았다.

2-4
무지한 나사렛

교만한 나사렛
하늘 아들
업신여기고
멸시했다

험한 나사렛
하늘 아들
예수 그리스도
떠밀어 내쳤다

작은 나사렛
하늘 아들
긍휼로 베푼 은혜
받지 못했다

무지한 나사렛
하늘 아들
행하는 능력
누리지 못했다

하늘 아버지여
죄인의 눈 활짝 열어
생명의 길 열기 위해
이 땅에 온 하늘 아들
바로 알게 하소서

▷▷▷▷

어떤 햄버거 가게에서 아르바이트생을 고용했다. 주인이 아르바이트생에게 손님을 대하는 태도를 가르치고 매뉴얼을 주며 외우라고 했다. 아르바이트생은 집에 가서 주인이 준 매뉴얼을 수십 번 반복해서 읽으며 무조건 다 외웠다. 다음 날 그 아르바이트생은 자신만만하게 출근해서 주인에게 매뉴얼을 다 외웠다고 자랑했다. 주인은 어깨를 두드려주며 칭찬하고 기대하며 가게에서 일하도록 했다.

그 때 몸집이 큰 뚱뚱한 여자 손님이 들어와서 햄버거를 주문했다. "햄버거 100개만 주세요." 아르바이트생은 첫 손님이 햄버거 100개를 주문하자 깜짝 놀랐다. 옆에서 보고 있는 주인도 기분이 아주 좋아보였다. 아르바이트생은 정말 손님을 잘 대해야겠다는 생각에 열심히 외운 매뉴얼을 기억하며 얼굴에 웃음을 잔뜩 머금고 이렇게 말했다. "손님, 여기서 드시고 가실 건가요? 아니면 포장해서 가지고 가실 건가요?" 그러자 갑자기 그 손님의 얼굴이 벌겋게 되더니 한참 째려보고는 "미친 놈" 하고는 햄버거도 사지 않고 문을 쾅 닫고 나가버렸다. 그 때 주인이 달려오더니 아르바이트생의 머리를 쥐어박으며 손님이 말한 것과 똑같이 "미친 놈" 하고는 당장 그만두라며 쫓아내는 것이었다. 아르바이트생은 쫓겨나오면서 이렇게 중얼거렸다. '이상하다. 매뉴얼대로 말했는데….' 이 아르바이트생은 주인이 가르쳐준 매뉴얼대로 손님을 대했는데 무엇을 잘못했을까? 말의 뜻과 본질적인 의미를 깨닫지 못하면 엉뚱한 일을 저지르게 되는 것이다. 햄버거 100개를 그 자리에서 먹고 갈 수 있는 사람은 없다. 그 손님은 자신이 뚱뚱하다고 항상 고민하고 열등감에 사로잡혀 있는데 햄버거 100개를 "여기서 드시고 가실 건가요?" 하고 물었으니 화가 폭발한 것이다.

신앙도 마찬가지다. 말씀의 뜻과 그 말씀을 하신 하나님의 마음을 알아야 말씀에 은혜를 받고 삶에 힘을 얻는다. 하늘 아들 예수님이 자라나신 나사렛에서도 동네 사람들이 하늘 아들이 하는 말씀의 뜻을 알려고 귀담아 듣지도 않고, 예수님이 역사하시는 능력이 어디서부터 오는지 알지도 못하면서 하늘 아들을 배척했다. 베들레헴에서 태어나 나사렛에서 자라난 하늘 아들 예수님이 공생애를 시작하자 나사렛 사람들은 그리스도이신 예수님과 사람으로서의 예수님을 구분하지 못했다. 공생애를 시작한 후 하신 일과 공생애를 시작하기 전에 하신 일을 분리해서 생각하지 못해 그들이 기다리고 있는 메시아를 알아보지 못했던 것이다. 나사렛 사람들은 선지자들이 예언한 대로 메시아가 하실 일을 예수님이 하고 있는지 아닌지를 말씀에 비추어 깊이 생각해 보지도 않고 과거의 습관대로 생각하고 반응함으로써 하늘의 은혜를 누리지 못했다.

나사렛은 예루살렘에서 북쪽으로 91km, 갈릴리 바다에서 남서쪽으로 19km 지점의 해발 375m 산골 언덕에 자리 잡은 작은 마을이다. 예수님이 어린 시절부터 공생애를 시작한 30세가 될 때까지 부모님과 함께 이 마을에서 살았다. 나사렛은 예수님 당시나 지금이나 가난하고 보잘것없는 작은 마을이다. 예수님이 요단강에서 세례 받고, 성령이 비둘기 같이 하늘로부터 내린 후 능력으로 병자를 고치고, 나면서 못 걷게 된 자가 일어서고, 맹인이 눈을 뜨고, 나병환자가 깨끗함을 받는 역사가 일어나기 시작했다. 예수님이 메시아 즉 그리스도로서 일을 시작했으나 나사렛은 예수님이 하나님의 아들 그리스도라는 것을 알아보지 못하고 배척했다. 나사렛은 예수님을 사람의 눈으로 보았다. 아버지는 나사렛에서 목수로 일했고, 형제자매는 그들과 함께 살고 있으며, 예수님도 어린 시절부터 함께 자랐는데 청년이 되자 갑자기 능력을 행하며 그들이 기다리고 있는 메시아라고 하니 도저히 인정할 수 없었던 것이다. 그래서 그들은 예수님을 동네 밖으로 쫓아내 낭떠러지까지 끌고 가 밀쳐 떨어뜨려 죽이려고까지 했다. 옛날이나 지금이나 하나님의 말씀을 깨닫지 못하고 믿음의 눈이 열리지 않으면 하늘 아들이 가까이 있어도 알지 못한다. 예수 그리스도를 알지 못하면 십자가를 만나지 못하고 구원의 은혜를 누릴 수 없다. 그리고 하나님이 사랑하는 자녀에게 부어 주시는 사랑과 은혜를 누릴 수 없고 지혜와 힘과 능력도 행할 수 없다.

하늘 아들을 배척한 나사렛은 지금도 여전히 가난하다. 초행길이라 그런지 몰라도 나사렛 주변의 꼬불꼬불한 좁은 도로를 왔다 갔다 하며 몇 번이나 돌고서야 겨우 찾을 정도로 허름한 작은 마을이다. 하늘 아들을 배척한 마을이 어떻게 하늘이 내리는 복을 누릴 수 있겠는가! 그래서 나사렛은 여전히 가난하고 초라하다. 예수 그리스도를 믿고 하나님의 사랑과 말씀이 심령 속에서 살아 역사하는 곳에서는 세상을 바꾸는 혁명의 역사가 일어난다. 사람이나 가정이나 마을이나 국가도 마찬가지로 바뀌게 되어있다. 역사가 이것을 말해 주는데도 깨닫는 사람이 적다. 나사렛은 하늘이 내려주는 복을 넉넉하게 받을 수 있는 기회가 왔음에도 예수님을 그리스도로 받아들이지 않아 모든 것을 놓쳐버렸다.

2-5
목수의 집이 없다

하늘 아들
본 동네 나사렛
이 죄인
멀고 먼 길
찾아왔다

산골 작은 마을
나사렛에
하늘 아들
목수의 집이
보이지 않는다

하늘 아들을
품지 못한 마을에
탐욕의 문명이
밀고 들어와
목수의 집 삼켰다

사람의 아들로
이 땅에 오신

하늘 아들 예수
육신의 부모
섬긴 흔적이 없다

가난한 가정
돌보기 위해
험한 나무 깎으며
흘린 땀방울
볼 수가 없다

하늘 아버지여
사랑하는 아들이
섬기던 손길로
불쌍한 이웃
돌보게 하소서

하늘 아들이
흘린 땀방울
이 죄인에게
사랑의 땀방울로
흐르게 하소서

▷▷▷▷

평생 악한 일만 하며 살던 어떤 사나이가 산길을 가다가 곰의 습격을 받았다. 평소에 "하나님이 있으면 나와 보라고 해."라고 큰 소리 치며 안하무인격으로 살았다. 그런데 이 사람 앞에 갑자기 곰이 나타나 달려들었다. 이 사나이는 곰이 달려들자 다급해서 비명을 지르며 하나님을 찾았다. "하나님, 살려 주세요!" 그때 갑자기 하늘에서 음성이 들렸다. "너는 평생 나쁜 일만 하지 않았느냐! 게다가 친구가 전도할 때마다 하나님이 어디 있느냐고 비웃고 구박하지 하지 않았느냐! 그런 놈을 내가 왜 살려주어야 하느냐?" 그러자 그 사나이는 이렇게 애걸했다. "하나님, 제가 잘못했습니다. 한 번만 살려 주신다면 착실한 교인이 돼 살려주신 은혜를 생각하며 날마다 감사하며 전도하며 살겠습니다." 그러자 하나님이 "네가 나를 믿지 않는데 내가 네 말을 어떻게 믿겠느냐. 그리고 너무 늦었느니라." 그 남자가 다급해서 이렇게 애걸했다. "정 그러시다면 저 곰을 예수 믿도록 해 주시면 안 될까요?" 하나님이 한 발 양보했다. "그 정도는 들어 줘야겠지. 곰이 너보다 훨씬 나으니까, 그럼 안녕." 그러자, 하나님이 곰에게 무슨 말씀을 했는지 곰이 갑자기 무릎을 꿇고 기도하기 시작했다. "하나님, 오늘도 이 미련한 곰에게 은혜를 베푸셔서 일용할 양식을 주시니 감사합니다. 아~멘!"

우스갯소리다. 그러나 뼈있는 이야기다. 자기 아집에 사로잡혀 있는 미련한 사람은 곰도 알아보는 하나님을 모른다. 나사렛은 하늘 아버지께서 보내신 사랑하는 아들을 몰랐다. 나사렛이 하늘 아들을 알고 말씀에 순종했다면 하늘에서 내리는 풍성한 은혜를 누릴 수 있었을 것이다. 그러나 나사렛은 하늘 아들을 품지 않고 배척했다. 하늘 아들이 없는 곳에는 하늘 사랑이 없고, 하늘 사랑이 메마른 곳은 사람이나 땅이나 모두 피폐하게 돼있다. 그래서 나사렛은 여전히 가난하고 피폐하다.

나사렛은 믿음의 눈이 열리고부터 꼭 와 보고 싶었던 곳 중 하나다. 멀고 먼 길이지만 문명의 혜택으로 하늘 길 열고 차로 달려 찾아갔다. 하늘 아들이 육신의 부모를 정성껏 섬기며 험한 일을 한 목수의 집을 찾았다. 그러나 나사렛에 목수의 집이 없었다. 부모형제를 섬긴 사랑의 흔적이 없었다. 거대한 현대 문명이 위용을 자랑하며 하늘 아들이 행한 사랑의 흔적, 목수의 집을 삼켜버렸다. 눈부시게 발전하는 지식문명이 하늘 아들이 섬기던 거룩한 흔적을 삼켜버릴 때, 그곳엔 교만과 시기와 다툼이 있을 뿐이다. 사람을 변화시킬 수 있는 힘은 거대하고 웅장한 지식문명이 아니라 하늘 아들이 목숨 걸고 이루어놓은 십자가의 은혜와 그 십자가를 통해 부어주시는 하늘 아버지의 사랑에 있다. 하늘 아버지께서 세상을 구원하기 위해 보내신 사랑하는 아들을 받아들이지 않고 배척하면 사람과 땅이 피폐해진다는 것을 나사렛이 증언해주고 있었다.

나사렛을 왜 찾아왔는가? 예수 그리스도께서 하늘 아버지의 뜻을 이루기 위해 가난한 목수의 집에서 나무 깎는 일을 하며 마음을 다듬어간 흔적을 보고 싶었기 때문이다. 십자가의 길, 고통과 치욕의 길로 가는 것은 하루아침에 이루어진 것이 아니다. 30년 세월 동안 기도와 말씀으로 다듬어서 이루어진 것이다. 가난한 심령이 되려고 가난한 집에 태어나 험한 나무 깎으며 자신이 못 박혀 달릴 십자가를 바라보는 하늘 아들의 마음을 헤아려보고 싶었다. 죄인을 구원하려는 하늘 아버지의 거룩한 뜻을 이루기 위해 자신의 마음을 신실하게 다듬어가는 사랑하는 아들을 바라보는 하늘 아버지의 심정을 알고 싶었다.

하늘 아들이 육신의 아버지를 도우며 목수의 일을 배우고 이어받아 사랑하는 가족을 위해 열심히 일하며 흘린 사랑의 땀방울, 그 흔적을 보고 싶었다. 신앙은 말로만 하는 것이 아니라 사랑하는 부모형제와 이웃을 위해 흘리는 땀방울이라는 것을 알고 싶었다. 그러나 알고 싶고, 보고 싶은 사랑하는 하늘 아들의 흔적이 나사렛에는 없었다.

하늘 아버지여, 이 죄인 인생길 굽이굽이 돌고 돌면서 시시때때로 아버지 사랑을 받아 누리며 살았지만, 아버지의 뜻을 이루기 위해 죄인의 모난 성품을 다듬지 못했나이다. 멀고 먼 길 나사렛까지 찾아왔으니 하늘 아들이 사랑으로 섬긴 모습을 마음에 담게 하소서! 그 사랑으로 가난하고 연약한 이웃을 섬기는 심령이 되게 하소서! 날마다 튀어나오는 죄의 모습을 깎고 다듬어 하늘 아버지의 뜻을 이루어나가게 하소서! 하늘 아들이 흘린 땀방울 이 죄인에게 사랑의 땀방울로 흐르게 하소서!

3 요단강, 광야

3-1
요단 물 찾아오다

이스라엘과 요르단
두 나라 가르는 강
갈릴리에서 흘러내리는
생명의 물줄기 요단강

갈급한 죄인에게
생명수 주려고
하늘 아들
요단 물에서
죽었다 살아났다

아버지 뜻대로
십자가에 달리려
사랑하는 아들

요단 물에 잠길 때
하늘 아버지 눈
눈물에 상했다

하늘 아버지여
십자가로 살아난
이 죄인의 심령에
아버지 슬픈 눈물
흐르게 하소서

아버지 눈물
흐르는 심령에
생명나무 자라
사랑의 열매
열리게 하소서

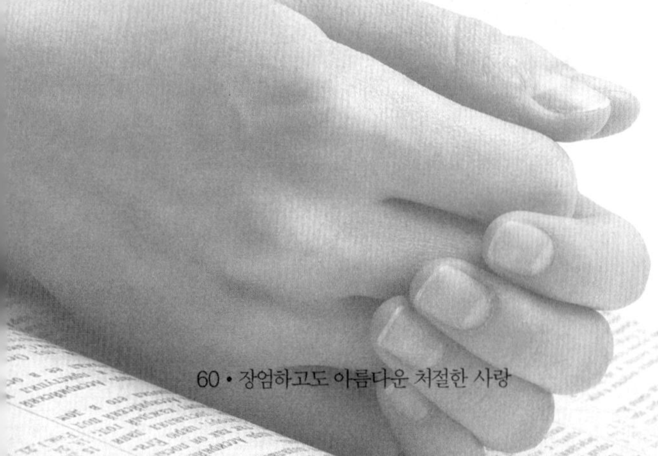

　노자의 《도덕경》에 '화광동진(和光同塵)'이라는 말이 있다. 자신의 밝고 화려한 빛을 감추고 온화한 얼굴로 상대방의 눈높이에 맞추어 자세를 낮추고 대하라는 말이다. 여기서 화(和)는 온화하다는 뜻이며, 광(光)은 광채와 재능을 말하며, 동진(同塵)의 진(塵)은 티끌이라는 뜻으로 평범한 사람을 의미한다. 그러니까 화광동진은 상대방을 잘 파악해서 내가 가지고 있는 광채와 재능을 적절히 조절해 상대방 눈높이에 맞추어 대한다는 눈높이 철학이다. 내가 가지고 있는 빛이 아무리 밝고 화려하더라도 나를 대하는 상대방이 알지 못하면 그 빛이 바랠 수밖에 없다. 그러나 상대방을 배려해 빛을 잘 조절해서 다가가면 오히려 빛이 더욱 빛날 수 있다는 노자의 역발상 철학이다. 세상에는 총명하고 혜안이 밝은 사람들이 많다. 그러나 그 총명을 조절해 세속의 눈높이에 맞추어 사는 화광동진의 철학을 가진 사람은 그리 많지 않다. 왜냐하면 총명하게 보이는 것도 어렵지만 총명한 사람이 평범한 사람처럼 보이기가 더 어렵기 때문이다.

　천지만물을 창조하신 여호와 하나님이 우리를 구원하기 위해 세상의 눈높이에 맞추어 낮고 낮은 곳으로 오셨다. 거룩하고 전지전능하신 성부 하나님, 하늘 아버지께서 사랑하고 기뻐하는 독생자 예수 그리스도께서 한낱 피조물에 불과한 인간의 모습으로 가난한 목수의 가정에서 태어난 것이다. 아무리 가난하고 보잘것없는 사람이라도 하늘 아들 예수 그리스도를 알고 믿고 구원받을 수 있도록 낮은 자의 눈높이에 맞추어 오신 것이다. 그리고 우리의 모든 죄와 허물을 지고 고난의 길을 가시다가 십자가에 달려 죽으시고 부활하심으로 구원사역을 완성하셨다. 하늘 아들 예수님이 장엄하고도 처절한 구원의 역사를 이루기 위해 맨 처음 시작하신 일이 요단강에서 세례를 받는 것이었다. 그래서 십자가를 붙잡고 구원 받은 믿음의 사람들이 죄가 없는 거룩한 하늘 아들이 죄인을 구원하기 위해 세례 받은 요단강을 찾아오고 있는 것이다.

예루살렘에서 유대 광야를 바라보며 내리막길을 달려 여리고를 지나 조금 더 가면 예수님이 요한에게 세례 받은 요단강이 나타난다. 설레는 가슴으로 달려왔다. 하늘 아들이 세례 받은 곳이라 맑고 깨끗한 물, 물고기가 놀다가 가끔씩 뛰어오르는 정겨운 물, 언제라도 들어가 미역을 감을 수 있는 깨끗하고 넉넉한 물이라 생각했다. 그러나 요단은 기대했던 것보다 너무 작고, 들어가 물속에 잠기고 싶은 마음이 사라질 정도로 혼탁했다. 우리나라 기준으로 보면 강이라고 하기에는 강폭이 너무 좁고, 개천이라 하기에는 물이 넉넉하고 크다. 이 물은 북쪽 헬몬산에서 흘러내리는 물줄기가 갈릴리로 들어와 호수를 만들고 거기서 남쪽으로 흘러 사해로 들어가면 그곳에서 머물다 증발돼 사라진다. 헬몬산과 갈릴리와 사해를 이어주는 물줄기가 요단강이다. 요단강은 생명의 물줄기다. 강수량이 부족해 광야가 돼버린 대부분의 팔레스타인 지역에 생명의 기운을 불어넣어 주는 물줄기다.

하늘 아들 예수님이 아버지의 거룩한 뜻을 이루기 위해 이 물에서 세례를 받았다. 죄를 씻어주러 온 거룩한 하늘 아들이 요한에게 죄 씻음 받는 세례를 받았다. 왜 그렇게 하셨는가? 죄가 없는 하늘 아들이 왜 죄 씻음의 세례를 받았는지 요단에게 물어보았다. 요단은 알고 있었다. 내 죄 때문이란다. 이제부터 이 죄인의 모든 죄를 지고 고난의 길, 십자가의 길을 가며 하나님의 의를 이루어야 하기 때문이란다. 하늘 아들이 세례를 받고 물에서 올라오자 하늘 문이 열렸다. 성령이 비둘기 같이 내려 임하고 하늘 아버지로부터 "이는 내 사랑하는 아들이요 내 기뻐하는 자"(마 3:17)라는 말씀이 들렸다. 평생 아버지 가슴을 아프게 한 이 죄인에게 영원한 생명을 주시려고 사랑하는 아들, 기뻐하는 독생자의 생명을 내어놓겠다는 말씀이다. 저주 받은 자가 달리는 나무에 사랑하는 아들을 달겠다는 말씀이다. 가슴을 찢는 슬픈 고통의 말씀이다. 하늘이 놀라 찢어지고 땅이 떨며 요동칠 수밖에 없는 장엄한 결단이요 선언이다.

요단강은 사랑하는 아들을 십자가의 제물로 죽이고 죄인을 살리려는 하늘 아버지의 사랑이 세상에 선포된 곳이다. 말씀으로 창조하신 강들 중에 깨끗하기도 하고 아름답기도 한 강이 얼마나 많은가! 적어도 사랑하는 아들이 하늘 아버지의 뜻을 이루기 위해 출발하는 예식이라면 수정같이 맑은 물이 넉넉하게 흐르고 경치가 아름다워 보는 사람들이 찬탄을 금치 못하는 강가에 금과 은과 보석으로 꾸며놓은 화려한 제단이 마련돼야 하지 않겠는가! 그러나 하늘 아버지는 사랑하는 아들을 그런 물로 보내시지 않았다. 불같이 더운 기운이 쏟아지는 광야 길을 걸어야만 갈 수 있는 물, 죄인이 하나님으로부터 용서 받기 위해 마음먹어야만 갈 수 있는 물, 화려하고 깨끗하지 않지만 누구라도 들어갈 수 있는 강으로 보내셨다. 요단강은 하늘 아들이 달린 십자가를 붙잡고 가슴을 찢으며 회개한 사람만이 찾아와 들어가는 물이다. 가난한 자도, 힘없고 연약한 자도, 병든 자도 들어갈 수 있는 물이다.

나는 요단강에서 이 죄인을 구원하려는 하나님의 사랑과 긍휼을 보았다. 그 사랑과 긍휼 가운데 흐르는 하늘 아버지의 눈물과 아픔을 보았다. 이 죄인에게 생명을 주시려는 아픔이요 슬픔이다. 하늘 아버지여, 아버지의 눈물 이 죄인의 심장에 흐르게 하소서! 아버지의 눈물 흐르는 곳에 생명나무 자라 생명의 열매 열리고 그 열매 나누며 살게 하소서! 아버지의 눈물 흐르는 곳에 사랑의 싹이 나고 자라 아버지 주시는 기쁨으로 그 사랑 나누며 살게 하소서!

시험 받은 광야

하늘 아들
아버지 뜻 따라
십자가에 달리려
광야에서 마귀의
시험을 받았다

떡이 없고
생명수가 없는
죽음의 땅에서
생명의 떡 되려
시험 받은 광야

돌이 떡 되는 시험
말씀으로 이긴
하늘 아들
십자가에 달려
생명의 떡 되었다

하늘 아버지여
십자가 붙잡고

생명의 떡으로
살아난 백성들
광야 같은 세상에
생명의 씨앗
뿌리게 하소서

광야 같은 심령에
하늘 아버지 사랑
이른 비 늦은 비
흡족히 내려
새 생명의 역사
일어나게 하소서

하늘 아버지
말씀 먹고 자란
생명나무들
사랑의 꽃 피고
구원의 열매
거두게 하소서

미국에서 있었다는 이야기다. 농장에서 일하던 두 청년이 농장 일이 너무 힘들어 도시로 가서 일하기로 마음먹었다. 두 청년은 바로 기차역으로 갔다. 그리고 한 청년은 뉴욕으로 가는 표를 사고, 다른 청년은 보스턴으로 가는 표를 샀다. 표를 산 두 청년은 의자에 앉아 기차를 기다리다 우연히 이런 말을 듣게 됐다. "뉴욕 사람은 인정이 메말라서 길을 가르쳐 주고도 돈을 받고, 보스턴 사람은 거리에서 구걸하는 거지에게도 인심을 후하게 베푼데!" 뉴욕 행 표를 산 청년은 생각했다. '아무래도 보스턴으로 가는 게 낫겠어! 일자리를 못 구해도 굶어죽을 일은 없을 거야! 하마터면 큰일 날 뻔했잖아!' 하지만 보스턴으로 가는 표를 산 청년의 생각은 달랐다. '그래, 뉴욕으로 가는 거야! 길을 가르쳐 주고도 돈을 받는다면 금방 부자가 될 수 있을 거야! 하마터면 부자가 되는 기회를 놓칠 뻔했잖아!' 두 사람은 상의 끝에 기차표를 서로 바꾸기로 했다. 그래서 뉴욕으로 가려던 청년은 보스턴으로, 보스턴으로 가려던 청년은 뉴욕으로 가게 됐다.

보스턴에 도착한 청년은 바로 그곳 생활에 적응해나갔다. 한 달 가까이 일을 하지 않고도 사람들이 던져 주는 동전으로 놀고먹을 수 있었다. 그는 그곳이 천국이라는 생각이 들었다. 한편 뉴욕으로 간 청년은 도시 사람들이 흙에 대한 특별한 향수와 애착이 있을 거라 판단하고 공사장을 찾아다니며 화분용 흙을 가져와 포장을 해서 '화분흙'이라는 이름으로 팔기 시작했다. 과연 그의 판단은 적중했다. 꽃과 나무를 좋아 하지만 흙을 가까이 하지 못하는 뉴욕 사람들의 마음을 움직인 것이다. 그는 '화분흙'으로 꽤 많은 돈을 벌었고, 일 년 뒤에는 괜찮은 집까지 마련할 수 있었다. 그러던 중 그는 우연히 상점들의 간판이 청소를 하지 않아 불빛이 희미해져 밤에는 무슨 물건을 파는 상점인지 잘 알아볼 수 없다는 것을 발견했다. 청소업체들이 건물만 청소할 뿐, 간판까지 청소하지 않는다는 사실을 알게 됐다. 그는 즉시 사다리와 물통을 사들여 간판을 전문으로 청소해 주는 간판청소 대행업체를 차렸고 그의 사업이 번창했다. 그는 어느덧 직원 150명을 거느린 기업의 사장이 됐고, 다른 도시에서도 청소를 의뢰할 만큼 유명해졌다. 얼마 후, 그는 보스턴에도 회사를 차리기 위해 출장을 가게 됐다. 그가 기차역에서 나오자마자 꾀죄죄한 모습을 한 거지가 다가와 돈을 달라며 구걸했다. 그런데 그 거지의 얼굴을 본 그는 깜짝 놀랐다. 그 거지는 바로 5년 전에 자신과 기차표를 맞바꾼 친구였다. 어떤 눈으로 세상을 바라보고 어떤 선택을 하며 사는가에 따라 인생이 달라진다.

하늘 아들이 시험 받은 광야도 어떤 눈으로 바라보느냐에 따라 그 의미가 달라진다. 하늘의 눈으로 바라보면, 광야는 하늘 아들이 시험을 이기고 흠도 없고 티도 없는 깨끗한 하나님의 어린 양으로 화목제물이 되어 세상을 이기고 생명의 길을 열어갈 수 있는 기회의 땅이다. 그러나 세상의 눈으로 바라보면, 광야는 탐욕과 교만으로 가득 찬 죄인들이 마귀의 유혹에 넘어가 실족해서 멸망의 길로 갈 수밖에 없는 땅이다. 하늘 아버지의 뜻을 알고 그 뜻을 이루기 위해 세상을 바라보며 사는 사람을 믿음의 사람이라 부르며, 자신의 뜻을 이루기 위해 세상을 바라보며 사는 사람을 세상 사람이라 부른다. 광야와 같은 세상에서 믿음의 사람들은 시험과 유혹이 다가와도 하늘 아버지께서 주신 말씀을 의

지하고 그 시험과 유혹을 극복하며 새로운 세상을 열어나간다. 그러나 세상 사람들은 시험과 유혹이 다가오면 마음에 가득 찬 정욕과 탐욕과 교만으로 인해 쉽게 넘어가 자신의 인생을 파멸의 길로 몰아넣는다.

하늘 아들이 아버지의 뜻을 이루려 요단강에서 요한에게 세례를 받은 후 하늘로부터 임한 성령에 이끌려 광야로 가서 마귀에게 시험을 받았다. 천지만물을 창조하신 성자 하나님, 마귀도 다스릴 수 있는 하늘 아들이 왜 마귀의 시험을 받아야 했는가? 그것도 세 번이나! 그것은 하늘 아들이 사람의 모습으로 이 땅에 와서 아담과 하와를 유혹해 멸망의 길로 이끌어간 마귀를 이기고 하늘 길, 생명의 길을 열어야 했기 때문이다.

하늘 아들이 광야에서 마귀로부터 받은 세 가지 시험은 택한 백성들이 광야와 같은 세상을 살아가면서 겪게 되는 시험이다. 하늘 아들이 사람의 몸으로 이 세 가지 시험을 모두 이김으로써 예수 그리스도를 믿는 하늘 백성들이 마귀를 이길 수 있는 길을 열어주신 것이다. 예수 그리스도의 사역은 처음부터 끝까지 하늘 백성들이 새 생명을 얻어 아버지의 뜻, 하나님 나라를 이 땅에서 이루어가도록 길을 열어주는 것이었다.

눈 열어주소서

젖과 꿀이 흐르는
가나안 땅
예루살렘 가는 길목에
자리 잡은 여리고

하늘 아들
광야 길 지날 때
한숨 돌리도록
마련해둔 여리고

십자가에 달릴
하늘 아들
여리고에서
하늘 은총 베풀었다

앞 못 보는 바디매오
육신의 눈 열리고
생명 길 찾는 삭개오
영의 눈 열렸다

주님 열어놓은
생명의 길
보지 못하는 죄인
눈 열어 주소서

골고다의 십자가
하나님 사랑
깨닫지 못하는 죄인
눈 열어 주소서

십자가 앞에서
하늘 아버지 아픔
알지 못하는 죄인
눈 열어 주소서

열린 눈으로
십자가 바라보고
하늘 사랑 깨닫고
하늘 생명 전하며
섬기게 하소서

여리고는 성경에 자주 나오는 지명 중 하나다. 특히 이스라엘 백성들이 애굽에서 나와 광야를 지나 약속의 땅인 젖과 꿀이 흐르는 가나안 땅에 들어갈 때 초입에 자리 잡고 있어 제일 먼저 무너진 성이 여리고다. 사람의 힘으로 무너진 성이 아니라 하나님이 무너뜨린 성이다. 여리고는 주변이 황량한 광야 지대에 자리 잡고 있어 몹시 덥다. 그럼에도 무너진 여리고가 다시 세워져 지금까지 남아 있는 것은 아마도 예루살렘에서 서쪽 요르단 지역으로 가는 길목에 있고, 요단강이 가까이 있기 때문이라 생각된다. 거기서 요단강을 따라 북쪽으로 가면 갈릴리 지역을 만나고 남쪽으로 내려가면 사해 지역, 서쪽으로 요단강을 건너면 요르단이다. 여리고는 지금은 아랍인들이 주로 사는 낙후된 지역이지만 예수님 당시만 하더라도 교통의 요지로 세관이 자리 잡고 있을 정도로 물류가 활발하게 이루어진 번성한 도시였다.

갈릴리 바다를 중심으로 생명의 말씀을 전하던 하늘 아들이 예루살렘 성에 갈 때는 주로 요단강과 나란히 내려가는 동쪽 길을 따라 가다가 여리고를 거쳐 예루살렘으로 올라가는 길을 택했다. 그러나 여리고가 해수면보다 260m나 낮은 곳에 있는 반면 예루살렘은 해발 790m정도 되는 고지대에 있고 이 지역이 대부분 광야이기 때문에 여리고에서 쉬지 않고 숨 막히는 광야 길을 따라 계속 예루살렘으로 올라가기가 쉽지 않다. 하늘 아들 예수님이 아버지의 뜻을 이루기 위해 예루살렘으로 올라가는 길에 여리고에서 잠깐 머물렀다. 하늘 아들 발걸음이 머문 곳에서는 특별한 사람들이 특별한 은혜를 받았다. 맹인 바디매오가 예수님이 지나가신다는 소리를 듣고 나를 불쌍히 여겨달라며 소리쳐 눈을 뜨게 된 곳도 여리고며, 예수님을 보기 위해 돌무화과 나무 위에 올라간 삭개오가 주님을 만나 영접하고 구원받은 곳도 여리고다.

　광야와 같은 인생길에서 누구를 만나느냐 하는 것은 매우 중요하다. 하늘 아들이 생명의 말씀을 전하는 길에 수많은 사람들이 따라 다녔다. 그러나 예수님을 선생으로 알고 만난 사람은 많았으나, 그리스도로 알고 만난 사람은 많지 않았다. 지성의 눈으로는 그리스도를 만날 수 없다. 영성의 눈이 열려야 십자가에 달린 하늘 아들이 그리스도라는 사실을 알 수 있고, 사랑하는 아들이 달린 십자가를 바라보는 하늘 아버지의 슬픔과 아픔이 가슴에 와 닿고, 하늘이 부어주는 사랑을 깨달아 누리고 베풀며 살 수 있는 것이다.

4

갈릴리

4-1

갈릴리야

갈릴리야
창조주가 만드신
수많은 호수 중
너만큼 하늘 사랑받은
호수가 어디 있느냐

헬몬 산 흘러내리는
은총의 물줄기 받아
메마른 땅 살리는
아름다운 갈릴리

생명을 잉태하고
생명을 품고 기르며
삶의 터전 일구어
하늘 아들 기다렸다

갈릴리 해변 거닐며
생명의 말씀 전하는
하늘 아들 수종들며
기뻐하던 갈릴리

주님 택한 제자들
사랑으로 품었고
거센 풍랑 숨죽이며
말씀에 순종했다

주님 발자국 찾아온
하늘 백성들
사랑스런 갈릴리
가슴에 담았다

용서는 나에게 상처를 준 사람을 위한다기 보다 나를 위한 것이다. 내 마음에 원한과 상처가 있는 한 그것이 나에게 올무가 돼 마음에 평안과 안식이 없고 자유를 누리지 못한다. 그래서 우리를 사랑하는 하나님은 용서하라고 말씀하신다. 용서는 나를 회복시키고, 사랑은 나와 너를 행복하게 만든다. 이스라엘 땅 북쪽에 하늘 아들이 복음을 전하며 용서와 사랑을 가르치던 바다가 있다. 갈릴리다.

메마르고 황량한 땅 팔레스타인에 하늘이 내려준 생명의 젖줄, 갈릴리 바다! 팔레스타인 땅 북쪽 헬몬산에서 흘러내리는 생명의 물줄기가 요단강을 따라 갈릴리로 흘러들어 바다를 만들고 거기서 흘러 광야를 지나며 생명의 역사를 일으키다가 사해로 들어가 사명을 다한다. 갈릴리는 하늘 아버지께서 사랑하는 아들이 아버지의 뜻에 따라 생명의 길을 열어갈 수 있도록 태초부터 마련해둔 아름다운 호수다. 창조주가 만든 호수가 헤아릴 수도 없이 많지만 갈릴리만큼 하늘 아들의 사랑을 받은 호수가 어디 있는가! 육신으로 이 땅에 오신 하늘 아들을 품었고, 하늘 아들은 갈릴리를 사랑했다. 하늘 아들이 갈릴리 해변을 따라 걸으며 생명의 말씀 전할 때 잔잔한 물결 소리로 노래하며 함께 기뻐하고 즐거워했다. 하늘 아들이 생명의 복음 전하도록 고르고 택한 소박하고도 순수한 제자들을 갈릴리가 품고 다듬고 양육했다. 때로는 탐욕과 다툼과 증오가 가득 찬 땅을 깨끗이 쓸어버릴 듯이 노한 풍랑으로 휘몰아치다가도, 하늘 아들 말씀에는 잠잠히 고개 숙이고 순종했다. 제자들이 보고 놀라 "이이가 누구이기에 노한 풍랑조차 순종하는가" 하며 수군거릴 때(마 8:27 참조), 갈릴리는 하늘 아들이 어떤 분인지 그리고 이 땅에 왜 왔는지 알았다. 생명의 복음 전하며 제자들을 양육하고 고난의 길을 가시다가 십자가에 달려 하늘 아버지로부터 버림받아 죽을 것을 알고 있었다. 그리고 새 생명의 역사가 시작된다는 것을 알았다. 영원히 멸망당할 죄의 종들이 새 생명으로 하늘 아버지의 자녀가 되고, 저주받은 땅이 새롭게 회복된다는 것을 갈릴리는 알았다.

하늘 아들이 예루살렘에서 십자가에 달려 죽으신 후 제자들이 십자가의 길을 버리고 갈릴리로 돌아왔을 때도 잠잠히 품어주었다. 부활하신 하늘 아들이 고기잡이 하는 제자들을 만나러 찾아왔을 때는 제자들이 던진 그물이 빈 그물이 되게 하고, 하늘 아들이 "그물을 오른편으로 던지라" 말씀했을 때는 그물이 찢어지도록 물고기를 그물 속으로 몰아넣었다. 하늘 아들이 십자가에 못 박히자 버리고 떠났던 제자들을 찾아와 다시 만났을 때 제자들이 "내가 주를 사랑하나이다" 고백하는 소리를 듣고 갈릴리는 회복의 날을 기다리며 기뻐했다.

이 죄인, 하늘 아들이 못 박혀 죽은 십자가 붙잡고 갈릴리 해변을 찾아갔다. 부활하신 하늘 아들이 떠나버린 제자들을 찾아와 떡과 구운 생선을 나누어주던 물가다. 하늘 아들이 제자들을 찾아와 사랑으로 하나 되었던 그 자리에 앉았다. 잔잔하게 밀려왔다 물러나는 정겨운 물결 소리, 바람결에 살랑살랑 흔들리며 반가이 맞이하는 부들 잎, 물 위를 날아오르며 사랑스럽게 재잘거리는 물새 소리가 그 때 그 사랑의 모습을 전해주고 있다. 오르락내리락 칠십 굽이 인생길을 돌고 돌아 이제야 하늘 아들이 제자들을 찾아와 사랑으로 하나 되었던 갈릴리 해변에

왔다. 하늘 아들이 이 죄인에게 "네가 나를 사랑하느냐?" 물으시면 "주
님, 이 죄인이 이제야 주님을 사랑하나이다." 고백하러 찾아왔다. 주님
만난 사랑하는 제자들과 사랑으로 하나 되고 싶어 찾아왔다. 주님 거
닐던 갈릴리 해변의 물결소리가 주님 사랑을 잔잔하게 전해준다. 주님
께서 갈릴리에게 언젠가 이 죄인이 찾아올 테니 그 때 "내가 너를 사랑한
다"는 말 전해주라 했단다. 주님과 이 죄인이 사랑으로 하나 된 정겨운
갈릴리 해변을 가슴에 담았다.

4-2
팔복 내린 산마루

말씀이 육신 된
하늘 아들
갈릴리 바라보이는
산마루에 앉아
하늘 복을 선포했다

심령이 가난한 자, 천국을 얻고
애통하는 자, 하늘 위로 받고
온유한 자, 땅을 기업으로 얻고
의에 주리고 목마른 자, 배부르고
긍휼히 여기는 자, 긍휼을 받고
마음이 청결한 자, 하나님을 보고
화평케 하는 자, 하늘 아들로 불리고
의로 박해받는 자, 천국을 얻는다

하늘 아들 선포한
하늘나라 복음
산마루에 앉은
무리들 마음 밭에
봄비처럼 내렸다

길 잃은 양처럼
방황하는 심령들
단비 같은 말씀에
살 길을 찾았다

하늘 아들
가는 길이다
고난의 길이요
생명의 길이다

하늘 아들
저주받은 나무에
목숨 걸어놓고
열어놓은 길이다

하늘 아버지
눈이 눈물에 상하고
창자가 끊어지고
간이 쏟아지는
아픔의 길이다

하늘 아버지여
이 죄인의 심령에
아들 달린 십자가
세워주소서

십자가 붙잡고
하늘 사랑 전할 때
약속하신 팔복
흡족히 내려주소서

사람들은 누구나 복을 받아 누리고 싶어 한다. 우리나라에서 오복이라 말할 때는 보통 사서삼경(四書三經) 중에서 서경(書經)에 나오는 오복을 말한다. 첫째, 오래 사는 수(壽), 둘째, 부자가 되는 부(富), 셋째, 건강하고 평안한 강녕(康寧), 넷째, 남에게 선행을 베풀어 덕을 쌓는 유호덕(攸好德), 다섯째, 천수를 다하는 고종명(考終命)이다.

언젠가 우리나라 모 언론사에서 서울에 있는 여대생들을 대상으로 '오복에 하나를 더해 육복으로 하면 어떤 복을 더하고 싶은가'라는 설문조사를 했다. 그런데 깜짝 놀랄만한 복이 1위로 나왔다. 출세하는 것도 아니고, 좋은 남편 만나는 것도 아니고, 몸짱, 얼짱도 아니었다. 그러면 무엇일까? 1위는 조실부모(早失父母)였다. '부모는 재산만 남겨놓고 빨리 죽어라.' 그게 바로 1위였다. 설마 그럴까? 우스갯소리로 그렇게 대답한 것이겠지라 생각하며 마음을 달래보지만 부모 된 입장에서는 서글픈 이야기다. 진정한 복이 무엇인지 어디로부터 오는 복이 참 복인지를 모르면 탐심을 만족시켜주는 것이 복이라 생각하고 그 복 좇아가다 실족하고 돌이킬 수 없는 멸망의 화를 당한다.

하늘 아들이 아름다운 갈릴리 해변을 걸으며 하늘 복음 전할 때 수많은 사람들이 무리지어 따랐다. 어둠 속에서 갈 길을 못 찾아 방황하는 심령들이다. 하늘 아버지께서 사랑하는 백성들이다. 하늘 아들이 무리를 보시고 갈릴리 해변이 내려다보이는 산마루에 올라가 앉았다. 하늘 나라를 사모하며 생명의 길을 따라가는 심령들이 어떻게 하늘 복을 누릴 수 있는지 말씀하고 가르쳤다. 하늘 아들이 하늘 복을 가르치던 곳에 교회가 세워져 있었다. 팔복교회다. 팔복교회는 아름다운 갈릴리 바다를 한 눈에 바라볼 수 있는 시원한 산마루에 여덟 가지 복을 나타내도록 팔각형으로 자리 잡고 있었다. 팔복교회 입구로 들어가면 잘 다듬어진 길가에 까만 대리석이 한 편에 네 개씩 여덟 개가 놓여있다. 하늘 아들이 전한 팔복의 말씀이 대리석 하나에 한 가지씩 새겨져 있다.

심령이 가난한 자가 천국을 얻는다. 먼저 비우라고 하신다. 정욕과 탐욕과 교만으로 가득 채워진 심령에는 하늘나라가 임할 자리가 없으니 움켜쥐고 있는 모든 것을 놓아버리고 비우란다. 하늘나라가 임할 수 있도록 비우란다. 세상의 다스림에서 벗어나 하늘이 준 새 생명의 다스림을 받으란다.

애통하는 자가 하늘 위로 받는다. 하늘나라 가는 길은 닫혀있는 길이었다. 하늘 아들이 죄인들을 구원하기 위해 저주 받은 나무에 달려 화목제물이 된 후 아버지로부터 버림받고 이 길을 열었다. 생명의 길이다. 이 길은 아무나 갈 수 있는 길이 아니다. 죄인들은 이 길을 갈 수 없다. 죄인이 이 길을 가려면 하늘 아들이 달린 십자가를 만나야 한다. 하늘 아들이 달린 십자가를 붙잡고 가슴 치며 애통하며 회개한 죄인은 이 길을 갈 수 있으며, 하늘 아버지의 사랑과 위로를 받는다.

온유한 자가 땅을 기업으로 얻는다. 하늘 아버지의 사랑을 받고 누리는 자는 그 사랑으로 사람을 사랑하는 온유한 사람으로 성품이 바뀐다. 사람을 사랑하는 자가 사람으로부터 사랑 받고, 사람을 미워하는

자가 사람으로부터 미움 당한다. 하늘 아버지의 사랑으로 사는 사람
은 하늘 아버지께서 주시는 힘과 능력과 지혜를 얻고 사람을 사랑하며
사람으로부터 사랑받는 자가 되어 땅을 기업으로 얻는다.

의에 주리고 목마른 자가 배부를 것이다. 죄인을 의인으로 만드는 하
나님의 의가 십자가다. 하늘 아들이 달린 십자가 앞에서 자신의 죄와
허물을 쏟아놓고 가슴을 찢으며 회개하며 하나님의 의를 구하는 자를
하나님은 의롭다 하시며 사랑과 은혜로 배부르게 하신다.

긍휼히 여기는 자가 긍휼을 받는다. 주는 대로 받는다. 주는 자가 복
이 있다는 것이 하늘의 가르침이다. 하늘 백성들은 하늘로부터 받은 것
을 나누어주는 사람들이다. 하늘 백성들은 하늘 아버지로부터 긍휼하
심을 받았으므로 고아와 과부와 나그네를 긍휼히 여기고 사랑을 베풀
어야 한다. 하늘 아버지께서는 하늘 아버지의 이름으로 긍휼을 베푸는
자녀를 기뻐하시며 더 많이 베풀 수 있도록 채워주신다.

마음이 청결한 자가 하나님을 본다. 죄와 허물로 더러워진 심령으로
는 거룩한 하나님을 볼 수 없다. 하늘 아들이 달린 십자가의 피로 죄와
허물을 씻은 깨끗한 심령이라야 영의 눈이 열리고 하나님을 볼 수 있다.

화평케 하는 자를 하늘 아들이라 부른다. 하늘 아버지께 범죄해 쫓
겨나 사탄의 종이 된 죄인을 위해 하늘 아들이 화목제물 되어 모든 죄와
허물을 씻어주시고 하나님과 화평케 했다. 이 은혜로 구원받은 하늘 백
성은 십자가 복음을 전하며 죄인을 하나님 앞으로 돌이켜 하나님과 화

펑케 하며 즐거워한다. 하늘 아버지께서는 이들을 하늘 아들이라 부르신다.

의를 위해 박해 받은 자가 천국을 얻는다. 박해를 받으면서도 하나님의 의, 십자가를 전하는 일은 쉬운 일이 아니다. 시대와 나라에 따라서는 목숨을 걸어야 한다. 이런 사람들은 하나님 나라를 유업으로 받은 자들이다. 바람이 불면 쭉정이는 날아가 버리지만 알곡들은 남아 하늘 창고로 들어간다.

갈릴리 해변가 산마루에 하늘 복이 하나하나 내려왔다. 여덟 가지 복이다. 거저 얻을 수 있는 복이 아니다. 하늘 아들이 고난의 길을 가야하고 십자가에 달려 화목제물이 되어 죄로 인해 닫혀있던 하늘 문이 열려야 내리는 복이다. 그리고 그 십자가를 붙잡고 생명의 길, 고난의 길을 가는 심령에 하늘로부터 내리는 복이다.

오병이어 사랑

말씀이 육신 되어
생명의 떡으로 오신
거룩한 하늘 아들

보리 떡 다섯 개에
긍휼을 베풀고
물고기 두 마리에
사랑을 담았다

오병이어 역사로
생명의 떡
사랑의 물고기
하늘에서 내렸다

가난한 심령들
배부르게 하고
목마른 자들에게
생명수 주려고
하늘 아들
십자가에 달렸다

하늘 아버지여
십자가 붙잡고
애통하는 심령에
하늘 은총 내려
오병이어의 역사
일어나게 하소서

지금은 멸종돼 사라진 새 가운데 '도도새'라는 새가 있었다. 도도새는 칠면조보다 크고, 몸무게는 20kg이 넘으며, 큰 머리에 깃털은 청회색이다. 검은색을 띠는 부리는 길이가 20㎝ 정도 되며 부리 끝은 불그스름하고 구부러져 칼집 모양을 하고 있다. 작고 쓸모없는 날개와 노란색의 억센 다리를 가졌고, 후미에는 곱슬곱슬한 깃털 술이 높이 솟아 있다. 도도새는 인도양에 있는 섬 모리셔스에 살고 있었다. 모리셔스 섬은 자연환경이 도도새가 살기에 너무나도 좋은 곳이다. 기후가 따뜻하고 물이 넉넉해 산천이 아름다운 곳이다. 천적이 없어 긴장할 필요가 없고 재빨리 도망가거나 숨을 필요도 없다. 먹이가 넉넉해 찾아다닐 필요도 없다. 배가 고프면 나무에서 떨어져 여기저기 널려있는 먹이를 먹으면 된다. 너무나도 풍족하고 넉넉하다. 도도새는 이곳에서 새끼를 낳아 기르며 번식했다.

1505년 배를 타고 가다 조난을 당한 포르투갈 선원들이 최초로 모리셔스 섬에 발을 들여 놓았다. 도도새를 보니 날 줄을 몰랐다. 먹이가 넉넉해 몸집은 커지고 천적이 없어서 도망가기 위해 날개 짓을 할 필요가 없어 날개가 퇴화해 날 수 있는 힘을 잃어버렸다. 잡으려 가까이 가도 도망갈 줄 몰랐다. 그저 멍청하게 사람들을 바라볼 뿐이었다. 잡아도 가만히 있었다. 굶주린 사람이 얼마나 위험한지도 몰랐다. 그래서 포르투갈 선원들은 이 새를 손쉽게 잡아먹었으며 이름을 멍청이, 바보라는 뜻으로 도도새라 불렀다. 그 후 이 섬은 어선들의 중간 경유지가 됐다. 도도새는 신선한 고기를 원하는 선원들에게 매우 좋은 사냥감이었다.

선원들의 남획으로 도도새의 개체수가 점점 줄어들기 시작했다. 네덜란드가 이 섬을 차지한 다음에는 이 섬을 죄수들의 유형지로 사용하게 됐고, 죄수들과 함께 짐승들이 이 섬으로 들어왔다. 사람들의 남획과 외부에서 유입된 짐승들로 인해 도도새는 찾아보기 힘들 정도로 급격히 줄어들기 시작했다. 모리셔스 섬에 인간이 발을 들여놓은 지 100여년 만에 한때 그렇게 많던 도도새가 희귀종이 됐으며, 1681년에 드디어 도도새가 멸종됐다.

고난 없이 넉넉하고 풍족한 환경 속에 사는 것이 반드시 좋은 것은 아니다. 고난을 당하더라도 그 고난을 극복하고 다시 일어설 수 있다면 고난은 유익한 것이 된다. 산천이 아름답고, 물이 넉넉하고, 일을 하지 않아도 하늘로부터 먹을거리가 날마다 풍성하게 내리고, 사람을 위협하는 짐승도 없는 지상낙원과 같은 곳에 사는 것을 대부분의 사람들이 부러워하지만 그렇지 않다는 것을 도도새는 보여주고 있다.

하늘 아들 예수님이 복음을 전하며 베푸신 기적과 이사가 많다. 그러나 그 중에서도 보리떡 다섯 개와 물고기 두 마리로 남자만 헤아려 오천 명이나 되는 많은 사람들이 배가 부르도록 먹고, 남은 조각을 열두 바구니에 가득하게 거둔 오병이어의 기적만큼 잘 알려진 것도 없다. 하늘 아들이 베푼 기적과 이사의 대부분이 사람이 고칠 수 없는 불치의 병을 고쳐주는 역사였기 때문에 병에 걸린 한두 사람이 병 고침의 역사를 체험했지만, 오병이어의 기적은 생명의 말씀을 듣기 위해 한적한 들로 모여든 수많은 사람들이 배고픔을 해결했기 때문에 그 은혜가 더 풍성하고 넉넉했다고 생각한다. 예수님 당시 유대인들은 사람을 헤아릴 때 남자만

계산하니 여자와 아이들을 포함하면 만 명도 훨씬 넘었을 것이다. 오병이어의 기적이 일어난 곳은 갈릴리 해변 가까이에 있는 산마루인데 지금은 그곳에 오병이어의 역사를 기념하기 위한 교회가 세워져 있다.

세례 요한이 헤롯 왕에게 목 베임을 당했다는 소식을 듣고 예수님이 따로 한적한 들로 나가 계시는데 수많은 사람들이 그곳까지 찾아왔다. 하늘 아들 예수님이 병자를 고쳐주며 복음을 전하다가 날이 저물어갈 때 먹지 못해 주려있는 무리를 불쌍히 여기고 베푸신 하늘 은총이 오병이어의 기적이다. 오병이어의 기적이 일어나자 떡과 물고기를 배불리 먹은 사람들이 예수님을 억지로 붙들어 왕으로 모시고자 했다. 예수님을 왕으로 모시기만 하면 먹을거리 걱정 없고, 병이 나면 고쳐주니 이것보다 더 좋은 일이 어디 있겠는가! 그러나 예수님은 사람들을 피해 산으로 올라가 기도했다. 만약 예수님이 저들의 요구대로 왕이 돼 모든 병을 고쳐주고 날마다 먹을거리를 풍성하게 공급해 주었다면 저들은 도도새와 같이 모든 힘과 능력을 잃어버리고 망했을 것이다. 하늘 아버지께서는 사랑하는 자녀들이 도도새와 같이 되기를 원하지 않는다. 때로는 고난을 주시고, 때로는 넘을 수 없는 어려움에 부딪쳐 좌절하게도 하신다. 하늘 백성들은 이와 같은 어려움을 당할 때마다 전능하신 하늘 아버지를 바라보고 믿음으로 의지하고 뛰어넘는 능력을 얻는다. 세상을 지배하며 다스릴 수 있는 힘과 능력은 저절로 얻어지는 것이 아니다.

그러면 왜 예수님은 빈들에서 오병이어의 기적을 베푸셨을까? 예수님이 요단강에서 요한에게 세례를 받은 후 광야에서 40일 간 금식하고 주릴 때 돌을 떡으로 만들라는 마귀의 시험은 단호하게 물리쳤지 않는가!

오병이어의 기적을 베푸신 것은 주린 무리들이 기진해 쓰러질 것을 염려한 하늘 아들의 긍휼의 마음에서 비롯된 것이었다. 그리고 그것은 요한이 죽자 머지않아 예수님이 십자가에 달려 죽으시고 영원한 생명의 떡이 될 것이라는 것을 알려주기 위한 사랑의 역사였다.

오병이어의 역사가 베풀어진 곳에서 사방을 둘러보았다. 나지막한 산마루가 널따랗게 펼쳐져 있다. 수많은 무리들이 앉아 생명의 말씀을 듣기에 좋은 곳이다. 하늘 아들이 생명의 말씀을 전하며 병자들을 고쳐주던 자리다. 그리고 저녁이 되자 먹을 것이 없어 굶주린 수많은 사람들을 불쌍히 여기시고 먹을 것을 주기 위해 하늘을 향해 축사하던 자리다. 그 자리에서 하늘 바라보았다. 하늘 백성들에게 영원한 생명의 떡을 주기 위해 사랑하는 아들을 십자가에 못 박으신 하늘 아버지의 사랑을 보았다. 하늘 아버지여! 아버지께서 버린 십자가를 붙잡고 찾아온 심령들에게 오병이어의 역사가 일어나게 하소서! 심령이 가난한 자에게 영원한 생명의 떡을 풍성하게 내려주소서! 그리고 그 사랑과 그 은혜에 감사하며 하늘로부터 넉넉하게 받은 생명의 떡을 나누어 주는 역사가 일어나게 하소서!

4-4

막달라 마을에서

사랑에 메인 죄인
하늘 길 열어놓은
비아 돌로로사를
가슴에 품고
하늘 아들 거닐던
갈릴리로 달려갔다

부들 잎 자라는
갈릴리 바닷가
귀신들린 막달라 마리아
주님 만나 회복한
은혜의 마을 찾아갔다

소박하고 조용한
막달라 마을
구원받은 여인이

십자가의 길 가는
하늘 아들 섬기던
물가 마을이다.

하늘 아버지여
막달라 마을 찾아온 죄인
갈릴리 물가에서
세상 것 모두 씻어버리고
하늘 은혜로 채우게 하소서

막달라 마리아와 같이
주님 달린 십자가
보게 하시고
구원의 기쁨
부활의 소망으로
섬기며 살게 하소서

우리말 속담에 '장맛이 나쁘면 집안이 기운다'라는 말이 있다. 옛날에는 보통 장을 담그기 위해 매주를 새끼줄에 엮어 방안의 벽이나 천장에 달아두었다. 그러면 집안의 온갖 미생물이 매주에 달라붙어 그것을 발효시킨다. 그런데 집안에서 가족 간에 싸움이 자주 일어나면 다툴 때 입에서 홧김이 나와 매주에 생성된 좋은 균을 죽이게 되며 그로 인해 매주는 시커멓게 되고 장맛이 나빠진다. 결국 장맛이 나쁜 집은 다툼이 자주 일어나는 집이고, 다툼이 자주 일어나면 그 집안이 망하게 된다는 것이다. 이렇게 화는 사람을 피폐하게 하고 죽이기도 한다.

그래서 하나님은 노하기를 맹렬히 하는 자는 벌을 받게 된다고 말씀하신다. 슬기로운 사람은 노하기를 더디 하고 허물을 용서하는 자며 그것이 결국은 자신에게 기쁨으로 돌아오는 것이다. 그러나 노하기를 더디 하기가 어디 쉬운 일인가! 그래서 성경은 "노하기를 더디 하는 자는 용사보다 낫고 자기의 마음을 다스리는 자는 성을 빼앗는 자보다 나으니라"(잠 16:32)고 말씀하고 있다. 하나님은 하늘 백성들에게 노하기를 더디 할 수 있는 길을 열어주셨다. 하나님이 우리의 죄와 허물을 용서해 주시고 사랑한 것 같이 너희도 서로 허물을 덮어주고 사랑하라는 것이다. 사랑하는 자만이 오래 참을 수 있고 넉넉한 품으로 감싸주며 덕을 세우고 나아가 죽어가는 심령도 살릴 수 있다.

사람은 빵으로만 사는 것이 아니라 사랑을 먹고 자란다. 빵을 나누며 사랑을 나누라는 것이다. 빵에 하늘 사랑이 들어있을 때, 그 빵은 사람의 육신뿐만 아니라 영혼도 살린다. 하늘 사랑은 생명의 빛이다. 보이는 사랑은 몸과 마음을 치료하고, 보이지 않는 하늘 사랑은 죽어가는 심령도 살린다. 갈릴리 해변가에 심령에 병이 들어 사람답게 살지 못하던 불쌍한 여인이 하늘 사랑으로 치료받아 심신이 회복된 후 구원의 기쁨으로 하늘 아들을 섬기던 마을이 있다. 막달라 마을이다.

갈릴리 해변 도시 티베리아에서 북쪽으로 6km정도 올라가다 보면 미그돌(Migdal)이라는 표지판이 나오는데, 거기서 오른쪽 해안가로 들어가면 막달라 마을이 나온다. 미그돌이란 막달라의 히브리말이다. 물가에 있는 소박하고 조용한 마을이다. 잔잔한 물결이 밀려왔다가 물러나는 물가에는 부들이 자라고 있다. 사람의 손길로 꾸미거나 가꾸지 않은 곳이다. 하늘 아들이 제자들과 함께 거닐며 전하던 하늘 복음이 잔잔한 물결을 타고 심령 깊숙이 밀려들어올 것 같은 고요한 마을이다. 귀신들려 고생하던 막달라 마리아가 하늘 아들을 만나 고침 받고 구원의 기쁨을 누리며 살던 곳이다. 하늘로부터 오는 은혜는 최첨단을 걷고 있는 현대문명이 만들어낸 웅장하고 화려하고 시끌벅적한 곳에 있는 것이 아니라 다듬거나 꾸미거나 가꾸지 않은 소박하고 조용한 마을에 머물러 있었다.

십자가 은혜로 구원 받아 하늘 사랑을 누리고 있는 죄인이 막달라 마을로 주님 흔적 찾아갔다. 하늘 아버지여, 막달라 마을에서 심령 속에 가득 찬 더럽고 추악한 허물과 죄악스러운 것 모두 갈릴리 물가에서 깨끗하게 씻어버리고 하늘 아들 만나게 하소서! 십자가를 바라보며 고난의 길을 잠잠히 가는 하늘 아들을 섬기며 말씀의 은혜 받던 마리아와

같이 막달라 마을에서 사랑하는 주님 만나 깨끗하게 씻어버린 빈 마음
에 생명의 말씀, 하늘 은혜로 가득 채우고 하늘이 주는 기쁨으로 섬기며
살게 하소서!

4-5

막달라의 눈물

십자가 바라보고
달려가는 하늘 아들
베푸신 사랑으로
구원받은 막달라 마리아
감사의 눈물 흘렸다

하늘 아버지 앞에
화목제물로 드릴
하나님의 어린 양
흠과 티가 없는
거룩한 제물 되도록
슬픔의 눈물로 씻었다

골고다 언덕에서
십자가에 달려
지옥 고통 겪고 있는
하늘 아들 바라보며
회개의 눈물 흘렸다

무덤에 뉘인
하늘 아들
사망권세 이기고

다시 살아났을 때
기쁨의 눈물 흘렸다

하늘 권세로
세상을 심판하기 위해
구름타고 오실 주님
영접할 소망 품고
환희의 눈물 흘렸다

사랑하는 주님
막달라 마리아의 눈물
이 죄인의 눈물
되게 하소서

잃어버린 양 찾아
발 씻어 주는
사랑의 눈물
기쁨의 눈물
되게 하소서

▷▷▷▷

　언젠가 낙타에 관한 재미있는 이야기를 읽은 적이 있다. 낙타는 사막 생활에서 없어서는 안 될 소중한 짐승이다. 낙타들 중에는 태양열로 뜨거워진 불모의 땅, 사막의 극한 환경 속에서 살아남으려고 버티다가 모성애를 잃어버리는 낙타도 있다 한다. 이런 낙타는 새끼를 낳고도 돌보지 않는다. 새끼 낙타가 굶주려 죽게 되었는데도 젖을 주지 않고 심지어 가까이 오면 발로 차 얼씬도 못하게 한다. 그러면 결국 어미에게 버림받은 낙타 새끼는 굶어 죽게 된다.

　낙타가 큰 재산인데 애써서 얻은 낙타새끼가 죽게 되면 큰 손실을 보게 된다. 그래서 몽골 사람들은 극한의 환경 속에서 모성애를 잃어버린 어미 낙타가 버린 새끼를 품고 먹이고 돌보도록 치유하는 독특한 비법을 알고 있다. 어느 집에 새끼를 낳은 낙타가 이런 비정한 모습을 보이면 이 낙타를 치유하기 위해 마을 사람들이 낙타 앞에 모인다. 낙타 앞에 모일 때는 '마두금'이라는 현악기를 가져오고 자식과 손자를 많이 키워본 여인들 중에서 노래를 잘 부르는 사람이 함께 온다. 준비가 다 되면 마을 사람들이 마두금을 연주하고 선택된 여인은 마두금에 맞추어 노래를 부른다. 이 여인이 부르는 노래는 엄마가 어린 아기를 품고 들려주는 자장가와 같이 다정다감하면서도 잃어버린 자식을 찾는 어미가 부르는 노래같이 구슬프게 들려 듣는 이들의 심금을 울린다. 이때 기적이 일어난다. 마두금의 연주에 따라 부르는 여인의 노래를 들은 낙타가 눈물을 흘리기 시작한다. 낙타는 아주 큰 눈물방울을 뚝뚝 흘리면서 슬피 운다. 그렇게 눈물을 흘린 낙타는 모성애를 되찾게 되고 새끼에게 젖을 물리고 정을 들여 잘 키운다는 것이다.

　마음에 병이 들면 사람이나 짐승이나 사랑을 잃어버리고 거칠고 강퍅하게 된다. 특히 사람은 그 심령에 마귀가 들어와 영적으로 병이 깊이 들면 고치기 힘들다. 영의 병은 영으로 고쳐야 한다. 악령으로 병이 든 심령은 하늘의 영, 성령으로 고쳐야 한다. 갈릴리 해변가 조용한 마을에 귀신이 들려 심령에 병이 든 여인이 있었다. 하늘 아들이 갈릴리 해변을 거닐며 하늘 복음을 전하다가 귀신들려 고통당하고 있는 그 여인을 만났다. 하늘 아들이 하늘의 능력, 성령의 힘으로 그 여인을 괴롭히고 있는 귀신을 쫓아내고 온전히 회복시켜 주었다. 그 여인이 막달라 마리아다.

　갈릴리 해변가에서 복음을 전하던 하늘 아들이 영원한 생명의 길을 열기 위해 예루살렘으로 올라갔다. 고난의 길이요, 십자가의 길이다. 죄인을 하나님 품으로 돌이켜 영원한 생명을 주기 위한 길이다. 눈에는 눈, 이에는 이, 생명은 생명으로 갚아야 하는 공의의 길을 가는 것이다. 영원한 대제사장으로 자신의 몸을 대속의 제물로 드리러 가는 것이다. 예루살렘에서 거들먹거리며 사는 한 바리새인이 식사를 하자며 하늘 아들을 집으로 초대했다. 하늘 아들로 영접하는 것도 아니요, 선지자로 맞이하는 것도 아니다. 팔레스타인에서는 손님을 초대할 때 발을 씻도록 물을 주는 것이 관습인데, 하늘 아들에게 물도 주지 않았다. 이 모습을 바라보던 막달라 마리아가 하늘 아들에게 다가가 눈물로 발을 씻기고, 머리털로 닦았다. 하늘 아버지께 흠도 없고 티도 없는 거룩한 화목제물로 드릴 수 있도록 눈물로 씻고 닦았다.

골고다 언덕에서 하늘 아들이 십자가에 못 박혀 지옥 고통을 겪고 있을 때 막달라 마리아는 보았다. 자신의 모든 죄와 허물을 지고 십자가에 달려 살이 찢기고 물과 피를 다 쏟으며 하늘 아버지를 향해 고통으로 부르짖는 하늘 아들을 보았다. 그리고 하늘을 보았다. 자신을 구원하기 위해 사랑하는 아들의 부르짖음을 외면하고 있는 하늘 아버지의 고통과 슬픔을 보았다. 막달라 마리아는 화목제물로 드려지는 하나님의 어린 양을 바라보고 내 죄 때문이라며 가슴을 치고 애통하며 회개의 눈물로 거룩한 산제사를 드렸다.

안식 후 첫 날 이른 아침, 막달라 마리아는 하늘 아들 무덤을 찾아갔다. 사랑과 은혜에 감사하는 마음으로 찾아갔다. 빈 무덤이다. 흰옷 입은 천사들이 막달라 마리아에게 기쁜 소식을 전하려고 기다리고 있었다. 하늘 아들이 사망 권세를 이기고 다시 살아난 것이다. 막달라 마리아는 이 기쁜 소식을 사랑하는 제자들에게 알리려고 달려가다가 부활하신 하늘 아들을 만났다. 막달라 마리아는 기쁨의 눈물로 하늘 아들을 만나고 부활의 소식을 제자들에게 알렸다.

막달라 마리아는 하늘과 땅의 모든 권세를 받은 하늘 아들이 심판의 주로 다시 오실 것이라 말씀하시고 하늘로 올라가는 것을 보았다. 하늘 가는 밝은 길이 열린 것이다. 하늘 아들이 가신 그 길을 따라 가면 사랑하는 아들을 화목제물로 내놓으시고 구원해주신 하늘 아버지를 만날 수 있고, 생명수가 흐르는 시냇가 생명나무 아래서 기다리고 있는 사랑하는 하늘 아들을 만날 수 있다. 막달라 마리아는 하늘 아들이 목숨 걸고 이루어놓은 그 길을 환희의 눈물로 바라보며 아름다운 소망을 가슴에 담았다.

4-6

네가 나를 사랑하느냐

팔레스타인 땅 메마른 광야에
하늘이 내린 선물 갈릴리
헬몬산 흘러내린 물 머문 바다
크고도 넓고도 아름답다

살랑거리는 부들 잎
촐싹거리며 밀려드는 물결
엄마 품처럼 따사하고 포근한
갈릴리 해변가

하늘 아들, 제자들과 함께 거닐며
생명의 말씀, 하늘 복음 전할 때
새들은 노래하며 춤을 추었고
해변가 돌들은 귀를 기울였다

십자가 버리고 고기 잡는 베드로
밤새 애써도 잡히지 않는 물고기
말씀대로 던져 가득 찬 그물
베드로와 제자들 주님 다시 만났다

모닥불 피워 기다린 주님, 베드로야
네가 나를 사랑하느냐 물으실 때
주님 모른다고 세 번이나 부인한
메마른 심령에 사랑의 불길 일었다

갈릴리 바닷가에 일어난 불길
사랑의 불길 되어 유다로 번지고
사마리아를 넘어 땅 끝으로 날아
이 죄인의 심령에도 불을 지폈다

이 죄인, 사랑의 불길 따라 와
갈릴리 바닷가에서 주님 만났다
잔잔하게 밀려오는 물결 따라
주님 말씀 들려왔다.

네가 나를 사랑하느냐 말씀이 임한
빈 마음에 하늘 사랑 밀려들어와
흐르는 눈물로 이렇게 고백했다
이 죄인 이제야 주님 사랑합니다

▷▷▷▷

메마른 광야가 펼쳐지고 있는 팔레스타인 땅에 하늘이 내린 선물 갈릴리, 헬몬산에서 흘러내리는 물 넉넉하게 받아 크고도 넓고도 아름답다. 주님이 제자들과 함께 거닐며 하늘 복음을 전하던 갈릴리 물가는 엄마 품같이 고요하고 포근하다. 주님 모른다며 십자가의 길 버리고 갈릴리로 돌아와 동무들과 함께 물고기를 잡고 있는 베드로를 감싸 안아 주던 곳이다. 살랑살랑 거리는 바람결에 잔잔하게 밀려왔다가 물러나는 물결소리 타고 주님 말씀 들려왔다. "네가 나를 사랑하느냐?" 어려서부터 '예수 사랑하심은 거룩하신 말일세'를 불러가며 주님이 나를 사랑한다고 수도 없이 듣고 배웠지만 주님 사랑이 내 심령 깊은 곳에 와 닿기까지 얼마나 많은 세월이 흘러갔는가! 사랑을 깨닫고 사랑하기가 이렇게 힘든 일인가!

마른자리 진자리 갈아주며 자식 키우느라 허리띠 졸라매던 부모 사랑이 가슴에 와 닿기까지 흘러 보낸 세월을 생각하면, 보이지 않는 하나님 사랑이 내면 깊숙이 뿌리내리고 있는 죄성을 헤집고 마음에 와 닿기가 어디 쉬운 일이겠는가! 지식이나 철학으로 되는 일이 아니다. 하늘 아버지의 사랑하는 아들, 기뻐하는 독생자가 달린 십자가를 만나 가슴을 치며 애통하는 심령에 베푸시는 하나님의 은혜로만 그 사랑을 깨달을 수 있는 것이다. 다행스럽게도 늦었지만 그 사랑 깨달았다.

인생길 굽이굽이 돌고 돌아 저녁노을이 물들어갈 즈음에 주님 사랑 찾아 나섰다. 베들레헴 목자의 동굴에서 아기 예수를 만났고, 나사렛에서 육신의 부모를 섬기는 목수 예수를 보았다. 요단 물에서 아버지의 뜻을 이루기 위해 하늘 아들이 요한에게 세례 받고 물에서 나올 때 하늘 아버지께서 "이는 내 사랑하는 아들이요 내가 기뻐하는 자"라고 하신 말씀 들었다. 하늘 아들이 십자가의 길을 가기 위해 성령님에게 이끌려 간 광야에서 40일 동안 금식하며 마귀에게 시험 받은 흔적을 보았다.

하늘 아버지께서 사랑하는 아들을 위해 태초부터 마련해둔 갈릴리 물가에서 제자들을 택해 가르치고 전하신 말씀을 들었다. 죄인을 구원하기 위해 겟세마네 동산에서 피눈물로 기도한 후 사랑하는 제자에게 팔려 도수장으로 끌려가는 어린 양과 같이 하늘 아들이 십자가를 지고 잠잠히 걸어가신 '비아 돌로로사' 길을 따라 걷고 또 걸었다. 그리고 골고다 언덕에서 십자가에 달려 살이 찢기고 물과 피를 다 쏟고 수치와 모욕을 당하며 화목제물이 된 하늘 아들을 보았다. 하늘 아들이 십자가에 달리기 전에 제자들에게 갈릴리에서 만나리라 하신 말씀대로 베드로와 제자들이 십자가의 길을 버리고 물고기를 잡고 있던 갈릴리 물가로 찾아오셨다. 제자들을 만난 하늘 아들이 세 번이나 주님을 모른다고 부인하던 베드로 가슴에 사랑의 불을 지펴주던 곳이다.

그 불길이 유다로 번지고 사마리아를 넘어 유럽을 휩쓸고 돌아 신대륙을 거쳐 이 죄인의 메마른 심령에도 와 닿았다. 용암이 끓고 분출되고 있는 활화산과 같이 가슴을 태우고 모든 죄와 허물을 불살라버리는 사랑의 불길이다. 이 불길 따라 온 죄인이 갈릴리 물가에서 주님을 만났다. 부활하신 주님이 떡과 물고기를 구워놓고 십자가의 길을 버리고 물고기 잡고 있는 제자들을 기다리던 곳이다. 갈릴리를 사랑스럽게 감싸

고 있는 하늘을 보았다. 살랑살랑 거리는 부들 잎, 잔잔하게 밀려오는
물결 따라 주님 말씀 들려왔다. "네가 나를 사랑하느냐." 갈릴리 물가
에서 비워버린 마음에 하늘로부터 밀려들어오는 사랑을 가득 담았다.
그리고 흐르는 눈물 주체하지 못하고 이렇게 고백했다. '주님, 이제야
이 죄인이 주님을 사랑합니다.'

<h1 style="text-align:center">4-7</h1>

<h1 style="text-align:center">베드로 물고기 배</h1>

갈릴리 바다
뻘 속에 묻혀있던
베드로 물고기 배
드디어 모습을 드러냈다

천년 고개 두 번 넘어
모습 드러낸 베드로 배
하늘 아들 복음 전할 때
소중하게 쓰임 받았다

베드로 배 위에서
하늘 복음 전하는
하늘 아들
만나고 싶었다

주의 종 된 죄인이
하늘 말씀 전할 때
베드로 물고기 배처럼
쓰임 받고 싶었다

말씀 듣는 심령마다
생명의 역사 일어나
사랑의 열매 맺도록
쓰임 받고 싶었다

민가에서 전해 내려오는 교훈적인 이야기를 민담(民譚)이라 한다. 민담 중에 이런 이야기가 있다. 아내와 단 둘이 사는 젊은이가 너무 가난해서 아내에게 돈을 벌어오겠다 약속하고 멀리 있는 부잣집으로 머슴살이를 떠났다. 삼년 동안 성실히 일해 돈도 제법 모으고 해서 집으로 돌아가기로 했다. 주인에게 삼년간 일한 새경을 받아 집으로 가는 도중에 길에서 "말을 사시오." 하는 글을 적어놓고 앉아 있는 노인을 발견했다. 사랑하는 아내를 만날 생각에 갈 길이 바빠 그냥 지나치려다가 호기심이 많은 이 젊은이는 어떤 '말'을 파는지 하도 궁금해 노인에게 물었다. '말'을 사려면 돈을 얼마나 지불해야 하는지 물었다. '한 마디 말'을 해주는 값이 1년 동안 머슴살이 하면서 받은 새경과 같은 금액이었다. 하도 궁금해 '한 마디 말'만 사보자 결심하고 1년 치 새경을 노인에게 주었다. 그랬더니 노인이 한참 생각하다가 "급할수록 돌아가라."고 했다. 이게 무슨 소린가 생각하다가 다음 말이 무엇인지 궁금해서 또 1년 치 새경을 노인에게 건넸다. 노인이 한참 생각하더니 "화가 나면 참으라."고 했다. 2년 치 새경을 주고 산 두 마디 말이 평소에도 듣던 말이라 기가 찼지만 그 젊은이는 기왕에 저지른 것이니 마지막 1년 치 새경도 주고 무슨 말을 하나 들어보기로 작심했다. 노인에게 돈을 건네니 이번에도 한참 생각하다가 "이상한 것이 있으면 지고 오라."고 한다. 그 젊은이는 세 마디 말을 산 대가로 3년 치 새경을 다 써버리고 나니 황당했다. 후회막급이었다. 다 아는 말 같은데 지불한 3년 치 세경이 아까워 계속 그 말을 중얼거리며 걸었다. 집 가까이 있는 시내까지 왔다. 그런데 비가 와서 물이 많이 불어있었다. 그래도 집에 빨리 가고 싶어 나무다리를 건너려고 했다. 조금 가니 나무다리가 삐거덕 거렸다. 급한 마음에 계속 앞으로 가려다가 노인에게서 산 '말'이 생각났다. "급할수록 돌아가라." 1년 치 세경이 아까워 말대로 윗길로 돌아가기로 하고 물가로 나왔다. 나오자마자 그 나무다리가 급류에 휩쓸려 떠내려가 버렸다. 조금만 늦게 돌아 나왔으면 그 나무다리와 함께 떠내려가 죽었을 텐데, 노인의 말 때문에 목숨을 건질 수 있었다.

상류로 올라가 물이 얕은 곳을 찾아 돌아오느라 집에 도착하니 한밤 중이었다. 그런데 마루 앞 댓돌 위에 신발이 두 켤레가 놓여 있었다. 한 켤레는 여자 신발이고 또 다른 한 켤레는 남자 신발이었다. 이 젊은이는 아내가 다른 남자와 자는 줄 알고 마당에 있는 도끼를 들고 방문을 열었다. 달빛에 보니 아내가 머리를 빡빡 깎은 남자와 자고 있었다. 화가 머리끝까지 나서 들고 있는 도끼로 남자를 찍으려다 노인에게 산 '말'이 생각났다. "화가 나면 참으라." 그래서 참고 아내를 깨웠다. 아내가 일어나더니 반색을 하며 반기는데 함께 자고 있던 사람도 일어나 '형부'라고 부르는 것이 아닌가! 비구니가 된 처제였다.

아침에 일어나 보니 집에 땔 나무가 하나도 없었다. 그래서 일찍이 지게를 지고 산에 나무하러 갔다. 산을 한참 올라가 나무를 하려는데 이상하게 생긴 커다란 돌덩이가 하나 있었다. 가까이 가서 들어보니 엄청 무거웠다. 그 때 또 그 노인에게서 산 '말'이 생각났다. "이상한 것이 있으면 지고 오라." 그래서 그 돌덩이를 지게에 얹어 지고 오려고 들다가 너무 무거워 놓아버렸다. 그 돌덩이가 언덕 아래로 굴러 내려갔다. 언덕 밑으로 내려와 그 돌덩이를 보니 돌이 아니라 금덩어리였다. 그래서 그 젊은이는 그 금덩이를 팔아 잘 먹고 잘 살았다는 이야기다.

왜 이런 민담이 생겼을까? 대가를 지불한 말이라야 소중하게 여긴다는 교훈이다. 그 젊은이가 아무 대가를 지불하지 않고 그 말을 들었다면 그 노인과 헤어지자마자 잊어버렸을 것이다. 부모님이 돌아가실 때 남긴 유언을 소중하게 생각하는 것도 같은 이유다. 청개구리도 엄마 개구리가 살아있을 때는 그렇게도 말을 듣지 않더니 엄마 개구리가 죽을 때 남긴 말은 들었다. 엄마 개구리 목숨이 들어있는 말이기 때문이다.

하나님 말씀도 마찬가지다. 이스라엘 땅 갈릴리 바닷가에서 하늘 아들이 말씀을 전했다. 말씀을 들으려는 사람들이 해변을 가득 메우기 시작하자, 하늘 아들은 베드로가 물고기 잡을 때 타던 배에 올라 물가에서 조금 떨어지게 하고 말씀을 전했다. 하늘 아들이 목숨을 걸고 전한 생명의 말씀이다. 하늘 아들이 이 말씀을 이루기 위해 십자가에 달려 죽으셨다. 하늘 아들의 목숨이 담겨 있다는 것을 알고 말씀을 듣는 사람은 영원한 생명의 길, 하늘나라 가는 거룩한 길로 갈 수 있다. 그러나 하늘 말씀이 얼마나 귀하고 소중한지를 알지 못하면 그 말씀이 역사하지 않는다. 안타깝게도 현대문명의 소용돌이 속에서 정보의 홍수에 휩쓸려 정신없이 사는 사람들은 하늘 아들이 목숨 걸고 전한 말씀을 가슴에 담을 여유조차 없다.

갈릴리 바닷가에서 하늘 아들 예수님이 말씀 전하던 당시의 물고기 잡던 배가 발굴됐다. 진흙 속에 묻혀있던 나무로 만든 배다. 천년의 고개를 두 번이나 넘어 세상에 모습을 다시 드러낸 것이다. 급속히 발전하고 있는 현대 문명의 그늘에 가려 희미해져가는 하늘 말씀이 다시 갈릴리에서 힘을 얻어 절망하고 좌절한 심령에 생명의 역사가 일어나도록 하늘이 내려준 선물일까? 길을 잃고 방황하는 현대 문명의 미아들에게 가야 할 길, 해야 할 일을 알려주는 계기가 될 수 있지 않을까 기대하며 갈릴리 해변을 찾아갔다. 베드로 물고기 배에서 생명의 말씀을 전하는 하늘 아들을 만나고 싶었다. 물고기를 잡아서 먹고 사는 순박한 베드로를 사람을 낚는 어부로 만든 하늘 아들의 능력을 받고 싶었다. 하늘의 은혜로 택함 받아 주의 종이 된 이 죄인도 베드로와 같이 사람을 낚는 어부가 되고 싶었다. 사람에게 낚여 끌려 다니는 종이 아니라, 죄인을 낚아 거룩한 하나님의 자녀로 세워나가는 신실한 종이 되고 싶었다.

갈릴리 바닷가는 베드로가 물고기를 잡던 때와 크게 달라진 것이 없었다. 하늘의 배려로 현대문명의 손길이 크게 닿지 않았다. 하늘도 그대로고 바다도 그대로다. 물가에서 파랗게 자라나는 부들과 살랑살랑 부는 바람결에 흔들리는 물풀들, 잔잔하게 밀려드는 물결이 들려주는 부드러운 속삭임이 그대로다. 베드로가 물고기 잡던 배에서 하늘 아들이 들려주는 생명의 말씀도 변하지 않았다. 그럼 무엇 때문에 하늘 말씀이 생명력을 잃어가고 있는 것일까? 나는 깨달았다. 사람이 변한 것이다. 사람을 낚는 주의 종들이 변하고, 말씀을 전해 듣는 사람들의 마음에 말씀이 머물 빈자리가 없기 때문이다. 정욕과 탐욕과 교만한 마음으로 이루어놓은 현대문명과 문화가 정보의 흐름을 타고 사람들의 마음에 날마다 흘러들어와 차고 넘치고 있으니 하늘 말씀이 들어갈 자리가 없다. 귀로 들어도 마음에 빈자리가 없으니 그대로 밖으로 흘러나가 버린다. 현대문명의 세찬 물결에 휩쓸려 죽음의 바다로 떠내려가고 있는 사람을 낚는 어부가 있어야 한다. 베드로처럼 물고기 잡던 배에서 말씀 전하는 하늘 아들 만나 사람을 낚는 어부가 되고 싶었다. 죽음의 바다 로 떠내려가고 있는 죄인들을 하늘 길로 인도하며 생명의 열매를 거두 어 하늘 아버지 앞에 올려드리고 싶어 갈릴리 물가를 거닐고 또 거닐었 다.

4-8

베드로 물고기 맛

밤새 그물 던졌으나
빈 그물로 돌아온 베드로
말씀 의지해 내린 그물
만선의 기쁨 맛보았다

베드로 그물 피해
달아난 물고기들
하늘 말씀에 순종해
베드로 그물로
앞 다퉈 몰려들었다

베드로 물고기 구이
맛있다는 소문에
갈릴리 바닷가
베드로 물고기 집
묻고 물어 찾아갔다

맛집이라 그런가
베드로 때문인가
찾아오는 손님들로
자리가 가득 찼다

천년의 고개
두 번 넘어도
말씀에 순종한
갈릴리 물고기들
베드로 그물 속에
들어가기 바쁘다

베드로 물고기 구이
부드럽고 감미롭다
팍팍하고 맛없는
갈릴리 물고기도
말씀에 순종하면
즐거움과 위로 주는
맛으로 변하나 보다

강퍅하고 메마른 심령
베드로 물고기 같이
하늘 말씀에 순종해
하늘 사랑 넉넉히 받아
부드럽고 감칠맛 나게
변하게 하소서

▷▷▷▷

　먼 나라를 여행하다 보면 먹거리 때문에 고생하는 경우가 많다. 기후가 차이 나고, 문화가 다르면 먹고 사는 삶이 달라 입맛에 맞는 음식을 만나기가 쉽지 않다. 이스라엘은 특별히 더 심하다. 우리나라와 같이 길거리마다 다양한 음식점이 있을 것으로 생각했다가는 음식 때문에 고통스러운 여정이 될 수도 있다. 그나마 숙박료가 비싼 호텔에서는 대부분의 사람들에게 익숙한 양식을 아침과 저녁에 제공하고 있어 음식 때문에 당하는 어려움은 어느 정도 피할 수 있지만 그래도 여행 날짜가 길어지면 힘들다.

　예루살렘에 보름 정도 머물다 차를 렌트해 갈릴리로 올라갔다. 갈릴리는 하늘 아들 예수님이 자란 나사렛과 가깝고, 그 중에서도 가버나움과 갈릴리 해변은 하늘 복음을 전하던 중심지이기 때문에 무슨 일이 있어도 가보아야 했다. 그래도 먹거리 문제가 마음에 걸려 물어보니 베드로 물고기 음식점을 소개하며 꼭 들러보란다. 베드로 물고기는 베드로가 밤새 그물을 던졌으나 물고기를 못 잡고 빈 그물로 돌아왔을 때 하늘 아들의 말씀에 순종해서 깊은 물에 그물을 던져 그물이 찢어질듯이 많이 잡았다는 물고기다. 갈릴리 해변 티베리아스는 옛날부터 사람들이 가장 많이 살고 숙박시설도 몰려있어 그곳에 여장을 풀었다. 소개받은 베드로 물고기 음식점은 티베리아스에서 북쪽으로 올라가다 보면 갈릴리 호숫가에 있다. 호텔에서는 점심을 주지 않아 베드로 물고기 음식점을 찾아갔다. 소문대로 손님들이 많았다. 거의 모두가 성지순례를 온 사람들이다. 이 많은 손님들에게 거의 매일 생선구이를 제공하려면 베드로 물고기가 얼마나 많이 잡혀야 할까? 그물을 던질 때마다 베드로 물고기들이 그물 속으로 들어가기가 몹시 바쁠 것 같다. 한참 기다려 베드로 물고기구이가 나왔다. 제법 크다. 돔 종류 같은 생선인데 보기에는 그저 그런 생선이다. 나는 돔 종류의 생선구이를 즐겨 먹지 않는다. 돔 생선구이는 맛이 퍽퍽하기 때문이다. 맛있다는 소문은 들었으나 큰 기대를 하지 않고 살점을 조금 먹어보았다. 적당한 기름기가 흐르는 것이 부드럽고 맛있다. 머리에서 꼬리까지 살점이 잘 발겨져 나온다. 바닷가에서 자라 수많은 생선구이를 먹어보았는데 이 만큼 맛있는 생선구이는 별로 먹어보지 못했다는 생각이 들었다.

나는 큰 깨달음을 얻었다. 사람이나 생선이나 하나님 말씀에 순종하면 아무리 퍽퍽하고 맛이 없어도 연하고 부드러운 맛을 내게 되는구나! 물가에서 자라며 어부로 살던 베드로가 물고기를 잡기 위해 밤이 새도록 그물을 던졌으나 한 마리도 잡지 못했는데, 하늘 아들 말씀에 순종해 깊은 곳에 그물을 던졌더니 자신의 배뿐만 아니라 동무의 배까지 가득 찰 정도로 많이 잡혔다. 이것은 우연이 아니다. 베드로가 밤새 그물을 던질 때 얕은 곳에만 던졌겠는가! 베드로가 그물을 던질 때마다 피해 있어 잡히지 않던 물고기들이 하늘 아들의 말씀을 믿고 던진 그물에는 그물이 차고 넘칠 정도로 많이 잡힌 것은 물고기들이 말씀에 순종해 앞 다투어 그물로 들어갔기 때문이다. 물고기들이 천지를 만드신 창조주의 말씀을 듣고 그 말씀을 이루기 위해 순종한 것이다.

물고기를 잡아 먹고사는 거칠고 투박한 어부 베드로가 하늘 아들을 만나 말씀에 순종해 주님을 사랑하고, 주님이 맡긴 양들을 사랑하고 돌보며 먹이는 부드럽고 넉넉한 제자로 변한 것 같이, 팍팍하고 맛없는 베드로 물고기도 하늘 아들의 말씀에 순종해 그물 속으로 몰려 들어가자 부드럽고 감칠맛 나는 생선으로 변한 것이다. 갈릴리 해변을 찾아온 하늘 백성들, 베드로 물고기구이 먹고 말씀에 순종해 팍팍한 세상에 기쁨과 감칠맛을 주는 사랑스럽고 부드러운 제자들이 됐으면 좋겠다.

4-9

살아 있는 갈릴리

갈릴리는 살아있다
헬몬산 흘러내리는
생명의 물 넉넉히 받아
갈급한 땅 곳곳으로
나누어 주는 갈릴리

갈릴리에서 흘러내리는
생명의 물 이르는 곳마다
풍성하고 비옥한 들판
새들이 노는 아름다운 숲
하늘이 내려준 은총이다

갈릴리야, 넌
어찌 그리 겸손하냐
하늘 아들처럼
높은 자리 사양하고
낮고 낮은 곳에서
하늘 뜻 받들었지

갈릴리야
너의 순종 부럽구나
하늘 아들 말씀에
성난 파도 잔잔케 하고
베드로 빈 그물에
물고기 몰아넣었지

갈릴리야
하늘 아들
널 아끼고 사랑해
잔잔한 물가 거닐며
하늘 복음 들려주었지

갈릴리야, 넌
여전히 사랑스럽구나
하늘 아들 발자취
찾아온 죄인에게
하늘 말씀 들려다오

▷▷▷▷

호수는 땅으로 둘러싸인 물을 말한다. 세상에는 호수가 헤아릴 수도 없이 많고 그 모습도 다양하다. 세상에서 가장 아름다운 호수는 어떤 호수인가? 미국 몬태나 주 북쪽과 캐나다 국경지역에 걸쳐있는 글레이서 국립공원의 '레이크 맥도널드' 호수가 가장 아름다운 호수라 한다. 푸른 하늘 바탕에 새하얀 만년설이 덮인 산과 주변의 아름다운 경관이 거울처럼 맑은 물에 고스란히 담겨있기 때문이다.

신의 호수라 불리는 '양줘융춰' 호수도 아름다운 호수 중 하나다. 양줘융춰 호수는 중국 티베트 라싸 시에서 100km 정도 떨어진 곳에 있으며, 히말라야 산 북쪽에서는 가장 큰 호수다. 이 호수는 고운 빛깔의 물에 파란 하늘과 설산 그리고 주변의 아름다운 경치를 담고 있으며 햇빛의 각도에 따라 호수의 빛깔도 다르게 보인다.

그러나 메마르고 황량한 광야가 펼쳐지고 있는 팔레스타인 땅에 하늘이 특별히 내려준 선물, 갈릴리만큼 평화롭고 사랑스런 호수도 없을 것이다. 갈릴리는 길이가 약 20km, 폭이 약 10km, 둘레가 51km 정도 되고, 깊이가 40m 정도 되는 제법 큰 호수다. 이스라엘 사람들은 물이 귀한 땅에 살아서 그런지 물이 많이 모인 호수를 바다라 부르기도 한다. 갈릴리 호수는 해수면보다 210m 아래에 자리 잡고 있으며, 동쪽 골란고원과의 표고차가 1,200m 정도나 돼 북쪽 헬몬산에서 불어오는 차가운 바람이 따뜻한 호수의 공기와 부딪쳤을 때는 갑자기 소용돌이 치는 거센 바람이 불고 이로 인해 폭풍이 일어나기도 한다. 갈릴리 바다는 이름도 여러 가지다. 여호수아서에서는 긴네롯 바다, 누가복음에서는 게네사렛 호수, 요한복음에서는 디베랴 바다라고 한다.

갈릴리 바다는 때로는 노한 풍랑을 일으키기도 하지만 대체로 엄마 품 같이 평온하고 따뜻하다. 갈릴리는 북쪽 헬몬산에서 흘러내리는 물을 받아 넉넉하고 풍성하고 맑다. 그리고 물고기가 무리를 이루고, 갈릴리 주변지역 넓은 들녘에는 오곡백화가 풍성하고, 호수 주변의 경관은 부드럽고 소담스럽다. 하늘 아들이 제자들과 함께 거닐며 복음을 전하던 해변에는 부들 잎들이 바람결에 산들거리고 잔잔한 물결이 밀려왔다 물러가는 모습이 고요하고 평화롭다.

하늘 아들이 갈릴리를 특별히 사랑해서 그런지, 갈릴리는 하늘 아들 모습을 여러모로 닮았다. 웅장한 풍채도 없고 사람들이 깜짝 놀라 감탄할 만큼 화려하지도 않다. 그러나 한겨울 추위를 온 몸으로 견디다가 따사한 봄 햇살 받아 갓 나온 순 같이 부드럽고 겸손하며, 폭풍우가 몰아칠 때는 노한 풍랑에 고통을 당하면서도 잠잠히 견디다가 폭풍우가 지나가고 나면 넉넉하고 자비로운 자태를 드러낸다. 갈릴리는 하늘 아들이 전하는 생명의 말씀을 가슴에 담았고, 하늘 아들이 명하는 말씀에는 절대적으로 순종했다. 성난 파도를 잔잔케 하고 베드로가 던진 빈 그물에 물고기가 차고 넘치도록 몰아넣었다.

갈릴리는 여전히 사랑스럽다. 하늘 아들이 생명의 말씀을 전하며 거닐던 해변은 옛 모습 그대로 부드럽고 평화롭고 고요하다. 잠잠히 밀려왔다 물러나는 물결 소리는 하늘 복음을 속삭이고, 고요하게 펼쳐진 호수는 엄마 품 같이 넉넉하고 자비로운 모습으로 하늘 아들의 발자취를 따라 찾아온 죄인들을 맞이하고 있다. 이 죄인도 갈릴리 모습을 닮고 싶다. 부드럽고 평화롭고 고요하고 넉넉한 모습을 닮고 싶다. 하늘 아들 말씀에 순종하고, 하늘 복음 가슴에 담고, 넉넉하고 부드러운 마음으로 생명의 말씀을 전하고 싶다.

4-10
죽은 바다 사해

태초에 하나님이
하늘 진리 가르치려고
생명의 바다를 주신 땅에
죽음의 바다도 주셨다

이스라엘 땅 죽은 바다
사해는 크고도 넓다
갈릴리가 보낸 생명의 물
얼마나 많이 받았는가

주는 갈릴리보다
받기만 하는 너는
움켜쥔 손 펴지 않아
가진 것이 쌓이는구나

받는 것보다 주는 것에
하늘 은총 내리거늘
받기만 한 너에겐
생명의 역사가 없구나

네가 가두어놓은 바다엔
죽음의 역사가 일어나고
너를 품고 있는 해변에는
생명이 깃들지 않는구나

팔레스타인 땅에는 두 개의 큰 바다(호수)가 있다. 하나는 헬몬산에서 흘러내리는 물을 넉넉하게 받아 생명의 역사를 일으키고 있는 갈릴리 바다고, 다른 하나는 갈릴리로부터 흘러내리는 물을 받아 가두어두고 있는 죽음의 바다 사해(死海)다. 높은 고지에 위치하고 있는 예루살렘에서 서쪽으로 내려오다 보면 여리고를 만나고 거기서 조금만 더 가면 요단강을 만나는데, 거기서 북쪽으로 올라가면 갈릴리 바다고 남쪽으로 내려가면 사해를 만난다. 요단강은 북쪽 갈릴리 바다에서 흘러내리는 물을 남쪽 사해로 흘러 보내고 있다. 갈릴리 바다는 받은 물을 끊임없이 흘러 보내며 나누어주는 바다지만, 사해는 받은 물을 흘러 보내지 않고 움켜쥐고 있는 바다다. 그래서 사해는 갈릴리 바다보다 둘레가 거의 4배가 될 정도로 훨씬 더 크다. 같은 팔레스타인 땅이지만 갈릴리 바다와 사해는 판이하게 다르다. 받은 것을 나누어주는 갈릴리 바다에는 생명의 역사가 풍성하게 일어나고 있다. 갈릴리 바다에는 물고기가 떼 지어 다니고, 주변에 펼쳐진 넓은 들에는 곡식이 누렇게 익어 황금물결을 이루고, 초목들이 넉넉하게 자라는 생명의 역사가 끊임없이 일어나고 있다. 그러나 받은 것을 움켜쥐고 있는 사해에는 생명의 역사가 일어나지 않는다. 사해에 흘러들어온 물은 흘러나가지 못하고 뜨거운 햇볕에 증발해 소금의 농도가 바닷물보다 약 다섯 배나 된다고 한다. 생물이 살 수 없다. 그래서 사해 즉 죽은 바다라 부른다. 사해를 품고 있는 해안 지역도 모두 소금으로 하얗게 덮여 있어 생물이 살지 못한다. 생명의 말씀을 전한 하늘 아들도 받은 은혜를 나누어주는 갈릴리는 사랑했으나, 받은 것을 움켜쥐고 쌓아만 두는 사해는 멀리했다. 사해는 주는 자가

복이 있다는 말씀의 진리를 모르고 사는 사람들에게 좋은 교훈을 주기 위해 하늘이 마련해 둔 곳인 것 같다.

5

예루살렘

5-1
하늘 사랑 머문 베다니

예루살렘 동쪽
감람산 기슭
가난한 자의 집
벧아니이야

누가 베다니를
가난하다 했는가
넉넉한 가슴으로
하늘 아들 품었다

아버지 집 예루살렘
강도의 소굴 될 때
하늘 아들 영접한
베다니

하늘 아들 능력으로
깨끗해진 나병
거룩한 은혜 누리는
베다니

죽은 나사로 부르자
말씀에 쫓겨난 사망
하늘 생명 기뻐하는
베다니

십자가에 달릴
하늘 아들
함께 나눈 식탁
거룩한 향기
하늘에 올려드린
베다니

▷▷▷▷

한국과 터키 수교 60주년을 맞이해 MBC 방송에서 터키 참전용사 슐레이만 씨와 아일라에 대한 스페셜 다큐를 방송한 적이 있다. 눈물 없이 볼 수 없는 너무나도 인간적인 이야기다. 다큐 내용은 이렇다. 한국전쟁 당시 파병된 터키군은 일만오천 명이었다. 미국과 영연방에 이어 세 번째로 많은 규모다. 이중 천 명에 가까운 터키 군이 생면부지의 땅 대한민국에서 숨을 거두었다. 슐레이만 씨는 25세 때 6·25전쟁이 발생한 한국에 터키 군으로 참전했다. 전쟁기간 중에 많은 동료들을 잃었다. 그는 치열한 전쟁의 소용돌이 속에서 길을 잃고 헤매는 어린 아이를 우연히 만나게 됐다. 그 여자 아이에게 '달 같은 아이'라는 뜻의 터키 말 '아일라'라는 이름을 지어주고 어디로 가든 그 아이를 데리고 다녔다.

슐레이만 씨가 27살 되던 해 소속 부대가 귀국하게 됐다. 어린 아일라를 터키로 데려가려고 노력했지만 상황이 허락하지 않았다. 슐레이만 씨는 귀국을 하면서 아일라를 당시 터키 군이 세워 운영하던 보육시설 '안카라학원'에 맡기고 떠났다. 그리고 딸 같이 소중하게 돌보던 아일라와 헤어진 지가 60년이 됐다. 슐레이만 씨는 아일라를 평생 마음에서 잊어본 적이 없다 한다. 그동안 아일라는 안카라 학원을 나와 취업도 하고 결혼도 했다. 이제는 육십이 넘은 할머니가 됐다. 부모형제가 없던 아일라에게 가족이 생겼고 아들과 손자도 둘 있다. 터키와의 수교 60주년을 맞이해 한국에서 터키참전용사들을 초대했다. 슐레이만 씨 부부도 함께 초대했다. 슐레이만 씨가 그렇게도 보고 싶어 하던 아일라와의 만남도 주선됐다. 그 소식을 접한 아일라는 눈물을 흘리며 고마워했다. 두 사람은 그렇게 만날 수 있었다. 슐레이만 씨는 반가움에 울고, 아일라는 고맙고 감사함에 눈물을 쏟았다. 메마른 사람의 마음을 울리는 인간적이고 아름다운 사랑의 꽃은 모든 것이 풍성하게 넘치는 곳보다는 어렵고 힘들고 절박한 곳에서 피는가보다.

이스라엘 땅 베다니 마을이 그랬다. 베다니에는 하늘 아들이 사랑하고 아끼는 사람들이 살고 있었다. 베다니, 히브리말로 '벧 아니이야'는 말 그대로 가난한 사람들이 사는 작은 마을이다. 예루살렘 성에 들어가 살 수 없는 가난한 사람, 나병에 걸려 사회로부터 버림받은 사람, 주류사회에 발을 디딜 수 없는 소외된 사람들이 사는 작은 마을이다. 베다니는 예루살렘에서 여리고로 가는 길목, 감람산 남동쪽 기슭에 자리 잡고 있다. 예루살렘으로부터 3km 정도 떨어져 있어 하늘 아들이 자주 머물던 곳이다. 하늘 아들은 베다니를 특별히 사랑했다. 그곳에는 하늘 아버지께서 가장 싫어하는 교만한 사람들이 살지 않았고, 생명의 말씀을 전하는 하늘 아들이 화가 있을 것이라 말씀하실 정도로 싫어하는 외식하는 사람들이 없었다. 그곳에는 십자가의 길, 고난의 길을 가는 하늘 아들이 그리스도라는 사실을 아는 사람들이 살고 있었고, 하늘 아들이 복음을 전할 때는 생명의 말씀으로 받아들이는 사람들이 살고 있었다. 베다니에는 하늘 사랑이 머물고 있었다.

베다니는 가난하지만 생명의 말씀이 살아서 약동하는 마을이다. 나병에 걸려 부정한 사람으로 낙인찍혀 사회로부터 버림받은 시몬이 고침을 받았고, 죽은 지 사흘이 지나 썩은 냄새가 나는 나사로가 다시 살아나 무덤에서 나오는 기적이 일어났다. 하늘 아버지의 집 예루살렘이 강도의 소굴이 돼 사랑하는 아들이 머물 곳이 없을 때, 베다니는 기쁨으로 맞이했다. 그곳에는 가진 것은 넉넉하지 않으나 맛깔 나는 음식을 열심히 준비하는 마르다가 있었고, 하늘 아들이 말씀을 전할 때는 생명의 말씀으로 받아 소중하게 간직하는 마리아가 있었다. 영의 눈이 열린 마리아는 하늘 아들이 택한 백성들의 모든 죄와 허물을 담당하고 십자가에 달려 죽임 당할 것임을 알았다. 마리아는 하늘을 바라보았다. 사랑하는 아들이 아버지의 뜻을 이루기 위해 십자가의 길을 잠잠히 걸어가는 모습을 지켜보는 하늘 아버지의 슬픔을 보았다. 마리아는 십자가에 달릴 하늘 아들이 아버지 앞에 드리는 향기로운 거룩한 제물이 되도록 소중하게 간직하고 있던 귀한 향유를 깨뜨려 하늘 아들의 머리에 부었다. 향기로운 냄새로 죽음을 앞에 둔 하늘 아들의 마음을 어루만지고, 아버지의 슬픔을 위로하는 귀한 예물을 드린 것이다. 베다니는 가난했지만 하늘 아들의 사랑을 받았고, 하늘 아버지를 기쁘게 하고, 하늘의 것을 풍성하게 받아 누리던 넉넉한 마을이었다.

히스기야 터널

2,700여 년 전
만든 히스기야 터널
바위 뚫어 낸
생명의 물길 533m

그 때 그 시절에
무엇으로 뚫었을까
어떻게 뚫었을까
누가 뚫었을까

히스기야 물길은
세상 길이 아니다
하늘 지혜로 열어놓은
생명 길이다

칠흑같이 어두운 물길
믿음으로 따라가면
보냄을 받은 이
실로암을 만난다

하늘이 보낸 이
믿음으로 만나야
닫힌 눈 열리고
가야할 길 보인다

히스기야 물길은
죽음에서 생명으로
지옥에서 하늘나라
열어가는 물길이다

　토목공사 중에서 터널공사는 매우 어렵다. 터널공사를 할 경우 공사 구간 모두 공사하기 편한 지질로 돼 있으면 작업이 용이해 공사기간과 비용을 줄일 수 있지만, 암반이 나오면 공사기간과 비용이 늘어나게 된다. 그래서 토목공사를 할 때는 먼저 공사구간의 지질과 시공의 난이도를 조사한다. 조사 결과 나타난 토압의 크기와 솟아나오는 물의 양은 공사의 난이도에 크게 영향을 미친다. 터널단면은 터널 속으로 무엇을 통과시키느냐에 따라 결정된다. 그리고 터널 공법은 터널을 어디에 어떻게 만드는가에 따라 달라진다. 공사구간이 산악인지, 도심지인지, 물 밑인지에 따라 공법이 다르고 터널단면의 크기, 지질, 터널의 길이에 따라서도 공법이 달라진다.

　그런데 2,700여 년 전에 이스라엘 예루살렘 성에서 지금도 사람들이 놀라워하는 토목공사가 이루어졌다. 예루살렘 성 밖에서 성 안으로 물을 끌어들이기 위해 533m나 되는 암반을 뚫어 터널을 만들어 물길을 낸 역사가 있었다. 최첨단의 기술과 장비를 사용하는 오늘날의 터널공사를 생각하면 놀랄만한 일이 아니다. 그러나 오직 바위를 쪼아 파는 단순한 연장을 사용해 산허리 양쪽에서 암반을 파고들어가 터널 중간에서 서로 만나 연결시켜야 하는 공사로, 당시의 토목공사 수준을 생각하면 거의 기적이라 할 수 있다.

　당시 이스라엘은 남북으로 나라가 나뉘어 있었다. 북쪽에는 북이스라엘, 남쪽에는 다윗 왕의 계보를 잇는 남유다가 왕조를 이루고 있었다. 앗수르가 힘으로 하나님을 떠나 우상을 섬기던 북이스라엘을 무너뜨렸다. 그러자 남쪽에 있는 유다 예루살렘은 풍전등화처럼 위기에 놓이게 되었다. 유다 왕 히스기야가 회개하고 하나님께로 돌아왔다. 히스기야는 이스라엘 모든 백성과 함께 성전을 깨끗이 하고, 유월절을 지키고, 우상을 무너뜨리고, 하나님만 섬기기로 다짐했다. 히스기야는 앗수르가 침략할 것에 대비해서 성벽을 보수하고, 망대를 높이 쌓고, 무기와 방패를 많이 만들었다. 그리고 성을 포위한 앗수르가 성 밖에서 물을 얻지 못하도록 모든 물의 근원을 막아버리고, 성 밖에 있던 기혼의 윗샘 땅 밑에서 터널을 파 물길을 만들어 예루살렘 성내에 있는 실로암 연못으로 물을 끌어들여 성의 식수를 해결했다. 히스기야 터널은 흙을 뚫어 판 터널이 아니라 암반을 뚫어 만든 터널이다. 2,700여 년 전의 토목 기술로 어떻게 길이가 533m나 되는 터널을 뚫을 수 있었을까? 터널을 따라 걸어본 사람들마다 감탄한다.

히스기야 터널은 사람의 지식으로 만든 것이 아니다. 하늘이 준 지혜로 만든 생명의 물길이다. 앗수르가 북이스라엘을 무너뜨리고 백성들을 여러 나라로 다 흩어버리자, 하나님이 남유다에 하늘 백성들의 뿌리를 남겨두고 보존하기 위해 앗수르가 예루살렘 성을 포위했을 때 견딜 수 있도록 생명의 물길을 열어주신 것이다.

예루살렘 성 밖 기혼 샘에서 지하 계단을 따라 한참 내려가면 히스기야 터널 입구를 만난다. 차가운 물이 흘러내리는 물길이다. 폭이 어른 한 사람이 그럭저럭 걸어갈 정도고 높이는 2m 정도 되는 것 같다. 물길을 따라 천천히 걷다보면 가끔 허벅지 위에까지 물이 차오르는 깊은 곳도 만나고 어쩌다 천정이 머리에 닿는 곳도 나타난다.

　히스기야 터널은 믿음이 없이는 갈 수 없는 길이다. 칠흑같이 캄캄한 터널에 흐르는 물길을 따라 더듬거리며 걷다보면 갑자기 물이 불어나 터널이 물로 꽉 차버리면 어떻게 하나, 수천 년 된 터널이니 갑자기 무너져 내리면 어떻게 하나 하는 생각이 들 때가 있다. 밀려들어오는 두려움을 믿음으로 극복하고 그 길을 따라가야 앞을 보지 못하는 맹인의 눈이 열리는 실로암 못을 만날 수 있다. 실로암에서 눈을 뜬 사람들은 하늘 아들이 열어놓은 생명의 길을 말씀 의지하고 믿음으로 걸어온 사람들이다. 하늘의 은혜로 눈을 떠야 길이 보인다. 생명의 길이 보이고 하늘가는 밝은 길이 보인다. 히스기야 물길은 죽음에서 생명의 길을 찾고, 지옥 길에서 하늘 길로 가기를 원하는 사람들이 하늘 말씀을 믿고 따라가는 물길이다.

5-3

실로암 가는 길

실로암 가는 길
좁고도 긴 물길
하늘 아버지
보냄을 받은 자
만나는 길이다

실로암 가는 길
어둠이 꽉 찬 길
빛이신 하늘 아들
믿음으로 따르는 자
가는 길이다

실로암 가는 길
낮고도 험한 길
하늘 아들 앞에서
스스로 낮아진 자
가는 길이다.

실로암 가는 길
거칠고도 좁은 길
십자가 앞에서
죄인이라 고백한 자
가는 길이다

실로암 가는 길
보아도 볼 수 없는 자
말씀에 순종해
믿음으로 내려가
눈 뜨는 길이다.

실로암에서
눈 씻고 열린 자
십자가로 열어놓은
생명의 길 보리라
하늘가는 길 보리라

▷▷▷▷

예루살렘에 머무는 동안 실로암을 찾아갔다. 눈 뜬 맹인이 보지 못하는 것을 보기 위해 실로암을 찾아갔다. 예루살렘 성에서 실로암으로 가려면 분문을 나와 도로를 건너 왼쪽으로 30m 가량 아래로 내려가면 '다윗의 도시' 입구가 보인다. 거기서 표를 사서 들어가면 아래로 내려가는 계단이 나온다. 계단을 따라 한참 내려가면 기혼 샘이 나오고 거기서 더 내려가면 히스기야 터널이 나온다. 히스기야 터널은 예루살렘 성 밖에 있는 물이 많은 기혼 샘에서 성 안의 실로암으로 물을 끌어오기 위해 산허리 암반을 뚫어 만든 물길이다. 터널의 길이가 533m나 된다. 이 물길을 따라 끝까지 걸어가면 저수지 같은 큰 못 터가 나오는데 그곳이 실로암이다. 실로암은 유다 왕 히스기야가 북이스라엘을 멸망시킨 앗수르 산헤립의 침략에 대비해 성 안의 식수를 해결하기 위해 만든 저수지다. 히스기야 왕은 성 밖 식수의 근원인 기혼 샘의 물줄기를 성 안의 실로암으로 끌어들이기 위해 전국의 장인들을 불러 모아 암반을 뚫어 폭이 어른 한 사람이 그럭저럭 지나갈 정도가 되고, 높이가 2m 정도 되는 물길을 만들었던 것이다.

히스기야 터널에 흐르는 물은 차고 무릎 아래 높이 정도로 흐르지만, 깊은 곳은 무릎 위 허벅지까지 오는 곳도 있다. 터널이라 물길은 칠흑같이 캄캄하다. 물길을 따라 걸어가려면 불을 밝히는 전등이 필요하고, 바위로 된 바닥이 거칠어 슬리퍼를 신으면 편하다. 얼떨결에 히스기야 터널 입구까지 오다보니 전등과 슬리퍼를 준비하지 못했다. 그래서 스마트폰으로 불은 밝혔으나 슬리퍼가 없어 맨발로 물길을 걷는데 거친

바닥이 나올 때는 상당히 불편했다. 바위를 뚫은 캄캄한 물길을 따라 혼자 걸어가다 보면 적막한 좁은 공간에서 두려움이 밀려올 때가 있다. 두려움을 이기기 위해 찬송을 불렀다. 아무 것도 의지할 것이 없는 적막한 곳이라 하나님을 의지하게 되고 찬송이 저절로 입 밖으로 흘러나온다. 육신의 세계에서 영의 세계를 볼 수 있는 순간이다. 잡다한 세상살이에 파묻혀 정신없이 살고 있을 때는 도저히 볼 수 없는 세계다. 어둠의 길을 지나고 나면 갑자기 환한 빛의 세계가 눈앞에 펼쳐진다. 캄캄한 죽음의 터널을 지나 빛이 환한 천국이 나타나는 것 같다. 실로암에 다다른 것이다.

눈을 뜰 수 있는 실로암에 가는 길은 쉽고 편한 넓은 길이 아니다. 좁고 협착한 길이다. 아무나 갈 수 있는 길이 아니다. 믿음이 없으면 갈 수 없는 길이다. 예루살렘 성에서 가려면 가파른 계단을 한참 내려가야 한다. 높은 곳에서 거들먹거리며 사는 교만한 사람은 갈 수 없는 길이다. 하늘 아들을 만나 자신은 아무 것도 할 수 없는 죄인이라 고백하며 말씀에 순종하는 사람이 갈 수 있는 길이다. 날 때부터 보지 못하던 맹인은 하늘 아들이 눈에 발라준 진흙을 실로암에 가서 씻으라는 말씀에 순종해서 거칠고 험한 길을 따라 내려가 씻고 눈이 열렸다. 말도 안 되는 소리라 생각하고 가지 않았으면 눈이 열리지 않았을 것이다. 사람의 지식과 기술로 눈이 열린 것이 아니다. 하늘 아들이 주신 말씀의 능력으로 열린 것이다. 믿고 갔을 때 열린 것이다.

5-4

베데스다에 핀 꽃

베데스다 못가
감람나무 아래
반갑게 맞이하는
자색 꽃 세 송이

먼저 고치려고
아귀다툼 넘치는
베데스다 못엔
생명이 없었다

절망 가운데
누워있던 병자
하늘 아들 만나
은혜로 일어났다

구원은 오직
하늘 긍휼에 있다며
하늘 아들이
능력을 베풀었다

영원한 생명은
하늘사랑에 있다며
하늘 아들이
십자가에 달렸다

고난의 길 가던
하늘 아들이
베푼 긍휼
꽃으로 피었다

십자가에 달린
하늘 아들
베푼 은혜가
꽃으로 피었다

아들 바라보는
하늘 아버지
넘치는 사랑
꽃으로 피었다

세상에는 사람들이 어떻게 생각하며 살고 있는가에 따라 세 가지 종류의 사람으로 분류할 수 있다 한다. 첫째, 자기 인생의 결국이 어떻게 될 것인지를 아예 생각하지 않고 흘러가는 대로 사는 사람이 있다. 둘째, 세상의 모든 것을 부정적으로 생각하며 자신의 손발을 묶어버리고 소극적으로 사는 사람이 있다. 끝으로 믿음으로 세상을 바라보며 절망 가운데서도 소망을 가지고 긍정적으로 생각하며 진취적으로 자기를 발전시켜 나가는 사람이 있다. 무엇을 생각하며 사느냐에 따라 삶의 열매가 달라진다. 세상 것에 매여 그것만 생각하고 사는 사람은 죄의 열매를 거두게 되고, 하늘의 것을 생각하고 사는 사람은 의의 열매를 거두게 된다.

감람산은 하늘 아들이 제자들과 함께 기도하시던 곳이다. 거기서 기드론 계곡을 건너 가파른 경사 길을 따라 올라가면 스데반 문이라고도 하는 사자 문(Lions Gate)이 나타난다. 사자 문을 지나 빌라도 관정으로 가기 전 오른편에 베데스다 못이 있다. 지금은 베데스다 못이 예루살렘 성 안에 있지만, 예수님 당시에는 성 밖 양문 곁에 있었다. 베데스다 못은 땅 속에서 솟아나는 샘물이 모이는 곳이 아니라, 빗물을 받아 모아둔 못이기 때문에 물이 흐르지 않는다. 예수님 당시 베데스다 못에는 행각이 다섯 개 있었고, 거기에는 맹인, 다리 저는 사람, 혈기 마른 사람과 같은 많은 병자들이 병을 고치기 위해 물의 움직임을 기다리고 있었다. 그 중에 38년 된 병자도 병을 고치기 위해 못가 행각에 누워 있었다. 베데스다 못에서 병을 고치기 위해서는 하늘에서 천사가 내려와 고여 있는 물을 움직일 때 제일 먼저 들어가야 했다. 그곳에는 경쟁이 치열하다. 1등을 해야 고칠 수 있다. 힘이 있어야 하고, 눈치가 빨라야 하고, 거짓 술수도 있어야 하고, 빨리 들어갈 수 있는 요령도 익혀야 한다. 스스로 낮아지고 겸손하고 다른 사람을 위해 희생하는 사람은 경쟁에 끼어들 수 없는 곳이다. 힘없고 나약하고 순전한 양 같은 하나님의 백성들은 경쟁에서 항상 밀려날 수밖에 없다. 하늘 백성들은 하나님의 은혜가 없으면 그와 같은 곳에서 버틸 수가 없다.

병이 심해 행각에 누워있을 수밖에 없는 병자가 베데스다 못에 제일 먼저 들어가 병 고치기란 하늘의 별 따기 만큼 어렵다. 행각에 누워있던 38년 된 병자는 경쟁에서 이길 수 없다는 것을 잘 알고 있었지만, 하늘의 은혜가 임하면 고칠 수 있다는 소망을 가지고 기다리고 또 기다렸다. 베데스다 못가에는 많은 병자가 있었지만 하늘 아들이 이 38년 된 병자를 찾아갔다. 하늘 아들이 하늘의 은혜를 기다리고 있는 이 병자에게 "네가 병 고침 받기를 원하느냐?"고 물었다. 그리고 소망대로 이 병자는 하늘 아들의 은혜로 병 고침을 받았다. 하늘의 것을 생각하고 사는 사람은 하늘 아들을 만날 수 있다. 하늘 아들을 만난 사람은 인생이 바뀐다. 하늘 아버지의 사랑하는 아들이 왜 십자가에 달려 죽었는지를 아는 사람은 삶이 바뀌고 인생이 바뀐다.

베데스다 못은 예루살렘의 역사와 함께 파괴와 복구가 반복돼, 지금은 예수님 당시의 베데스다 못을 그 모습 그대로 볼 수 없다. 예루살렘이 멸망될 때 모든 건물이 파괴되고 흙 속에 묻혀 버렸기 때문이다. 그때 베데스다 못도 묻혀버려 현재 발굴 중에 있다. 공사가 상당히 진척돼 흙 속에 묻혀버린 베데스다 못이 어느 정도 그 모습을 드러내고 있어, 성지 순례를 하는 많은 사람들이 찾아오고 있다. 발굴 중인 베데스다 못 위 오른쪽에 화단이 있고, 거기 자그마한 감람나무 한 그루와 쉴 수 있는 의자가 있다. 베데스다 못은 12시부터 오후 2시까지 휴무라 12시가 되면 방문한 사람들을 모두 내보낸다. 그런데 방문객들을 모두 내보내던 관리인이 화단 의자에 앉아 정신없이 베데스다 못을 바라보고 있는 나를 보더니 조금 더 남아있어도 좋다고 배려해 주었다. 고맙다는 인사를 하고 주변을 둘러보았다. 내가 앉아있는 의자 앞 화단의 감람나무 아래 자색 꽃 세 송이가 소담스럽게 피어있었다. 하늘 아들이 고쳐준 38년 된 병자를 생각하고 있는 나에게 잔잔한 꽃 웃음을 건네고 있었다. 절망 가운데 있던 병자의 마음에 핀 은혜의 꽃이다. 하늘 아버지께서 보내주신 사랑의 꽃이다. 예수 그리스도께서 불쌍히 여기시고 고쳐주신 긍휼의 꽃이다. 성령님께서 일으켜주시고 힘을 주신 위로의 꽃이다.

5-5
예루살렘 성전아

창조주
그 이름 여호와
죄인이 부를 수 없는
거룩한 이름

그 이름 두신
예루살렘 성전아
여호와 그 이름
찾는 목마름
어디 있느냐

여호와 그 이름
부르며 가슴 치며
애통하는 부르짖음
어디 있느냐

돈에 정신 팔린
예루살렘 성전아
여호와 그 이름
사랑하는 이들
어디 있느냐!

여호와
네 주인이 와도
머물 곳이 없는
예루살렘 성전아

하늘 높은 줄
몰랐느냐
음부에까지
낮아지리라

북미와 북유럽에서는 늦가을과 초겨울 사이에 기상 이상으로 느닷없이 맑고 따뜻한 날이 잠깐 나타나는 경우가 있는데 이때를 '인디언 섬머'라 한다. 미국 중서부지방에는 10월 말경에 나타난다. 이때를 '인디언 섬머'라 부르는 이유는 낮에 여름과 같이 기온이 올라갔다가 밤에 갑자기 낮아져 새벽이 되면 지면에 역전층(위로 올라갈수록 기온이 낮아지는 것이 정상인데, 반대로 지표면의 기온이 더 낮아지는 현상)이 발달해 마치 인디언이 봉화를 피우는 것처럼 연무가 발생하기 때문이다. 이 연무는 아침 해가 뜨면 지면에서 사라진다. '인디언 섬머'는 겨울이 오기 전 가을 끝에 잠깐 찾아온다. 그래서 '인디언 섬머'가 왔다는 것을 알고 그 때를 즐기는 사람은 많지 않다. 다만 겨울이 다가와 날씨가 추워질 때 다시 한 번 더운 여름이 찾아오기를 소망하고 기다리는 사람만이 하늘이 보내주는 따뜻한 선물, '인디언 섬머'를 맞이하고 누릴 수 있다.

하늘 아들, 메시아 즉 그리스도가 이 땅에 올 때도 마찬가지였다. 예수님을 메시아로 알고 맞이한 사람들은 성전에서 시시때때로 제사를 드리는 제사장도 아니었고, 성경을 기가 막히게 잘 알고 있는 바리새인들도 아니었으며, 성경을 가르치며 권력을 누리던 서기관들도 아니었다. 말씀을 믿고 참 마음으로 메시아를 기다리던 사람만이 이 땅에 오신 하늘 아들, 예수 그리스도를 만나 그 은혜를 누릴 수 있었다.

여호와 그 이름은 아무나 부를 수 있는 이름이 아니다. 천지만물을 창조하신 여호와는 죄인들이 만날 수 없고, 부를 수도 없는 거룩한 이름이다. 여호와께서 은혜를 베푸셔서 죄인들이 만날 수 있는 거룩한 성전을 세우도록 하셨다. 여호와는 공의의 하나님이다. 이에는 이, 눈에는 눈, 생명은 생명으로 반드시 대가를 치르도록 하시는 분이다. 죄인이 거룩한 성전에서 여호와를 만나기 위해서는 생명의 피를 대가로 치러야 한다. 이 진리를 깨닫도록 하기 위해 여호와께서는 메시아가 이 땅에 오기 전까지 짐승을 잡아 그 피로 속죄의 제사를 드리도록 하고 1년에 한 번 대제사장을 만나주셨다. 때가 돼 창조주 여호와께서 피조물인 죄인들을 궁극적으로 구원하기 위해 사랑하는 독생자를 메시아, 즉 그리스도를 이 땅에 보내 거룩한 화목제물로 삼아 십자가에 달리도록 했다. 그 십자가 앞에서 자신의 죄와 허물을 모두 쏟아놓고 예수 그리스도께서 흘린 피로 속죄함을 받은 죄인은 여호와 하나님을 만날 수 있다. 그러나 여호와 그 이름을 두겠다고 약속하신 예루살렘 성전에 거룩한 이름을 찾는 목마름이 없다. 탐욕에 눈이 먼 하늘 백성들이 가진 것 더 가지려는 아귀다툼 소리만 요란하게 들린다. 구원의 은혜를 감사하며 여호와 그 이름을 높이고 찬양하는 소리가 들리지 않는다. 그저 더 달라는 외침이 울리고 있을 뿐이다.

하늘 아버지 집에 사랑하는 아들, 기뻐하는 독생자가 달린 십자가를 붙잡고 가슴을 치며 애통하는 소리가 들리지 않는다. 독생자가 십자가에 달려 지옥 고통을 당하고 있는 참담한 모습을 바라보는 하늘 아버지의 슬픔과 고통이 죄인들의 가슴에 와 닿지 않는다. 머지않아 한 줌의 흙으로 돌아가 하늘 심판대 앞에 설 죄인을 구원하기 위한 하늘 아버지의 사랑과 독생자를 화목제물로 내어놓는 슬픔과 고통을 알 수 있어야 강물과 같이 부어주시는 하늘 아버지의 사랑을 깨달아 누릴 수 있을 텐데, 값싼 믿음으로 영의 눈이 가려있어 하늘 아버지를 볼 수가 없다. 하늘 아버지가 보이지 않으니 십자가 앞에서 서슴없이 망령된 행동을 하게 되는 것이다.

하늘 아버지 집에 하늘 사랑이 보이지 않는다. 사랑을 받은 사람이 사랑할 줄 아는 법인데 하늘 사랑을 받아 누리고 있는 사람이 없다는 것인가! 하늘 아버지의 사랑하는 아들이 죄인을 구원하러 사람의 몸으로 이 땅에 왔으나 하늘 아버지 집에는 그 아들을 사랑으로 영접하는 사람이 없었다. 강도의 소굴이 돼버린 하늘 아버지의 거룩한 집을 깨끗하게 하려는 하늘 아들이 못마땅해 그저 올무에 걸어 잡아 죽이려는 사람들뿐이었다. 사랑을 원수로 대하는 사람들뿐이었다. 하늘 아들은 아버지 집이 돌 위에 돌 하나 남지 않고 무너질 것을 예언하시고 한탄하며 우셨다.

성전이 무너져 내렸다. 돌 위에 돌 하나 남지 않고 모두 무너져 내렸다. 사랑하는 아들을 십자가에 못 박고 하늘 아버지 가슴을 찢어놓은 예루살렘 성전이 말씀대로 무너져 내리고 하늘 백성들이 세상으로 흩어져 고난의 길로 들어섰다. 하늘 백성들이 아버지 사랑을 깨닫지 못하고 망령된 짓을 하게 되면 성전이 무너지고 저들의 삶도 무너지게 되는 것이다.

5-6
마지막 만찬에서

예루살렘 성 시온 문 앞
마지막 만찬 다락방에서
하늘 아들이 제자들에게
십자가 은혜 베푸셨다

십자가에서 찢기는 살
생명의 떡으로 주시고
십자가에서 흘리는 피
영원한 생명수로 주셨다

사랑하는 주님
이 죄인
십자가 붙잡고
마지막 만찬에 왔습니다

말씀에 주린 심령
생명의 떡 먹게 하시고
목마른 영혼
생명수 마시게 하소서

전하는 말씀이
생명의 떡 되고
전하는 복음이
생명수 되게 하소서

사랑하는 주님
두 손 모아 비옵기는
전하는 말씀 가운데
가룟 유다가
나타나지 않게 하소서

전하는 말씀 속에
돈과 권력과 명예가
섞이지 않게 하소서
오직 한 가지
십자가만 전하게 하소서

▷▷▷▷

하늘 아버지께서는 사랑하는 독생자를 십자가에 못 박아 화목제물로 내어주실 만큼 우리를 사랑하고 돌보고 지켜주기를 원하신다. 그러나 탐욕이 낳은 세 자식만은 지켜줄 수 없다고 하신다. 첫째는 과식(過食)이다. 하나님은 과식하는 사람의 위장을 지켜 주지 못한다고 하신다. 그래서 하나님은 절제하라고 거듭거듭 말씀하셨는데 그래도 음식을 절제하지 않고 식탐이 가는 대로 마음껏 먹고는 소화 잘 되게 해 달라고 기도해도 그 사람의 위장을 지켜줄 수 없다는 것이다. 둘째는 과로(過勞)다. 체력을 고려하지 않고 무리하게 일을 계속하는 사람의 건강을 지켜줄 수 없다고 하신다. 하나님은 십계명에서 "안식일을 기억하여 거룩히 지키라" 명령하시고, 안식일에 일하는 자를 반드시 죽이라고까지 말씀하셨다. 그래서 하나님은 이스라엘 백성들 중에서 안식일에 나무하는 자를 잡아왔을 때 '돌로 쳐 죽이라' 하실 만큼 쉼을 가지도록 하셨다. 그럼에도 안식을 하지 않고 쉼 없이 일하는 경우 그 사람이 쓰러지지 않도록 지켜주지 못한다는 것이다. 셋째는 과욕(過慾)이다. 좋다고 생각하는 것은 무엇이든지 가지려고 욕심을 부리는 사람의 지갑을 지켜줄 수 없다고 하신다. 절제 없는 욕심은 마치 브레이크가 고장 난 자동차의 액셀을 밟는 것과 같다. "욕심이 잉태하면 죄를 낳고 죄가 장성하면 사망을 낳는다"고 말씀하셨는데도 욕심을 끝도 없이 부리면 결국에는 사망의 길로 가게 되는데 이때도 지켜주지 못한다는 것이다. 인간은 탐욕으로 인해 죄를 범했고, 죄로 인해 사망의 길로 가게 된 것이다.

하늘 아들이 제자들에게 영원한 생명을 주시려고 십자가에 달리기 전에 마지막 만찬을 가졌다. 거룩한 자리다. 영원한 생명을 주시려는 하늘 아들의 사랑이 담긴 만찬이다. 그러나 이 거룩한 마지막 만찬의 자리에도 탐욕으로 인해 멸망의 길을 선택한 제자가 있었다. 예루살렘에 머무는 동안 하늘 아들이 제자들과 함께 마지막 만찬을 나눈 곳을 찾아갔다.

하늘 아들이 십자가에 달릴 것을 미리 아시고 마련해둔 만찬 장소가 예루살렘 성 시온 문 앞쪽에 있다. 시온 문에서 나와 직진해 조금 가다가 오른쪽 길로 들어서 조금만 더 가면 왼쪽에 하늘 아들이 제자들과 함께 마지막 만찬을 나눈 다락방이 있는 집이 나온다. 집 앞에는 다윗이 왕관을 쓰고 앉아 수금을 타고 있는 동상이 서 있고, 거기서 몇 발자국 더 가면 다윗의 무덤(가묘)이 있는 건물을 만날 수 있다.

하늘 아들이 제자들과 함께 마지막 만찬을 나눈 곳은 마가복음에 큰 다락방이라 기록돼 있다. 한국식의 다락방이 아니다. 잘 사는 유대인의 집 이층에 있는 꽤 넓은 홀 같다. 홀 중앙에 고딕식의 기둥이 있고 수십 명이 들어갈 수 있을 만큼 넓다. 하늘 아들이 십자가에 달리기 전에 마지막으로 제자들과 함께 만찬을 하기 위해 미리 준비해 둔 곳이다. 하늘 아들이 제자들뿐만 아니라 십자가를 가슴에 담고 사는 죄인들이 영원히 잊어버리지 않도록 택한 곳이라 그런지 웅장하고 화려하진 않지만 궁색하고 답답하지 않을 만큼 시원하고 꽤 넓다. 마지막 만찬이 마련됐다. 하늘 아들이 제자들에게 떡을 떼어주시며 "이것은 십자가에 달려 찢기는 내 몸이라" 하시고, 잔을 나누어 주시며 "많은 사람을 위해 흘리는 나의 피 곧 언약의 피"라 하셨다. 열두 제자가 모두 떡과 잔을 받았다.

생명의 떡이요 속죄의 피다. 그러나 떡과 잔을 받았으나 열두 제자 모두에게 생명의 떡과 속죄의 피가 된 것은 아니다. 하늘 아들이 나 같은 죄인을 위해 십자가에 달려 살이 찢기고 물과 피를 다 쏟았다는 믿음이 없이는 그저 그런 떡이요 포도주다. 배부르기 위해 하늘 아들을 따라 다니는 사람들에게는 떡을 떼며 포도주를 마시는 성찬에서 가슴을 치며 애통하는 속죄의 역사가 일어날 리가 없고, 영원한 생명이 주어지는 기쁨이 나타날 리가 없다. 하늘 아들을 팔아서라도 돈을 챙길 수 있는 기회만 오면 언제라도 버리고 떠난다.

하늘 아들은 비장한 마음으로 마지막 만찬을 마련했으나 제자들은 만찬에 별다른 의미를 두지 않았다. 제자들에게 "주는 그리스도시요 살아계신 하나님의 아들이시니이다"라는 신앙고백이 있었으나 그들은 하늘 아들이 십자가에 달릴 거라고는 꿈에도 생각하지 않고 있었다. 나의 모든 죄와 허물을 지고 십자가에 달린 하늘 아들을 만나야 예수님이 나의 그리스도가 되는데 제자들은 아직 십자가를 만나지 못했던 것이다. 하늘 아들이 달린 십자가를 만나야 모든 것을 쏟아부어주시는 하늘의 은혜를 깨달을 수 있고, 사랑하는 아들을 바라보는 하늘 아버지의 슬픔과 고통이 가슴에 와 닿아 하늘 사랑을 충만하게 받아 누릴 수 있는데, 십자가를 아직 못 만난 것이다. 하늘의 은혜와 사랑을 충만하게 받아 누려야 그 은혜와 사랑을 나누어주며 살 수 있는데 받은 것이 없으니 나누어줄 것도 없는 것이다.

하늘 아버지여! 이 죄인, 독생자가 달린 십자가를 가슴에 품고 사랑하는 아들이 마련한 만찬에 왔습니다. 죄인 중에도 죄인이 가슴을 찢으며 애통하는 심령으로 왔습니다. 하늘 아들이 떼어주는 떡이 생명의 떡 되게 하시고, 나누어주는 잔이 이 죄인의 모든 죄와 허물을 씻어주는 언약의 피가 되게 하소서! 십자가에 달린 사랑하는 아들을 바라보는 하늘 아버지의 눈물을 보게 하시고, 창자가 끊어지는 아픔이 이 죄인의 아픔이 되게 하소서! 이 종이 말씀을 전할 때마다 말씀 가운데 돈과 권력과 명예가 섞이지 않게 하시고 말씀을 듣는 심령에 오직 십자가만 세워지게 하소서! 그리하여 하늘 아들이 찢긴 살이 생명의 떡이 되고 흘린 피가 속죄의 피가 돼 하늘 사랑을 충만하게 받아 누리며 나누는 역사가 일어나게 하소서!

6

감람산

6-1

닭이 울다

예루살렘 성 시온 문 앞
대제사장 가야바 집
하늘 아들 끌고 와
참람하다고 정죄한 곳

가야바 앞에 끌려와
정죄 받는 하늘 아들
하늘 기적 기다리며
바라보는 베드로

가야바 여종 앞에서
사랑하는 주님 모른다
고개 흔든 베드로
닭이 슬퍼 울었고
나도 가슴 아파 울었다

베드로는 세 번
주님 모른다 했지만
나는 수도 없이
고개를 흔들었다

부끄러운 마음 달래며
가야바 집 밖에 나와
십자가 생각할 때
닭 우는 소리가 들렸다

닭이 울 때 나도 울었다
십자가 사랑
강물 같이 밀려와
흐르는 눈물 가슴 적실 때
닭도 슬픈지 또 울었다

사랑하는 주님
찾아와 위로하는 소리다
이 죄인 고개 저을 때마다
베드로 울린 닭 울음소리
메마른 영혼 울리게 하소서

신앙은 고정관념을 깨뜨리고 넘어서는 것이다. 지성을 뛰어넘지 않고는 영의 세계에 계신 하나님을 알 수 없고 하나님의 뜻을 깨달을 수 없다. 믿음은 세상 것을 뛰어넘어 하나님의 역사를 보게 하고 하나님의 역사를 이루어나가도록 한다. 고정관념에 사로잡혀 있던 베드로가 사랑하는 하늘 아들이 죄인들에게 영원한 생명을 주기 위해 십자가의 길을 갈 때 왜 그 길로 가는지 도무지 알 수 없었다. 그 힘과 능력으로 로마를 뒤집고 세상을 지배하며 다스리면 될 텐데, 고난의 길, 수치와 모욕의 길로 가려는지 알 수 없었다. 그래서 가야바 앞에서 심문 받고 있는 하늘 아들을 모른다고 세 번이나 부인했다. 나는 베드로가 하늘 아들을 모른다며 부인한 대제사장 가야바 집을 찾아가 그 때 그 모습을 보고 싶었다. 예루살렘에는 대제사장 가야바 집터라고 주장하는 곳이 두 군데 있다. 하나는 가톨릭에서 주장하는 곳이고, 또 다른 곳은 아르메니안 정교회가 주장하는 곳이다. 가톨릭에서 주장하는 곳엔 현재 베드로 통곡교회가 세워져 있고, 아르메니안 정교회가 주장하는 곳은 예루살렘 성 시온 문 가까이에 있는데 미개발 상태다.

베드로통곡교회는 예루살렘 성 밖 시온 산 남동쪽 기드론 계곡과 게헨나 계곡이 내려다보이는 언덕에 자리 잡고 있다. 이곳의 지명이 닭 울음소리를 나타내는 라틴어 갈리칸투다. 베드로통곡교회는 베드로가 예수님을 모른다고 세 번이나 부인한 후 닭이 울자 예수님의 말씀을 기억하고 밖으로 나가 통곡하며 회개했다는 것을 기념하기 위해 가톨릭에서 세운 교회다. 베드로통곡교회에는 예수님이 잡혀오는 모습을 조각한 부조와 베드로가 주님을 세 번 부인한 장면을 알려주는 동상이 있고, 교회입구 지붕 꼭대기에는 닭 한 마리의 동상이 있다.

아르메니안 정교회에서 주장하는 대제사장 가야바 집터는 예루살렘 성 시온 문을 나오자마자 바로 오른쪽 길로 꺾어 10m 정도 가면 왼쪽에 철문이 하나 나오는데 그 안쪽에 있다. 하늘 아들이 가야바 앞에서 심문을 당한 흔적이 보고 싶어 가보았으나 들어가는 철문이 닫혀있었다. 그 철문은 특별한 경우 사전에 허락을 받고 예약을 해야 들어갈 수 있다고 한다. 철문 틈 사이로 안을 들여다보고는 발길을 돌렸다. 그곳에서 뒤쪽으로 조금만 가면 예수님이 제자들과 함께 마지막으로 만찬을 나눈 다락방이 있는 집과 다윗의 무덤(가묘)이 있어 그 곳을 보러 갔다. 그곳을 둘러본 후 돌아오는 길에 혹시나 해서 가야바 집터로 다시 가보았다. 문이 조금 열려 있고 안에 사람들이 십여 명 있었다. 무작정 들어갔다. 이리저리 살펴보며 사진을 찍으려는데 관리인이 나가라고 손짓한다. 얼굴에 미소를 잔뜩 머금고 잠깐만 보고 가겠다고 양해를 구했다. 관리인이 마지못해 허락한다. 간절한 바람이 있으면 응답은 따라오는가 보다. 먼저 들어온 사람들을 안내하는 가이드가 관리인과 담소하고 있는 것으로 보아 잘 아는 사이라 특별히 배려해 사람들이 들어온 것 같았다. 대제사장 가야바 집터는 넓고도 넉넉했다. 가야바가 예수님을 심문했다는 자리를 보았다.

대제사장 가야바 집터라는 곳을 두 곳 모두 세심히 둘러보고 그 당시 장면을 묵상하며 그려보았다. 하늘 아버지를 섬기도록 세운 대제사장의 눈에는 하늘 아들이 영 못마땅했다. 모시고 다니던 스승을 은 30개에 팔아버린 제자를 앞세우고 병사들과 하인들을 보내 감람산에서 기도하고 있는 하늘 아들을 잡아서 끌고 왔다. 죄인을 구원하기 위해 십자가를 앞에 두고 하늘 아버지를 향해 땀방울이 핏방울이 되도록 기도하신 하늘 아들을 잡아온 것이다. 가야바가 위엄을 갖추고 하늘 아들을 내려다보며 심문했다. 증인들이 여기저기서 소리쳤으나 특별히 죄 될 만한 것을 찾지 못했다. 대제사장 가야바가 직접 물었다. "네가 하나님의 아들 그리스도냐?" 하늘 아들이 "인자가 권능의 우편에 앉아 있는 것과 하늘 구름을 타고 오는 것을 너희가 보리라"고 말씀하시자 대제사장이 참람하다며 자기 옷을 찢었다. 몹시 화가 났던 모양이다. 사람들이 덩달아 사형에 해당하는 죄라 단언하며 하늘 아들의 얼굴에 침을 뱉고 주먹으로 치고 손바닥으로 때렸다.

베드로는 보았다. 성난 파도를 잔잔케 하고, 어떤 병자든지 못 고치는 병이 없고, 오병이어의 기적을 일으키고, 심지어는 죽은 자도 살리는 능력을 가진 하늘 아들이 쪽도 한 번 못 쓰고 무기력하게 당하는 모습을 보았다. 상황을 반전시킬 수 있는 기적의 역사가 일어나길 바라며 끝까지 따라 왔으나 이제는 다 글렀다. 하늘 아들이 세상을 뒤집고 왕이 되면 한 자리 거뜬하게 차지할 것으로 기대하며 모든 것을 버리고 따라 다녔는데 이제 다 물거품이 됐다는 생각이 들었다. 가야바 집 여종이 베드로를 보고 하늘 아들과 함께 다니던 사람이라 지적하자, 베드로는 모르는 사람이라고 부인했다. 하늘 아들이 베드로를 바라보았다. 그래도 맹세하며 모른다고 부인했다. 세 번이나 부인했다. 자신을 저주하면서까지 부인하자 닭이 울었다. 베드로는 닭 우는 소리를 듣고 "닭이 울기 전에 네가 나를 세 번 부인하리라"는 주님 말씀이 기억나 밖으로 나가 통곡했다.

　닭 우는 소리에 나도 울었다. 베드로는 세 번 주님을 모른다고 부인했는데, 나는 몇 번이나 주님을 모른다고 부인하며 살았던가! 그래도 베드로는 닭 우는 소리를 듣고 주님 말씀이 생각나 통곡했다. 그러나 나는 수도 없이 주님을 부인하며 살았지만 닭 우는 소리를 듣지 못했다. 귀 있는 자는 닭 우는 소리를 듣고 주님 말씀이 생각나는데, 나는 닭 우는 소리조차 듣지 못하는 귀머거리로 살았다. 부끄러운 마음으로 가야바 집을 나왔다. 가야바 앞에서 심문 당한 후 나 같은 죄인을 구원하기 위해 십자가에 달린 주님을 생각하며 걷고 있을 때 어디선가 닭 우는 소리가 들렸다. 닭이 울 때 나도 울었다. 십자가 사랑이 강물같이 밀려들어와 하염없이 눈물을 쏟으며 걸었다. 닭도 슬픈지 또 울었다. 사랑하는 주님이 찾아와 위로하는 소리가 들렸다. ‘너는 내 사랑하는 아들이요 기뻐하는 자’다. 주님, 이 죄인이 어찌 사랑하는 아들이요 기뻐하는 자가 될 수 있습니까! 얼마나 주님 마음 아프게 하며 살았는데요! 얼마나 주님이 탄식하며 슬퍼하도록 하며 살았는데요! 주님 이제부터 이 죄인 주님 모른다며 고개 저을 때마다 베드로 울린 닭 울음소리 들을 수 있도록 귀를 열어 주소서!

6-2
베드로 통곡 소리

골고다 언덕에서
십자가 붙잡은 죄인
가슴으로 통곡하며
베드로 울던 곳 찾아갔다

하늘 역사 기다리며
주님 따라가던 베드로
가야바 앞에 선 주님 보자
큰 기대 다 무너졌다

차라리 죽을지언정
주님 따른다던 베드로
세 번이나 주님 부인하며
권력 앞에 무너졌다

닭 울음소리에
놀란 베드로
주님 말씀 생각나
가야바 집 뛰쳐나와
가슴 치며 통곡했다

누가 베드로에게
돌을 던지랴
수없이 주님 부인한 죄인
닭이 울어도
깨닫지 못했습니다

주님 달린 십자가
이 심령에 세워
닭이 울 때마다
주님 사랑 기억하며
돌아서게 하소서

실존주의 철학자 사르트르는 "인생은 B와 D 사이의 C다. 즉 탄생 (Birth)과 죽음(Death) 사이의 선택(Choice)"이라고 말했다. 인간은 선택하는 존재며 그 선택에 책임지는 존재다. 인생은 끊임없는 선택의 연속이다. 어떤 자극이 있을 때 즉각 반응하지 않고 그것을 잠잠히 바라보고 무엇을 할 것인지를 생각하고 선택할 수 있는 사람, 그 선택에 책임질 수 있는 사람이 성숙한 사람이다. 그런 사람이 주어진 행복을 아름답게 가꾸어나갈 수 있다.

베드로는 물고기를 잡아 생계를 이어가는 어부로 살다가 하늘 아들이 메시아 즉 이스라엘이 기다리는 그리스도라는 사실을 알았다. 베드로는 모든 것을 버려두고 하늘 아들을 따라 나섰다. 삼년 동안 하늘 아들과 함께 먹고 지내며 하늘 아들의 가르침을 들었고 하시는 일을 보았다. 그것은 사람이 할 수 있는 일이 아니었다. 하늘의 역사였다. 하늘 아들은 분명히 선지자들이 예언한 그리스도였다. 그래서 하늘 아들이 제자들에게 "너희는 나를 누구라 생각하느냐?"라고 묻자 성질이 급한 베드로가 먼저 "주는 그리스도시요 살아계신 하나님의 아들이시니이다"라는 신앙고백을 할 수 있었고, 하늘 아들은 베드로를 칭찬하며 그 고백 위에 주님의 몸 된 교회를 세우겠다고 약속까지 하셨다(마 16:13-19). 베드로는 세상을 버리고 하늘 아들을 선택한 것이다. 베드로는 하늘 아들이 이스라엘이 기다리고 있는 메시아 즉 그리스도로 오셨으니 세계를 지배하고 있는 로마를 무너뜨리고 세상을 얻을 것으로 생각했다. 그렇게만 되면 수제자인 베드로는 큰 나라를 하나 얻어 왕 노릇하

머 지낼 수 있겠거니 생각하고 있었다.

　그런데 하늘 아들이 대제사장이 보낸 군병들과 하인들에게 순순히 잡혀 대제사장의 집으로 끌려갔다. 베드로는 하늘 아들이 어느 순간에 능력을 발휘해서 군병들과 하인들을 다 물리치고 로마를 무너뜨리는 일을 하지 않을까 기대하며 잡혀가는 하늘 아들을 따라 갔다. 그런데 하늘 아들이 대제사장 앞에서 저항 한 번 하지 않고 사형에 해당하는 것으로 정죄 받는 모습을 바라보았다. 베드로는 낙담했다. 베드로의 모습을 지켜보던 대제사장 집의 여종 하나가 베드로를 가리키며 하늘 아들과 함께 다니던 제자들 중 한 사람이라고 지적하자, 베드로는 주님을 모른다고 부인했다. 심지어 저주하고 맹세하며 하늘 아들을 모른다고 부인했다. 그 때 닭 우는 소리가 들렸다. 주와 함께 죽을지언정 주를 부인하지 않겠다고 맹세한 베드로가 권력 앞에서 맥없이 허물어지는 모습을 바라보던 닭이 서글퍼서 울었다. 그래도 명색이 수제자인데 가야바 집 별 볼일 없는 여종이 하는 말 한 마디에 무너지고 만 것이다. 매를 맞은 것도 아니고, 고문을 당한 것도 아니다. 예수님이 하늘 아들이요 나를 구원하기 위해 이 땅에 오신 그리스도라 고백한 신앙이 권력 앞에 맥 한 번 쓰지 못하고 무너진 것이다. 베드로의 믿음은 값싼 믿음이 아니었다. 모든 것을 버리고 삼년 동안 열심히 하늘 아들을 따라다니며 섬기던 수제자가 아닌가! 누가 감히 나는 베드로와 다르다고 말할 수 있겠는가! 베드로는 그래도 닭 울음소리를 듣고 주님 말씀이 생각나 하늘 아들이 심문 당하고 있는 대제사장의 집 밖으로 나가 통곡하며 회개의 눈물을 흘렸다. 그러나 나는 일생을 살아가는 동안 얼마나 많이 하늘 아들을 부인하며 살았는가! 베드로가 주님을 부인하지 않겠다고 맹세한 약속을 지키지 못한 자신의 나약함과 비참함을 깨닫고 통곡한 것인지, 아니면 하늘 아들 말씀이 정확하게 이루어지는 것을 보고 하늘 아들이 이스라엘이 기다리는 진정한 그리스도라는 사실을 알고 통곡했는지 알 수 없지만 어쨌든 베드로는 즉시 회개하고 돌아올 수 있었다.

그런데 베드로에게 들린 닭 울음소리가 수도 없이 주님 마음 아프게 하며 살아온 이 죄인에게는 왜 들리지 않았는가! 하늘 말씀을 들을 수 있는 귀가 열려야 한다. 귀가 열리지 않으면 닭이 울어도 닭 우는 소리가 들리지 않아 주님 품으로 돌이킬 수 없다. 나 같은 죄인을 구원하기 위해 고난과 수치를 당하고, 십자가에 달려 살이 찢기고 피를 쏟으며 하늘 아버지로부터 버림받은 하늘 아들 앞에서 가슴을 찢으며 회개하는 자, 사랑하는 아들이 달린 십자가를 바라보는 하늘 아버지의 아픔이 내 아픔이 돼 하늘 아버지의 한량없는 사랑을 깨닫고 누리는 자가 아니면 조그만 장애물이 나타나도 언제라도 하늘 아들을 모른다고 부인할 수 있다.

하늘 아버지여! 사랑하는 아들이 달린 십자가가 이 심령 속에 든든히 세워지게 하소서! 그리하여 하늘 아버지의 한량없는 사랑과 하늘 아들이 십자가에 달려 모든 것을 쏟아부어주신 그 은혜가 이 심령에 날마다 충만히 임해서 닭이 울 때마다 그 사랑과 은혜를 깨닫고 통곡하며 하늘 아버지 품으로 돌아서게 하소서!

6-3

감람산아

하늘 아버지
사랑하는 아들
아버지 뜻 이루도록
태초부터 마련해 둔
감람산

뺏고 빼앗기며
탐욕의 상처로
만신창이 된
예루살렘 바라보며
슬픔과 한탄으로
하늘 아들 기다렸다

하늘 아들
생명 길 열어가며
지치고 곤할 때
품어 주었고
십자가 앞에 두고
피눈물 흘린 기도
가슴에 담았다

믿음 팔아 돈 챙긴
사랑하는 제자의
가증한 입맞춤도
지켜보았고

저주받을 자들이
검과 몽치 들고

거룩한 하늘 아들
끌고 가는 모습도
탄식하며 보았다

저주의 나무에 달려
하늘 아버지로부터
버림받은 아들
살이 찢기고
물과 피 다 쏟아
하늘 길 여는
처참한 모습에
가슴 떨었다

지옥 고통
온몸으로 받아
아버지 뜻 다 이룬
하늘 아들
무덤문 열고 나와
하늘로 올라갈 때
기뻐 뛰며 춤추었다

감람산아 말해 다오
십자가 붙잡고
목 놓아 우는
죄인에게
하늘 아들 목숨 걸고
열어놓은 하늘 길을

탈레스는 B.C. 624년에 태어나 활동한 그리스의 철학자요 천문학자요 기하학자다. 그는 미디아국과 메디아국이 한창 전쟁 중일 때 일식을 예측해 전쟁을 멈추게 한 적이 있으며, 바다를 항해하는 항해사들에게 북쪽 하늘에 눈에 띄는 별자리들 중에서 작은곰자리를 기준으로 방향을 잡으라고 가르쳐주기도 했다. 탈레스는 모든 물질의 본질이 무엇인지 탐구했다. 그는 물질의 본질, 즉 기본 단위가 물이라 주장했다. 왜냐하면 탈레스는 물이 스스로 액체가 됐다가, 기체가 됐다가, 또 고체가 되기도 하는 과정, 예컨대 액체인 물을 끓이면 기체가 되는 과정에서 엄청난 힘을 발산하는데, 이것은 그 자체가 생명이 있기 때문이라 생각했다. 옛날 주요 운송수단이던 증기기관차가 이와 같은 물의 원리를 이용해 움직였을 정도로 그 힘이 굉장하다. 그래서 탈레스는 물의 힘에서 나오는 생명력으로 전체 우주가 살아간다고 주장했다. 탈레스는 생명과 우주의 본질을 얼마나 골똘히 생각하며 추구했는지, 밤에 하늘의 별을 보고 걷다가 가끔 개울에 빠지기도 했다는 이야기가 있다. 지금은 탈레스의 주장을 믿는 사람이 아무도 없지만 진리를 추구하는 모습은 배울 만하다. 하나님이 만든 피조물의 세계에는 영원한 것이 없다. 영원한 것은 오직 영원하신 여호와 하나님에게만 있다. 탈레스가 영원한 생명이 되시는 하늘 아들을 만났다면 개울에 빠지는 일이 없었을 텐데! 예루살렘 성 밖에는 영원한 생명을 주시려고 이 땅에 오신 하늘 아들을 위해 마련된 아담한 산이 하나 있다. 감람산이다.

감람산은 예루살렘 성 동쪽에 하늘 아버지께서 사랑하는 아들이 아버지 뜻 이루도록 창조 때부터 마련해둔 소담스러운 산이다. 크지 않은 작은 산이지만 예루살렘 성을 잠잠히 바라보고 있다. 올리브 나무들이 수천 년의 역사를 지켜보며 자라고 있는 아름다운 산이다. 그래서 이 산을 올리브 산 즉 감람산이라 부른다. 예루살렘은 하늘 아버지를 섬기고 하늘이 내리는 평화를 누리도록 세운 거룩한 성이지만, 인간의 탐욕으로 인해 갈기갈기 찢어져 만신창이가 돼 버렸다. 감람산은 예루살렘의 비참한 역사를 지켜보며 눈물과 한탄으로 하늘 아들을 기다렸다. 기다리던 하늘 아들이 죄로 막혀있는 생명의 길을 열기 위해 이 땅에 오셨다. 감람산은 하늘 아들을 품었고, 하늘 아들은 감람산을 아끼고 사랑했다. 감람산은 하늘 아들이 무엇을 위해, 무슨 일을 하는지 알았다. 하늘 아버지의 뜻을 알았고, 사랑하는 아들이 그 뜻을 이루기 위해 무엇을 하는지 알았다. 그래서 감람산에는 하늘 아들과 관련된 역사의 흔적들이 많이 남아 있고 이를 기념하기 위한 교회가 곳곳에 세워져 있다.

감람산은 예루살렘 성 스데반 문(Lion Gate라 부르기도 한다) 맞은편에 있다. 스데반 문을 나와 경사진 길을 걸어 내려오면 기드론 계곡이 나타나고 거기서부터 감람산이 시작된다. 기드론 계곡에서 감람산으로 올라가는 길 왼쪽에는 성모마리아무덤교회와 예수님의 제자들이 기도하던 곳으로 알려진 겟세마네 동굴이 있다. 길을 따라 조금만 올라가면 오른쪽에 하늘 아들이 십자가에 달리기 전에 아버지를 향해 땀방울이 핏방울 되도록 기도하신 후 사랑하는 제자 가룟 유다에게 팔려 끌려가던 곳이 나온다. 그곳에 기념교회가 세워져 있는데 만국교회다. 만국교회는 열여섯 나라의 헌금으로 세웠다 해서 붙여진 이름이다. 만국교회에서 조금 올라가면 하늘 아들이 예루살렘 성을 바라보며 눈물을 흘린 곳에 세워진 눈물교회와 학개 선지자의 무덤이 있다. 거기서 더 올라가면 하늘 아들이 부활해서 제자들과 수많은 사람에게 보인 후 승천하신 곳에 세워진 예수승천교회와 제자들에게 기도를 가르친 곳에 세워진 주기도문교회가 있다. 주기도문교회 정문을 들어서면 화단이 있고 그 아래에 넓은 마당과 교회가 있다. 정문에서 내려가는 길과 마당의 벽에는 각국 말로 번역된 주기도문이 장식돼 있다. 한글로 기록된 주기도문은 정문에서 교회로 내려가는 길옆 벽에 첫 번째로 장식돼 있다. 주기도문교회를 나와 더 올라가면 감람산 정상이 나온다.

감람산에는 예수님 당시 감람나무가 숲을 이루었을 것으로 짐작되지만 지금은 그 지역에 기념 교회들이 여기저기 들어서고, 예루살렘 성을 마주 바라볼 수 있는 곳에 메시아를 기다리던 유대인들의 무덤이 많은 지면을 차지하고 있어 생각보다 감람나무를 많이 볼 수 없다. 그러나 만국교회 정문을 들어서면 넓은 정원에서 자라고 있는 삼천 년 이상 된 감람나무들을 볼 수 있다. 하늘 아들이 제자들과 함께 찾아와 기도하던 곳이다.

죄로 인해 막혀있는 하늘 길이 어디 그렇게 쉽게 열리겠는가! 하늘 아들이 목숨 걸고 그 길을 열려고 이 땅에 왔는데 막아서는 사탄의 역사가 없을 리가 없다. 하늘 아버지를 섬기도록 세워놓은 제사장들과 하늘 아버지 이름으로 영화를 누리고 있는 예루살렘의 지도자들이 하늘 아들을 박해하며 잡아 죽일 기회만 노리고 있었다. 하늘 아들이 생명의 길을 열기 위해 고난의 길을 가며 지치고 곤할 때마다 감람산은 하늘 아들을 품고 위로했다. 십자가를 앞에 두고 땀방울이 핏방울이 되도록 하

늘 아버지께 올린 기도를 감람산은 들었고 가슴에 담았다. 하늘 아들
이 그렇게도 아끼고 사랑하는 제자 중 하나가 사탄에 넘어가 돈을 받
고 스승을 팔고는 가증한 입맞춤을 하는 모습도 지켜보았고, 영원히 멸
망할 저주받은 죄인들이 검과 몽치를 들고 죄인들에게 살 길을 열어주
기 위해 이 땅에 오신 하늘 아들을 붙잡아 끌고 가는 모습도 탄식하며
지켜보았다. 사랑하는 아들이 하늘 아버지로부터 버림받아 저주의 나
무에 달려 살이 찢기고 물과 피를 다 쏟고 지옥 고통을 온몸으로 받아
내며 하늘 길을 여는 모습을 바라보고는 가슴을 떨었다. 감람산은 하
늘을 보았다. 하늘 아버지께서 사랑하는 아들의 처절한 모습을 바라보
며 눈이 눈물에 상하는 것을 보았다. 아들이 찢길 때 창자가 끊어지는
고통을 참고 있는 아버지, 물과 피를 다 쏟으며 아버지를 향해 "엘리 엘
리 라마사박다니"라 부르짖을 때는 간이 쏟아지는 아픔으로 아들을 외
면하고 계신 하늘 아버지의 참담한 모습도 보았다. 감람산은 하늘 아
버지께서 왜 사랑하는 아들의 부르짖음을 외면하고 버리셨는지 알았
다. 죄인을 구원하기 위한 하늘 아버지의 처절한 모습을 바라보며 감람
산은 가슴을 떨며 감사의 기도를 올렸다.

　하늘 아들이 십자가에서 찢길 때 하늘 길, 생명의 길이 열렸다. 하나
님과 죄인을 가로막고 있던 성전의 휘장이 위에서부터 아래까지 찢기고
활짝 열렸다. 하늘 아들이 지옥 고통을 온몸으로 받아 가며 하늘 아버
지 뜻을 다 이루고 무덤 속에 뉘였다. 약속의 말씀대로 하늘 아들이 사
흘 동안 어둠의 곳에 머물다 무덤 문을 열고 나와 천사들의 영접을 받았
다. 제자들을 만나고 사랑하는 이들에게 보인 후 하늘 아들이 하늘로
올라갈 때 감람산은 두 팔 벌려 찬양하며 기뻐 뛰며 춤을 추었다. 이 죄

인 골고다 언덕에서 십자가를 만났다. 십자가를 붙잡고 사랑하는 주님이 기도하던 감람산 만국교회를 찾아갔다. 수많은 사람이 줄지어 들어가고 있었다. 만국교회 정원에 들어서자 잠잠히 서 있던 감람나무들이 십자가를 붙잡고 찾아오는 죄인들을 반가이 맞이하며 고난의 길, 십자가의 길, 하늘가는 밝은 길을 말해주고 있었다.

6-4

감람나무 아래 핀 장미꽃

감람나무 아래
하늘 아버지
사랑하는 하늘 아들
무릎 꿇고 흘린
땀방울 먹고 자란
장미꽃이 피었다.

감람나무 아래
기뻐하는 아들
두 손 모아
기도하며 흘린
피눈물 먹고 자란
장미꽃이 피었다

감람나무 아래
아들을 바라보는
하늘 아버지
사랑 먹고 자란
장미꽃이 피었다

감람나무 아래
아들 달린 십자가 고통
붉은 장미로 피었다
하늘 아버지 슬픈 아픔
새하얀 장미로 피었다

하늘 아버지여
죄인의 마음 밭에
붉은 장미
새하얀 장미
사랑과 은혜의 꽃
피게 하소서

▷▷▷▷

제2차 세계대전을 치른 후 독일은 완전히 폐허로 변했다. 미국의 한 사회학 교수가 조수와 함께 독일을 방문했다. 무너진 건물 지하실에 사는 한 가정을 찾아가 인터뷰했다. 그 지하실은 폭격으로 허물어져 폐허가 된 건물 밑에 있었고, 어둠침침하고 칙칙해서 사람이 살기에는 최악의 조건이었다. 인터뷰를 마치고 돌아오는 길에 그 교수가 조수에게 물었다.

"저들이 나라를 재건할 수 있을까?"

조수는 고개를 저으며 대답했다. "어려울 것 같습니다."

그러나 교수의 의견은 달랐다. "아니야, 나는 저들이 다시 일어설 수 있을 거라 생각하네!"

조수가 의아해서 물었다. "어째서입니까?"

교수가 웃으며 말했다. "그 어두운 지하실의 탁자 위에 무엇이 있었는지 생각나는가?"

조수가 대답했다. "생화 한 송이가 꽂힌 꽃병이 있었습니다."

교수는 설명했다. "바로 그거야. 최악의 재난을 당한 상황에서도 여전히 탁자 위에 꽃 한 송이를 꽂아 놓을 수 있는 민족이라면 반드시 나라를 다시 일으킬 수 있을 것이네. 아직도 희망이라는 힘을 가지고 있다는 뜻이니까!"

한 송이 꽃이 있는 곳에 희망이 있다. 감당하기 어려운 불행과 고통이 다가올지라도 희망을 가지고 극복하고자 하는 투지와 긍정적인 마음만 잃지 않는다면 어떤 역경도 이겨낼 수 있다. 한 송이 꽃을 가꾸는 마음이 행복의 시작이며 희망의 빛이다. 샤론의 꽃 예수, 그 꽃 한 송이를 가슴에 품고 사는 믿음의 사람은 절망하는 법이 없다. 어떤 상황 속에서도 소망을 가지고 사랑의 꽃을 피우며 일어선다. 예루살렘 성 밖 감람산, 하늘 아들이 기도하던 감람나무 아래 장미꽃이 피었다. 하늘 아들이 어떠했는지를 알려주는 꽃이다.

감람산 아랫자락 감람나무가 우거진 곳에 하늘 아들이 기도하던 자리가 있다. 지금은 여러 나라에서 보내온 헌금으로 지은 만국교회가 제법 웅장하게 들어서 있어 많은 사람이 줄지어 둘러보는 번잡한 곳이 되었지만, 이천여 년 전에는 아마도 하늘 아들이 아버지의 뜻을 이루기 위해 하늘을 향해 기도하기에 좋은 한적한 곳이었을 것이다. 만국교회 정문을 들어서면 꽤 넓은 정원이 나온다. 이 정원에 수령이 삼천 년이 넘은 감람나무들이 역사의 온갖 풍상을 몸으로 겪으며 성숙한 모습으로 잠잠히 서 있다. 하늘 아버지께서 사랑하는 아들이 고난의 길을 가며 아버지를 향해 기도하기에 좋은 곳으로 만들어 주기 위해 일찍이 심어놓은 감람나무들이다. 감람나무들은 현숙하고 풍성한 여인의 모습을 닮았다. 하늘 아들이 하늘 문을 열기 위해 엎드려 기도하던 감람나무 아래 장미꽃이 피어있다. 영원한 멸망의 길로 가고 있는 죄인들에게 생명의 길을 열어주기 위해 이 땅에 오신 하늘 아들을 죄인들이 멸시하고 박해했다. 하늘 아들이 아버지의 거룩한 뜻을 이루기 위해 고난의 길을 가다가 힘들고 지칠 때 아버지를 향해 기도하던 곳이다. 하늘 아들이 아버지에게 이 사명을 온전히 감당할 수 있도록 힘을 달라고 무릎 꿇고 기도하던 곳이다. 하늘 아들의 기도는 처절하고도 비장했다. 온몸으로 기도했다. 땀방울이 물같이 흘러내렸다. 하늘 아들이 기도하던 자리에 기도의 땀방울 먹고 자란 장미꽃이 피었다.

하늘 아들이 하늘 문 열기 위해 사망의 세력과 벌이게 될 최후의 일전이 눈앞으로 다가왔다. 십자가에 달려 지옥 고통을 겪어야 이길 수 있는 처참한 싸움이다. 하늘 아버지를 향해 사랑하는 아들이 십자가의 잔을 앞에 놓고 심히 고민하며 기도했다. "하늘 아버지여 만일 할 만하시거든 이 잔을 내게서 지나가게 하옵소서. 그러나 나의 원대로 마시옵고 아버지의 원대로 하옵소서." 땀방울이 핏방울이 되도록 기도했다. 하늘 아들이 피눈물을 흘리며 기도하던 감람나무 아래 장미꽃이 피었다. 사랑하는 아들이 하늘 아버지를 향해 두 손 모아 기도하며 흘린 피눈물을 먹고 자란 장미꽃이다.

감람산 기슭 감람나무 아래 하늘 아들이 아버지를 향해 기도하던 곳이 있다. 하늘 아버지 사랑으로 마련된 곳이다. 하늘 아들이 아버지의 거룩한 뜻을 이루기 위해 요단강에서 요한에게 세례를 받을 때 하늘이 열렸다. 성령이 비둘기같이 임하고 하늘 아버지께서 천하 만물이 지켜보는 가운데 이렇게 말씀하셨다. "이는 내 사랑하는 아들이요 기뻐하는 자라." 하늘 아버지께서 아들을 사랑하시고, 아들이 아버지를 사랑했다. 감람산 감람나무 아래 하늘 아들이 기도하던 곳에서 하늘 사랑이 만났다. 하늘 아버지 사랑과 아버지를 향한 독생자의 사랑이 만나는 곳이다. 감람나무 아래 하늘 사랑 먹고 자란 장미꽃이 피었다.

감람나무 아래 붉은 장미꽃이 피었다. 하늘 아들이 아버지의 뜻에 따라 죄인들에게 잡혀가 십자가에 달려 화목제물이 되면서 흘린 피를 먹고 자란 장미꽃이다. 십자가에 달린 하늘 아들을 닮아서 그런지 마른 땅에서 자란 연한 순 같아서 아무도 소중하게 생각하지 않았다. 하늘 아들이 겪는 멸시와 간고와 질고를 보며 가슴 졸이며 자라서 그런지 고운 모양도 없고 풍성하지도 않아 죄인들이 보기에 사랑할 만한 것이 없는 장미꽃이 피었다. 크고 풍성한 감람나무는 감탄을 해 가며 귀하게 보지만, 하늘 아들이 십자가에 달려 흘린 거룩한 피를 먹고 자란 붉은 장미꽃은 귀하게 여기는 이가 없다.

감람나무 아래 새하얀 장미꽃이 피었다. 하늘 아들이 십자가를 앞에 놓고 할 수 있거든 이 잔을 마시지 않게 해 달라는 간절한 기도에 가슴 아파하는 아버지의 모습을 바라보고 자란 꽃이다. 사랑하는 아들이 십자가에 달려 살이 찢기고 피를 쏟으며 지옥 고통을 겪고 있는 모습을 바라보는 하늘 아버지의 괴로운 심정을 마음에 새기고 자란 장미꽃이다. 아버지를 아버지라 부르지 못하고 "엘리 엘리 라마 사박다니"라 부르짖는 아들을 외면하고 있는 하늘 아버지의 슬픈 고통을 가슴에 간직하고 자란 새하얀 꽃이다.

십자가 사랑에 목메어 우는 죄인이 하늘 아들이 기도하던 감람산 기슭을 찾아갔다. 크고 웅장하게 세워진 만국교회 정원에 수천 년 된 감람나무들이 조용히 자리 잡고 있었다. 하늘 아들이 아버지를 향해 기도하던 곳에서 무릎을 꿇었다. 메마른 죄인의 마음 밭에 하늘로부터 사랑의 빗줄기가 내렸다. 붉은 장미가 하늘 사랑 먹고 자라났다. 돌같이 굳어 있는 죄인의 심령에 하늘로부터 은혜의 빗줄기가 내렸다. 십자가를 사랑하는 심령에 내리는 은혜의 단비다. 새하얀 장미가 은혜의 단비를

머금고 자라났다. 의인 된 죄인의 마음 밭에 사랑과 은혜의 꽃으로 핀
붉은 장미, 새하얀 장미 하늘이 내린 축복이다.

6-5
감람나무야 들었느냐

평생
하늘 아버지 마음
슬프게 한 죄인
이제야
하늘 아들이 간 그 길
은혜의 길 찾아왔다.

감람나무야
이 죄인 위해
하늘 아버지께
두 손 모으던 아들
찾아올 거라는
말씀 들었느냐

감람나무야
이 죄인
십자가 붙잡고
하늘 사랑
찾아올 거라는
말씀 들었느냐

감람나무야
이 죄인
어찌하면 좋으냐
푸른 시절 다 보내고
이제야 찾아왔으니

하늘 아들
이 죄인 살리려
두 손 모아 기도하며
피눈물 흘린 곳에
이제야 찾아왔으니

대학을 졸업하고 집에서 불평만 하며 놀고 있는 아들을 보다 못해 아버지가 친구에게 부탁해 아들을 홍보회사에 취직시켜주었다. 그런데 아들이 회사에서 돌아오자마자 아버지에게 불평을 늘어놓았다. 나는 발바닥이 닳도록 뛰어다니며 홍보물 돌리고 녹초가 돼 회사에 돌아왔는데, 과장이란 작자는 회전의자에 앉아 의자를 뒤로 젖히고 신문을 보면서 걸려온 전화를 안 받는다고 화를 내며 잔소리까지 한다는 것이다. 그러더니 아들이 누구는 발바닥에 땀이 나도록 쫓아다니고, 누구는 회전의자에 앉아 뒤로 자빠져 거들먹거리니 세상에 더러워서 못 해 먹겠다며 투덜거리더니 내일부터 그 회사에 나가지 않겠다고 단호하게 말하는 것이었다. 아버지는 할 수 없이 아들을 주유소에 부탁해서 취직시켜주었다. 아들이 퇴근해 돌아왔다. 아버지는 걱정이 돼 돌아온 아들에게 주유소는 어땠는지 물었다. 아들이 또 불평을 늘어놓았다. 누구는 서서 하루 종일 기름 넣고, 누구는 차 안에 앉아 음악을 들으며 껌이나 씹고 있고, 참 더러워서 못 해 먹겠다며 내일부터 주유소에 나가지 않겠단다. 아버지는 집에서 건들거리며 매사에 불평하며 놀고 있는 아들이 보기 싫어 마지막으로 아무도 말을 걸지 않고 편안하게 근무할 수 있는 공동묘지 무덤지기로 취직시켜 주었다. 아들이 퇴근하고 돌아오자 아버지는 걱정이 돼 아들의 눈치를 보며 조심스럽게 다가가 물어보았다. '아들아 이번에는 마음에 들지! 요즈음 하루 종일 앉아서 조용하게 근무하는 직장 드물다, 어때 좋았지?' 그러자 아들이 투덜거리며 말하기를 '좋기는요, 더러워서 못 해 먹겠어요!' 아버지가 깜짝 놀라서 왜 그러는지 물었다. 아들이 볼멘소리로 말했다. 나는 앉아 있는데 팔자 좋은 것들은 모두 편안하게 드러누워 있다고 불평하며 회사에 나가지 않겠다고 하더란다. 이건 웃기자고 한 유머다. 아들은 철이 덜 든 것이다. 아버지의 안타까운 마음을 모르고 세상을 모르고 있다. 신앙도 마찬가지다. 신앙도 철이 들어야 십자가를 바라보며 하늘 아버지 사랑과 예수 그리스도의 은혜를 깨닫고 누릴 수 있다.

사람이 태어나 철들기가 이렇게 어려운가! 짐승들은 태어나자마자 제 발로 걸으며 어미가 가는 데로 따라다닌다. 제 어미가 누구인지 알고 어미를 따라가지 않으면 죽음이라는 것도 안다. 그러나 사람은 다르다. 태어난 아기는 어미의 보살핌이 없으면 살 수가 없다. 시시때때로 젖을 물려주어야 하고, 걸음마부터 차근차근 가르쳐주어야 일어설 수 있고, 말을 할 수 있도록 하기 위해 엄마, 아빠라는 말부터 가르쳐야 한다. 그렇게 해서 가르치며 살 길을 열어주어도 제 어미가 얼마나 소중한지 깨닫지 못한다. 사람이 얼마나 미련하고 우둔한지 제 어미가 세상을 떠나 흙으로 돌아가서야 비로소 어미 사랑이 얼마나 위대하고 아름다운 것인지 어렴풋이나마 안다.

그러니 만나지도 못하고 보지도 못한 하늘 아버지를 알고, 그 사랑을 깨닫는다는 것이 미련하고 아둔한 인간에게 얼마나 어려운 일이겠는가! 사람마다 차이가 있겠지만 평생을 살아도 하늘 아버지를 모르고, 하늘 아버지께서 멸망의 길로 가고 있는 나를 구원하기 위해 어떤 일을 하셨는지 모르는 사람들이 많다. 유치원 때부터 교회에 나가기 시작해서 평생 신앙생활을 해 왔지만 아직도 하늘 아버지와 그 사랑을 다 알지 못한다. 가야할 길이 보이고, 가야할 곳이 멀지 않았다는 것을 깨달을 나이가 되어서야 비로소 하늘 아버지를 바라보게 되고, 이 죄인을 구원하기 위해 사랑하는 아들이 달린 십자가를 만날 수 있었다.

하늘 아버지께서 버리신 십자가를 만나 그 십자가를 사랑할 때 하늘 아버지께서 부어주시는 사랑이 강물과 같이 죄인의 심령에 쏟아져 들어오고 비로소 내가 얼마나 큰 죄인인지 깨닫게 된다. 지나온 인생길을 뒤돌아보니 하늘 아버지 사랑이 남긴 흔적이 없는 곳이 없다. 얼마나 아버지 마음을 슬프게 하며 살았던가! 하늘 아버지께서는 엇길로 가고 있는 나를 바로 가도록 하기 위해 때로는 장애물에 걸려 넘어지게도 하고, 가시에 찔리는 아픔을 주기도 하고, 죽을병에 걸려 사경을 헤매게도 했다. 그러나 끝까지 버리지 않고 기어이 돌아서게 하셨다. 이제야 이 죄인, 하늘 아들 가신 그 길, 고난의 길, 십자가의 길, 치욕의 길을 찾아왔다. 그러나 그 길은 이 죄인에게 한없는 은혜의 길이다.

감람산 아랫자락에 수천 년 된 감람나무가 자라는 곳이 있다. 하늘 아들이 죄인에게 생명의 길을 열어주기 위해 하늘 아버지께 두 손 모아 기도하던 곳이다. 십자가 붙잡고 그 곳을 찾아갔다. 감람나무들이 반색을 하며 나를 맞이했다. 왜 이제야 오느냐는 듯이 반가워했다. 언젠가 이 죄인이 십자가를 붙잡고 하늘 사랑 찾아올 거라는 하늘 아들의 말씀을 듣고 기다린 듯한 모습이다. 나에게도 푸른 시절이 있었다. 앞만 보고 달려가던 시절이다. 하늘도 보지 않고 뒤도 돌아보지 않고 마냥 앞으로 달리기만 하던 시절이다. 푸른 시절 다 보내고 육순의 고비 넘었을 때 비로소 뒤를 돌아보고 하늘을 보았다. 굽이굽이 돌아서는 길목마다 땀방울과 눈물 자국이 없는 곳이 없다. 하늘 아버지 손길이 없었으면 넘을 수 없었던 고비도 많았다. 이제 일곱 굽이를 돌아서며 하늘 아들이 걸어간 십자가의 길을 찾아왔다. 감람산 감람나무 아래 하늘 아버지의 눈길이 머문 곳을 찾아왔다. 하늘 아들이 이 죄인을 구원하려는 아버지의 뜻을 이루려고 피눈물 흘린 곳이다. 사랑하는 아들을 바라보는 하늘 아버지의 슬픈 마음이 이 죄인의 가슴으로 밀려 들어왔다.

7

비아 돌로로사

7-1
비아 돌로로사(Via Dolorosa)

하늘이 준 선물
비아 돌로로사
갈등과 증오 속에
하늘 아들이
십자가에 달려 열어놓은
용서와 사랑의 길이다

탐욕의 문명들이
충돌하는 땅에
태초부터 약속대로
하늘 사랑이 열어놓은
생명의 길
비아 돌로로사

하늘 아버지 슬픔
사랑하는 아들 목숨
성령의 역사
함께 만들어 놓은
사랑의 길
비아 돌로로사

그 길은
아무나 갈 수 없는
좁고 협착한 길
십자가 없이는
갈 수 없는 길이다

그 길은
하늘나라 가는 길
하늘 아들
사랑하는 자에게
열어놓은 길이다

 ▷▷▷▷

심리학에서 '자기대상'이라는 말이 있다. 자기대상은 하인즈 코헛의 '자기심리학'의 핵심적인 개념이다. 코헛은 자기대상이 아기와 엄마와의 관계에서 시작된다고 한다. 아기는 엄마의 절대적인 보살핌 속에서 세상을 인식하게 된다. 배가 고파 칭얼대면 어느 새 젖이 입에 물려지고, 대소변을 보고 기저귀가 축축하고 기분이 안 좋으면 깨끗하게 닦아주고 기분 좋게 갈아준다. 아기에게는 세상이 살만한 곳이라는 생각이 자리 잡힌다. 그러나 자라면서 원하는 것이 즉시 해결되지 않고 기다려야 하거나 포기해야 되는 좌절도 경험하게 된다. 이와 같은 것을 경험하며 욕구를 조절하는 법을 배우지 못하면 자라서도 아기 때 가진 자기대상을 계속해서 체험하려 한다. 욕구가 채워지지 않으면 때로는 강한 분노와 배신감을 나타내기도 한다. 자기심리학에서는 아기 때의 원시적인 자기대상에서 벗어나 적절한 자기대상을 찾아가는 것을 성숙이라 한다. 자기대상은 어릴 때는 부모, 청소년기에는 친구, 성인이 되면 애인이나 배우자 등으로 대체된다. 그러나 자기대상은 반드시 사람일 필요는 없고 이념이나 활동일 수도 있다. 특정한 대상을 통해 '나는 꽤 괜찮은 사람이고 사랑 받을 가치가 있는 사람이다'고 느끼게 되면, 그 대상이 사람이건 물건이건 어떤 것이든 자기대상이 될 수 있다.

사랑에 빠지는 경우 대부분 서로에게 자기대상이 된다. 자기대상은 생존경쟁 속에서 심리적인 안정감을 가지기 위해 불완전한 인간에게는 반드시 필요하다. 그러나 세상에서는 완벽한 자기대상을 찾을 수 없다. 사랑할 때는 사랑하는 사람이 정말 나만을 위해 존재하는 완전한 자기대상 같이 보여 만나기만 해도 황홀하고 달콤하다. 그러나 시간이 지나 눈에 콩깍지가 벗겨지고 각자의 욕구에 눈을 돌리게 되면 서로에게 불만이 생기고 그렇게 좋아하고 사랑하던 사람이 낯선 사람같이 보인다. 이것이 본 모습인데 서로가 변했다느니 속았다느니 하는 말이 나온다. 완전한 자기대상은 넌 정말 귀하고 사랑스럽다고 칭찬하며 자존감을 주고, 난 너와 언제나 함께 있으며 너를 보호하고 있으니 걱정하지 말라고 안정감을 주고, 넌 할 수 있어 내가 너를 도와주지 않느냐며 자신감을 준다. 이와 같이 불완전한 인간에게 자기대상이 반드시 필요한데 완전한 자기대상은 어디서 찾을 수 있을까? 완전한 자기대상은 오직 예루살렘 성 '비아 돌로로사' 길을 따라가다 보면 골고다 언덕에 세워진 십자가에서 만날 수 있다. 그분은 바로 전능하신 창조주 여호와다.

예루살렘은 대륙의 문명들이 맞부딪치는 곳이다. 전략적 요충지대라 역사의 흐름 속에서 탐욕의 문명들이 서로 차지하려고 아귀다툼하는 소용돌이에 휘말리다보니 상처가 많다. 예루살렘 성은 가로 세로 각각 1km정도밖에 되지 않지만 4개 구역으로 찢어져있다. 유대인 지역, 아랍 지역, 크리스천 지역, 아르메니안 지역으로 나누어진다. 눈에 보이는 장벽은 없지만 각 지역 사람들은 서로 다른 구역으로 가기를 꺼린다. 안식일은 여호와 하나님이 정해놓은 날이다. 그럼에도 유대교는 토요일, 이슬람교는 금요일, 기독교는 주님의 날인 일요일을 안식일로 지키고 있다. 안식일에는 대부분의 가게들이 문을 닫는다. 특히 유대교의 안식일은 금요일 해 떨어지는 시점부터 토요일 해 떨어지는 시점까지인데 대중교통까지 운행하지 않을 정도로 모두가 쉰다.

예루살렘 성에는 4개 종교를 믿는 사람들이 살고 있지만, 이스라엘이 성을 통치하고 있어 아랍인들의 테러에 대비해 경계가 삼엄하다. 평일에도 성문과 성 안 요처마다 이스라엘 군인들이 무장을 한 채 경계근무를 하고 있다. 특히 안식일에는 경계를 서는 군인들의 수가 더 늘어난다. 언제 일어날지 모르는 테러 때문이다. 평화의 성 예루살렘은 인간의 탐욕이 뿜어내는 미움과 증오와 갈등이 넘실대는 곳이 됐다. 거룩하신 하나님이 어찌하여 이런 곳에 사랑하는 아들을 보내 십자가의 길을 가게 했을까? 이곳이 바로 인간의 모든 죄가 몰려와 쌓이고 쌓인 곳이기 때문일까?

사랑하는 아들이 하늘 아버지의 뜻대로 인간의 모든 죄를 해결하기 위해 십자가의 길을 걸어갔다. 비아 돌로로사다. 비아 돌로로사는 당시 세계를 제패한 로마가 예루살렘 성 안에 만들어놓은 안토니우스 요새에 있는 로마 총독 관정에서 시작해 하늘 아들이 십자가에 달려 죽은 골고다 언덕에서 끝난다. 로마 총독 빌라도는 유대 지도자들과 백성들의 외침과 압력에 못 이겨 거룩한 하늘 아들이 죄가 없고 깨끗하다는 것을 알면서도 십자가 처형에 해당한다고 선고했다. 하늘 아들이 빌라도에게 사형 선고를 받은 후, 로마 병사들이 채찍질을 하고, 옷을 벗겨 홍포를 입히고, 가시관을 엮어 머리에 씌우고, 갈대를 오른손에 들리고, 그 앞에 무릎을 꿇고 "유대인의 왕이여 평안할지어다"라 말하며, 침 뱉고 갈대를 빼앗아 머리를 치며 희롱했다. 희롱을 마친 로마 병사들이 홍포를 벗기고 옷을 다시 입혀 십자가를 지우고 골고다로 끌고 갔다. 하늘 아들이 십자가의 길을 가기 시작한 것이다. 생명의 길, 은혜의 길을 열어가기 시작했다. 용서와 사랑과 희생의 길이다. 하늘 아들이 피와 땀으로 범벅이 된 채 십자가를 지고 골고다 언덕으로 가는 길은 감당하기 힘든 고통의 길이었다. 무거운 나무 십자가의 무게에 짓눌려 주저앉기도 하고, 탈진한 상태에서 걸음을 재촉하는 로마 병사들의 채찍질과 발길질을 견디지 못하고 쓰러지기도 했다.

비아 돌로로사 길을 따라 가다보면 하늘 아들이 십자가를 지고 가다가 남긴 흔적의 터 위에 기념 교회들이 세워져 있고, 길 주변에는 기념품과 먹거리를 파는 가게들이 줄지어 있다. 바닥에 돌이 박혀있는 협소한 길에는 많은 사람들이 왕래하고 있어 당시의 험악하고 참담하고 고통스러운 모습을 피부로 느끼기 힘들다. 단체로 온 순례자들 가운데는 당시의 처참한 모습을 체험하기 위해 로마 총독 관저가 있던 곳에서 십자가를 대여 받아 앞에 선 사람들이 교대로 지고 골고다 언덕으로 가기도 한다. 그러나 대여하는 곳에서 십자가를 들어보니 모양만 십자가지 하늘 아들이 지고 간 거칠고 험한 십자가와는 거리가 멀고, 하늘 아들이 당한 처참한 지경에 놓인 것도 아니라서 자칫 잘못하면 십자가의 참 모습을 놓쳐버릴 수가 있을 것 같았다. 그래서 비아 돌로로사의 험한 모습을 가슴에 담기 위해 피투성이가 된 채 십자가를 지고 걷는 하늘 아들의 참담한 모습을 생각하며 수십 번 걷고 또 걸었다. 비아 돌로로사가 하늘 가는 밝은 길로 가슴에 와 닿을 때까지 걷고 또 걸었다.

미움과 증오와 갈등으로 넘실대는 죄의 물결이 예루살렘 성을 삼키려 하나 여전히 비아 돌로로사에는 생명의 역사가 넘치고 있었다. 비아 돌로로사에는 날마다 세계 각국에서 수많은 순례자들이 찾아오고 있다. 찾아오는 순례자들의 대부분은 비아 돌로로사가 거룩한 하늘 아들이 십자가에 달려 죄인들에게 온갖 희롱과 수치를 당하며 목숨 걸고 열어 놓은 은혜의 길이라는 것을 아는 죄인들이다. 사랑하는 아들이 십자가에 달려 지옥 고통을 겪으며 처참하게 죽어가는 부르짖음을 외면하고 영원한 멸망의 길에 들어선 죄인들에게 생명의 길을 열어주신 하늘 아버지의 사랑을 찾아온 사람들이다.

이 죄인도 하늘 아버지의 사랑을 찾아 이곳에 왔다. 뿌리 깊은 죄성으로 인해 여전히 세상으로 눈길을 보내고 있는 이 죄인이 살 길이 여기라는 하늘 아버지의 말씀에 따라 비아 돌로로사를 찾아왔다. 사랑하는 하늘 아들이 목숨으로 열어놓은 비아 돌로로사를 걷고 또 걸었다. 감람산 기슭에서 십자가를 앞에 두고 하늘 아버지를 향해 피눈물로 기도 드린 하늘 아들이 죄인 아닌 죄인이 돼 십자가를 지고 골고다 언덕으로 끌려가 십자가에 달려 죽은 길, 비아 돌로로사를 걸으며 하늘을 보았다. 십자가에 달려 처참하게 죽어가는 사랑하는 아들을 바라보는 하늘 아버지의 고통과 아픔을 보았다.

비아 돌로로사 길은 아무나 갈 수 있는 길이 아니다. 그 길은 좁고 협착한 길이다. 스스로 의인이라 여기는 사람이 갈 수 있는 길이 아니다. 그저 입술로 주여, 주여 하는 사람이 갈 수 있는 길도 아니다. 하늘 아들이 달린 십자가 앞에서 스스로 죄인이라 고백하며 가슴을 찢으며 회개하는 사람이 갈 수 있는 길이다. 영원히 멸망 받을 수밖에 없는 죄인임을 인정하고 자기 십자가를 지고 가는 사람에게 열린 길이다. 십자가 앞에서 이제는 결단코 더러운 삶을 살지 않으리라, 하늘 아버지의 사랑하는 아들, 기뻐하는 자로 살아가리라 다짐하는 사람이 갈 수 있는 길

이다. 그 길은 좁고 험한 길이지만 하늘나라 가는 길이다. 하늘 아버지
사랑을 받아 누리며 가는 길이요, 하늘 아버지를 사랑하며 가는 길이
다.

7-2

빌라도 관정

하늘 찌르는 기세
로마 총독 관정
세상을 정복하며
다스린 자리다

하늘 아버지
두려워하지 않고
기세등등하게
사랑하는 아들
십자가형에 처한
교만한 자리

이 죄인
이제야
십자가 사랑 깨닫고
예루살렘 찾아갔다

은혜의 발자취 좇아
빌라도 관정
찾아왔는데
돌고 돌아보아도
보이지 않는다

하늘 아들
내려다 보며
심문하던 자리
역사의 물결에
쓸려가 버렸다

세상에서는
영원하지 않는 것이
영원한 분을
정죄해도

하늘나라에서는
영원한 분이
영원하지 않는 것을
영원히 심판하리라

▷▷▷▷

　이천여 년 전 로마는 방대한 지역을 지배하는 대제국이었다. 로마는 유럽과 북아프리카는 물론 중동지역까지 모두 지배하고 다스렸다. 이스라엘도 B.C. 63년에 예루살렘이 정복됨으로 인해 로마의 속국이 됐다. 예수님 당시에는 로마가 이스라엘을 유다와 사마리아와 갈릴리로 나누어 통치했다. 형식적으로는 헤롯 왕과 같이 실권이 없는 왕들이 각 지역을 통치했지만 실제로는 로마가 지배했다. 로마가 이스라엘을 통치할 때는 예루살렘이 아니라 이스라엘의 해안도시 가이사랴에 군대를 주둔시키고 총독이 다스렸다. 유대인의 명절이 되면 로마 총독은 유대인들이 모인 명절 축제가 로마에 저항하는 폭동으로 이어질 것을 염려해 병사들을 이끌고 예루살렘으로 와서 총독 관정에 머물렀다. 대제사장 가야바가 예수님을 잡아 심문한 후 로마 총독 빌라도에게 끌고 간 것도 유월절 명절 기간에 로마 총독 빌라도가 예루살렘의 총독 관정에 머물러 있었기 때문이다. 당시 로마는 유대인들을 지배하는데 많은 어려움을 겪고 있었다. 특히 선민사상에 젖어있는 유대인들은 로마가 이스라엘 땅에 군대를 주둔시키고 세금을 걷어가는 것을 몹시 싫어했다. 세금을 올릴 때는 예외 없이 폭동이 일어났으며 그 때마다 군대를 보내 진압했지만 애를 먹었다. 그래서 로마는 유대인들에게 여러 가지 시혜를 베풀며 다스렸다. 예루살렘에 물을 공급하는 수도를 건설하고 큰 건축물을 짓기도 했다. 특히 종교문제는 잘못 건드렸다가는 언제 폭동이 일어날지 몰랐다. 그래서 로마는 유대인들의 종교를 인정했다. 유대인의 제사장들과 서기관들이 예수님을 붙잡아 끌고 로마 총독 빌라도에게 왔을 때도 빌라도는 하늘 아들 예수님이 죄가 없다는 것을 알면서도

종교지도자들의 요구를 들어주지 않으면 폭동이 일어날 것을 두려워해
십자가 처형을 언도했던 것이다.

　예루살렘 성에는 로마가 유대인들을 지배하며 다스리기 위해 세워놓
은 안토니우스 요새가 있었다. 이 요새에 로마 총독 관정이 있었다. 로
마 총독은 이 관정에서 로마법에 따라 재판했다. 하늘 아버지께서 택
한 백성, 유대인의 지도자들인 대제사장과 장로들은 하늘 아들이 영 못
마땅했다. 하늘 아들로 인해 자신들이 누리고 있는 권력과 명예와 부를
잃어버릴까 두려워했다. 여호와를 섬긴다는 명분으로 자신들이 만들어
놓은 전통을 하늘 아들이 어기고 성전에서 돈을 거두어들이는 이권을
위협하고 있는 것이다. 그들은 하늘 아들을 죽이기로 모의했다. 그러나
로마는 유대인의 법에 사람을 죽일 권한을 주지 않았다. 유대인의 지도
자들이 하늘 아들을 죽이기 위해 붙잡아 끌고 로마 총독 빌라도에게 가
서 죽을죄를 지은 행악자라고 고발했다. 빌라도는 총독 관정 높은 자
리에 앉아 하늘 아들을 내려다보며 심문했다. 빌라도가 하늘 아들에게
네가 무엇을 했느냐고 물었다. 하늘 아들이 대답했다. "내 나라는 이
세상에 속한 것이 아니다." 하늘나라를 말씀한 것이다. 그러나 빌라도
는 깨닫지 못했다. 땅은 보아도 하늘은 보지 못했다. 이 세상에는 영원
한 것이 없다는 것을 몰랐다. 빌라도는 관정 높은 곳에 앉아 기세등등
하게 하늘 아들을 내려다보며 하늘 아버지께서 사랑하는 아들을 십자
가형에 처하도록 선고했다. 빌라도는 모인 무리가 민란을 일으킬까 무
서워했지 하늘 아버지의 심판이 얼마나 두려운 것인 줄 몰랐다.

　이 죄인, 비로소 하늘 아들이 달린 십자가를 만나 하늘 사랑 깨닫고

빌라도 관정을 찾아갔다. 이 죄인의 죄와 허물을 담당하고 십자가형을 언도 받아 채찍질 당하고 멸시와 치욕을 견디며 십자가의 길을 걸어가신 하늘 아들을 바라보며 그 발자취를 좇아 빌라도 관정을 찾아갔다. 돌고 돌아보아도 빌라도 관정이 보이지 않았다. 옛 터는 남아있는데 높고 위엄을 갖춘 빌라도 관정은 사라지고 없었다. 역사의 흐름 속에 묻혀버린 것이다. 빌라도 관정은 묻혀버려도 빌라도의 죄는 묻혀버리지 않는다. 빌라도는 하늘나라의 심판대 앞에 설 것이다. 하늘 아들이 빌라도를 내려다보며 빌라도에게 십자가 처형과는 비교할 수도 없는 영원한 지옥의 형벌을 내릴 것이다. 세상에서는 영원하지 않는 것이 영원한 분을 정죄해도, 하늘나라에서는 영원한 분이 영원하지 않는 것을 영원히 심판하게 될 것이다. 세상에는 영원한 것이 없지만, 하늘나라에는 영원한 것밖에 없다.

7-3
로마 총독 빌라도

유대를 다스리는
로마 관정 높은 곳
죄인을 정죄하려고
빌라도가 앉았다

거룩한 하늘 아들
십자가에 달리도록
죄인으로 정죄한
총독 빌라도

땅은 보아도
하늘을 보지 못했다
사랑하는 아들을
바라보고 있는
하늘 아버지를
보지 못했다

거룩한 하늘 아들
심판대 앞에 선
로마 총독 빌라도
하늘까지
높아지려 했느냐
음부에 던져지리라

كنيسة الجلد

Church of the Flagellation

The Church of the Flagellation was originally built by the Crusaders in the 12th century and was then deserted for many centuries. In 1838 it was purchased by the Franciscans and was opened again for worship due to the generous donations of Maximilian of Bavaria, as indicated

▷▷▷▷

　군복무를 마치고 제대한 두 친구가 제대 기념으로 히말라야를 등산하기로 했다. 두 친구는 히말라야 정상을 정복하고 기분 좋게 하산하기 시작했다. 무전기로 서로의 위치를 확인하며 조심스럽게 하산하다가 그만 한 친구가 낭떠러지에서 미끄러져 깊은 계곡으로 추락하고 말았다. 다른 친구가 다급한 목소리로 외쳤다.

“아직 살아있나? 오버”

“그래, 살아있다. 오버”

“다친 데는 없나? 오버”

“그런 것 같다. 오버”

“다행이다, 다시 올라올 수 있겠나? 오버”

“그건 잘 모르겠다. 오버”

“무슨 말인가? 오버”

“아직도 떨어지는 중이다. 오버!”

이것은 웃자고 하는 유머다. 그러나 단순히 웃기기 위한 유머가 아니다. 끝까지 가 봐야 아는가? 아니지 않는가! 벌써 떨어지는 순간 그 결과는 죽음이라는 것을 알 수 있는 것이다. 떨어지는 친구가 바보 같이 보이지만 세상에는 이런 사람들이 너무 많다. 머지않아 그 결과가 죽음이라는 것을 알 수 있는데도 마치 절벽에서 떨어지는 청년과 같이 다시 절벽 위로 살아서 돌아갈 것처럼 생각하고 사는 사람들이 많다. 그리고 죽음 이후에 맞이하게 될 곳이 천국인지 지옥인지 생각조차 하지 않고 산다. 끝까지 가 봐야 천국 갈 것인지, 지옥 갈 것인지 아는가? 아니다. 구원의 줄을 붙잡은 자와 붙잡지 못한 자는 시작부터 어디로 갈 것인지

정해지는 것이다. 예수 그리스도를 알고 믿고 구원받은 자는 천국 가는 것이고, 예수 믿지 않아 구원 받지 못한 자는 지옥 가는 것이다. 이천여 년 전 이스라엘 땅 예루살렘에서 하늘 아들을 눈앞에 두고도 알지 못하고 십자가형에 처하라며 내어준 어리석은 사람이 있다. 로마 총독 빌라도다. 빌라도는 영원한 멸망에서 영원한 생명을 얻을 수 있는 구원의 줄을 눈앞에 두고도 붙잡지 못하고 영원히 돌아올 수 없는 지옥 길로 가고 말았다.

세상에는 땅은 보고 큰 소리 치며 살아도 하늘 높은 줄 모르고 사는 사람들이 너무 많다. 세상에는 눈에 보이는 것은 아는 사람들이 많지만, 눈에 보이지 않는 것을 아는 사람들은 많지 않다. 하늘 아들이 세상을 구원하기 위해 사람의 몸으로 이 땅에 왔을 당시에는 로마가 세계를 제패하고 있었다. 로마는 이스라엘을 점령하고 다스리기 위해 예루살렘 성 안, 성전 북동쪽에 안토니우스 요새를 만들었다. 로마 군인들은 안토니우스 요새의 높은 탑에서 성전 안을 내려다보며 성전 안에 모인 유대인들의 동향을 살피고 감시했다. 안토니우스 요새 안에는 로마 총독 관정이 있다. 유대인들을 재판하고 다스리는 곳이다. 유대의 지도자들인 대제사장들과 장로들이 하늘 아들을 붙잡아 로마 총독 빌라도 앞으로 끌고 왔다. 하늘 아들이 여호와 하나님을 아버지라 부른다고 참람하다며 정죄하고 로마 총독 앞으로 끌고 온 것이다. 그러나 총독 빌라도 앞에서는 하늘 아들이 유대인의 왕이라 칭한다는 죄목으로 고발하고 처형하라 주장했다. 로마 황제 가이사에게 반역한 죄로 처벌하라는 것이다. 빌라도는 하늘 아들이 깨끗하다는 것을 알았지만 민란이 날 것을 두려워해 십자가에 못 박히도록 넘겨주었다.

빌라도는 땅의 소리는 들어도 하늘 소리는 듣지 못했다. 빌라도에게 하늘 아들을 십자가에 못 박아야 한다는 죄인들의 소리는 크게 들려도, '이는 내 사랑하는 아들이요, 기뻐하는 자'라는 하늘 아버지의 소리는 들리지 않았다. 빌라도는 민란을 일으키려는 죄인들의 소요는 볼 수 있어도, 세상을 주관하고 다스리시는 하늘 아버지는 볼 수 없었다. 총독 관정 높은 자리에 앉아 하늘 아들이 십자가에 못 박히도록 내어준 빌라도가 이제는 하늘 보좌에 앉아 죄인들을 심판하는 하늘 아들 앞에 설 것이다. 빌라도는 죄가 없는 깨끗한 하늘 아들을 가장 흉악한 죄인이 달리는 십자가에 못 박히도록 내어 주었지만, 이제는 빌라도가 하늘 아들 앞에서 영원한 멸망의 지옥으로 떨어져야 할 죄인으로 정죄될 것이다. 두 발 가진 짐승은 땅을 보고 살 수밖에 없지만 그래도 가끔은 하늘도 볼 수 있어야 한다. 하늘 보좌 높은 곳에서 세상을 다스리며 주관하시는 하늘 아버지를 볼 수 있어야 한다. 사랑하는 아들을 이 땅에 보내 화목제물로 삼기까지 죄인을 사랑하는 하늘 아버지의 바다보다 깊고 하늘보다 높은 측량할 수 없는 그 사랑을 볼 수 있어야 한다. 그래야 구원의 길, 하늘 가는 밝은 길을 볼 수 있다.

7-4

빌라도의 오판

로마 관정 재판
빌라도가 선고했다
예수는
십자가형에 처한다

그건
오심이었다
죄인들의 힘에
굴복한 오판이었다

빌라도는 알았다
하늘 아들이
죄가 없이 끌려온
피고인이라는 것을

총독 빌라도
하늘 아들 당한
능욕과 수치
어찌 감당하겠는가

오판의 손
물로 씻은 빌라도
그 죄는
물로도 불로도
씻을 수 없는 죄다

이제
하늘 법정에 선
피고인 빌라도
하늘 아들
심판 앞에서
울며 이를 갈리라

▷▷▷▷

사람은 말을 하는 것이 어려울까 아니면 말을 듣는 것이 어려울까? 말을 듣는 것이 말을 하는 것보다 어렵다. 외국어를 할 때 말을 잘 알아듣지 못하면 말을 할 수 없다는 것을 경험한 사람은 말을 듣는 것이 말을 하는 것보다 어렵다는 것을 잘 안다. 어린 아이가 말을 배울 때 말을 하기 전에 먼저 말을 듣는다. 태아교육을 중요하게 생각하는 사람들이 있다. 임신부가 배 속에서 자라는 태아를 위해 좋은 음악을 듣는 것은 태아가 그 음악을 듣고 있다는 것을 알기 때문이다. 사람은 말을 듣는 것을 태아 때부터 시작하지만 나이가 들어서도 말을 듣는 것을 잘 하지 못한다. 말을 잘 듣지 못하면 사리판단을 할 수가 없고 말을 잘 할 수도 없다. 상대방의 말에 귀를 기울여 잘 들으면 그 사람의 마음을 얻을 수 있다는 말이 있다.

《성공하는 사람들의 일곱 가지 습관》을 쓴 스티븐 코비는 성공하는 사람과 성공하지 못하는 사람의 말하는 습관에는 뚜렷한 차이가 있다고 했다. 그는 그 중에서도 가장 중요한 것이 '경청하는 습관'이라 했다. 상대방의 말을 경청하지 못하면 성공하기 어렵다는 것이다. 특히 조직이나 국가를 이끌어가는 리더는 경청할 수 있어야 성공한 리더가 될 수 있다고 한다. 그러면 경청이란 무엇인가? 일반적으로 경청이란 귀를 기울여 잘 듣는 것을 말한다. 어떻게 하는 것이 귀를 기울여 잘 듣는 것인가? 상대방의 말을 무심하게 그저 듣는 것이 아니라 관심을 가지고 상대방이 전달하고자 하는 말의 내용과 그 동기와 정서를 파악하고 적절히 반응하는 것을 말한다. 이천여 년 전 로마 총독 빌라도는 하늘 아들의 말을 경청하지 않아 용서받지 못할 큰일을 저질렀다. 하늘 아들의 말씀을 귀를 기울여 경청했으면 하늘 아들을 믿고 구원받아 지금쯤은 하늘나라에서 영원한 기쁨을 누리고 있을 텐데 경청을 하지 않아 생명보다 소중한 기회를 날려버렸다.

　성전에서 하나님을 섬기는 대제사장들과 백성의 장로들이 하늘 아들을 잡아끌고 로마 총독 빌라도 관정으로 갔다. 빌라도는 유대 지도자들과 따라온 수많은 사람들을 보고 놀랐다. 무슨 큰일이 벌어진 줄 알았다. 하늘 아들을 정죄하기 위해 로마 총독 빌라도가 관정 높은 자리에 앉았다. 빌라도를 향해 외치는 수많은 죄인들의 소리가 들렸다. "십자가에 못 박으소서! 십자가에 못 박으소서!" 빌라도는 머리가 나쁜 사람이 아니었다. 한 나라를 힘으로 지배하는 대 로마제국의 총독 자리는 아무나 차지할 수 있는 것이 아니다. 빌라도는 하늘 아들이 깨끗하다는 것을 알고 있었다. 그러나 빌라도는 하늘 아들이 전하는 복음을 몰랐다. 그 복음에 영원한 생명의 길이 있다는 것을 몰랐다. 빌라도는 군중들의 힘에 스스로 무너졌다. 힘으로 차지한 권력이 죄인들의 힘에 눌려 거룩한 하늘 아들을 십자가 처형 앞에 내놓았다. 무리들이 요구하는 대로 죄가 없는 하늘 아들을 놓아주는 대신 민란을 일으키고 살인을 한 바라바를 놓아주었다. 사람이 하는 재판에 오심이 어찌 없겠는가마는 빌라도가 하늘 아들에게 내린 판결은 고의로 저지른 범죄였다. 빌라도는 오판했다는 것을 알고 무리들이 보는 앞에서 손을 씻으며 나는 무죄하니 너희가 당하라며 책임을 회피했다. 권력을 가진 자가 권력의 힘으로 내린 결정에 대해서는 권력에 합당한 책임도 져야 한다.

빌라도 관정에서 재판을 받기 위해 하늘 아들이 서 있는 자리에는 이 죄인이 서 있어야 했다. 피고인이 바뀐 것이다. 하늘 아들이 이 죄인의 모든 죄와 허물을 대신 담당하고 피고인의 자리에 서서 십자가 처형의 판결을 받은 것이다. 하늘 아들은 이 죄인의 죄 값을 치르기 위해 오판의 결과를 잠잠히 받아들이고 능욕과 수치를 당하며 십자가의 길을 갔다. 그러나 빌라도는 이제 하늘 아들이 심판하시는 하늘법정에 설 것이다. 이 땅에서는 하늘 아들이 죄인들의 죄를 대신 담당하고 빌라도에게 재판을 받고 십자가 처형의 형벌을 받았지만, 하늘의 심판대 앞에서는 죄인을 대신해서 심판받을 피고인이 없다. 그 곳에서는 아버지가 아들의 죄를 대신 담당할 수 없고, 아들이 아버지의 죄를 대신 담당하고 형벌을 받을 수도 없다. 빌라도는 자신의 죄에 합당한 심판을 받을 것이다. 그것은 영원한 멸망이요 지옥의 형벌이 될 것이다.

7-5

채찍 소리에

관정에 울리는
살을 찢는
채쩍 소리
흉악한 죄인이
징벌 받는 소리다

죄인들의 모든 죄
대신 맡은 하늘 아들
흉악한 죄인 되어
잔인한 채쩍질에
고운 살 찢기고
거룩한 피 쏟았다

하늘 아들 당하는
찢어지는 고통
부르짖는 아픔
바라보는 아버지
가슴 찢어졌다.

하늘 아버지여
이 죄인 어찌하라고
흠도 티도 없는
순결한 아들
잔인한 채쩍질
당하게 하시나이까

처참한 채쩍질에
흐르는 비명 소리
내 영혼 울리고
찢기는 거룩한 살
이 죄인의 아린 가슴에
사랑의 흔적 되게 하소서

▷▷▷▷

　　오드리 햅번(Audrey Hepburn)은 미국의 영화배우로 〈로마의 휴일〉, 〈티파니에서 아침을〉, 〈샤레이드〉 등에 주연으로 출연해 아름다운 미모로 현대의 요정이라 불리며 세계적인 사랑을 받았다. 오드리 햅번은 1929년 벨기에 브뤼셀에서 태어나 어릴 때는 불우하게 자랐다. 아기 때는 백일해에 걸려 죽음 직전에서 겨우 살아났다. 오드리 햅번의 아버지는 히틀러의 나치에 열광해 가족을 버렸기 때문에, 그녀는 런던에 있던 할아버지 댁에 맡겨져 외롭게 자랐다. 발레리나를 꿈꾸었지만 170cm나 되는 큰 키 때문에 발레리나가 될 수 없었다. 그러나 그녀는 무대에 서는 꿈을 버릴 수가 없었다. '지성이면 감천'이라는 말이 있듯이 우연한 기회에 브로드웨이 연극 팀에 참여한 것을 계기로 영화 〈로마의 휴일〉에 출연할 수 있는 기회를 얻었다. 남자 주인공은 세계적인 배우 그레고리 팩이었다. 오드리 햅번은 여자 주인공으로 출연해 아름다운 미모와 연기력으로 대 성공을 거두었다. 이 영화로 그녀는 아카데미 주연상을 받고 세계적으로 사랑받는 스타로 발돋움하게 됐다. 오드리 햅번은 독실한 기독교 신자다. 그녀는 60세를 바라보는 나이에 전 세계 불우아동을 돕고 있는 유니세프를 찾아가 친선대사로 활약할 것을 스스로 제안했다. 자신이 불우했던 시절 유니세프의 도움을 받은 은혜를 갚고 싶어서였다.

　　전쟁 피해아동과 저개발국 아동들을 도와주기 위해 세워진 유니세프 재단에서 그녀는 일 년에 1달러의 보수를 받으며 불우한 아동들이 사는 곳이면 어디든지 직접 찾아다녔다. 그녀는 굶주림과 질병으로 죽어가는 어린 아이들의 모습을 전 세계에 알리며 도움의 손길을 모았다. 오드리 햅번은 이렇게 호소했다. "불우한 어린 아이 한 명을 돕는 것은 축복이요 하나님이 주신 기회입니다." 그녀는 대장암에 걸렸다. 그럼에도 불행한 아이들을 도우러 다니는 일을 멈추지 않았다. 그동안 대장암이 온몸에 퍼져 그녀는 63세에 숨을 거두었다. 오드리 햅번이 투병 중에도 아이들을 돕기 위해 열심히 다니는 모습을 보고 어떤 사람이 물었다. "당신은 왜 자신을 그렇게 희생하면서까지 아이들을 돕는 것입니까?" 그녀가 말했다. "이것은 희생이 아닙니다. 희생은 자신이 원하지 않는 것을 위해 원하는 것을 포기하는 것을 의미하는 것입니다. 이것은 희생이 아니라 오히려 내가 받은 선물입니다." 오드리 햅번은 하늘 아들을 알았다. 하늘 아들이 그녀를 구원하기 위해 채찍에 맞았다는 것을 알았고, 십자가에 달려 물과 피를 다 쏟으며 지옥 고통을 당하다 화목제물이 됐다는 것을 알았다. 하늘 아들이 당한 고통과 죽음은 희생이 아니라 죄인을 구원하기 위해 스스로 택한 사랑이라는 것을 알았다. 하늘 아들의 사랑 가운데 살고 있는 사람은 그 사랑 때문에 고아와 과부와 나그네를 사랑하고 보살핀다.

하늘 아들이 죄인들의 손에 끌려 빌라도 관정으로 들어섰다. 빌라도 관정에는 하늘 아들을 십자가에 못 박으라는 소리가 하늘까지 울렸다. 로마 총독 빌라도는 하늘 아들이 죄가 없다는 것을 알았다. 그러나 사람들이 무리지어 소리 지르는 힘에 눌려 하늘 아들에게 십자가 처형의 형벌을 내리고 군병들에게 넘겨주었다. 십자가 처형은 채찍질에서 시작된다. 채찍에 맞은 후 자신이 못 박힐 십자가를 지고 골고다 언덕까지 가서 거기서 십자가에 못 박힌 후 그 십자가에 달려 물과 피를 다 쏟고 지옥 고통을 겪으며 서서히 죽게 되는 것이다. 로마 병사들의 채찍은 사람을 죽일 수 있을 정도로 잔인한 무기다. 튼튼한 가죽 끈의 끝에 쇠 조각이나 단단한 동물 뼈가 달려있어 휘두르는 채찍에 맞기만 하면 단번에 살점이 뜯겨나가고 핏줄이 터져 피가 사방으로 튀어나간다.

예루살렘 성 로마 총독이 머물던 관정이 있던 곳을 찾아갔다. 그 곳에는 당시 십자가 처형을 언도받은 흉악한 죄인이 채찍질 당하던 장소로 알려진 곳이 있다. 십자가 처형의 언도를 받고 채찍질 당하는 하늘 아들의 고통을 가슴에 담기 위해 채찍에 맞았던 장소 맞은편에 있는 대리석 위에 자리 잡고 앉았다. 눈을 감았다. 험악한 모습의 로마 병사들이 미친 듯이 웃고 조롱하며 하늘 아들의 등을 채찍으로 내려쳤다. 사납게 울리는 채찍소리에 살점이 날아가고 피가 튀고 비명소리가 울렸다. 하늘 아들이 채찍질 당할 때마다 이 죄인의 죄가 하나씩 떨어져 나갔다. 하늘 아들이 당하는 채찍질은 이 죄인의 죄 값으로 맞는 채찍질이었다. 하늘 아들이 당하는 채찍질 소리와 흘러나오는 비명소리가 내 영혼을 울리고 가슴속으로 파고들었다.

하늘을 보았다. 잔인한 채찍에 맞아 비명을 지르는 사랑하는 아들의 처참한 모습을 바라보는 하늘 아버지의 슬픔과 고통이 거기 있었다. 티도 없고 흠도 없는 순결한 아들이 험악한 채찍질을 당하고 있는데 왜 하늘 아버지께서는 침묵하고 계신 것일까? 하늘 아버지여, 이 죄인 어찌하라고 그 고통과 슬픔을 참고 지켜보고만 계십니까! 사랑하는 아들이 맞고 있는 채찍질 소리가 내 영혼을 울리고, 채찍에 맞은 자국이 이 죄인의 마음 판에 사랑의 흔적으로 남게 하소서! 이 죄인, 하늘 아들이 걸어간 십자가의 길을 벗어나 딴 길로 갈 때마다 사랑하는 아들이 맞는 채찍질 소리를 듣게 하시고, 마음 판에 새겨진 사랑의 흔적 찾아 돌아서게 하소서! 하늘 아들이 당한 채찍질 소리, 내뱉는 신음소리 사랑의 소리 되어 날마다 이 죄인의 심령을 울리게 하소서!

7-6
가시관

하늘 아들 머리에
씌운 가시관
저주받은 땅이
토해낸 가시다

가시관 가시
날카롭고도 길다
손가락 두 마디보다
긴 가시도 있다

머리에 씌운
가시관 가시
살갗 속 깊숙이
파고들어 간다

하늘 아들 머리
찌른 가시
왜 이렇게나
길고도 날카로울까

이 죄인이
써야 할 가시관
하늘 아들 머리
찌르고 파고들었다

사랑하는 아들
찌르는 고통에
하늘 아버지
가슴 떨렸다

하늘 아버지여!
어찌하여
사랑하는 아들
가시관 쓰게 하고

이 죄인에게
의의 면류관
생명의 면류관
쓰게 하십니까!

▷▷▷▷

　프랑스 파리에서 '평안'이란 주제로 아마추어 화가들이 참여하는 그림 대회가 열렸다. 많은 그림들이 출품됐다. 잔잔한 호수 위에 백조들이 평화롭게 놀고 있는 그림도 있었고, 농부들이 농사를 짓고 있는 조용한 시골 풍경을 그린 그림도 있었고, 소들이 들에서 한가하게 풀을 뜯고 있는 모습을 그린 그림도 있었다. 그런데 이 대회에서 대상을 받은 그림은 이런 그림이 아니었다고 한다. 그것은 의외로 산더미 같은 성난 파도가 바닷가의 깎아지른 절벽을 향해 몰아치고, 높이 솟아오른 부서진 파도가 절벽을 때리고 있는 장면의 그림이었다. 사람들은 왜 이 그림이 선정됐는지 이해할 수 없어 자세히 그림을 살펴보았다. 그 그림 속의 절벽 높은 곳 바위 사이에는 새의 둥지가 있었고, 그 둥지 안에는 어미 새가 날개 아래 품고 있는 아기 새의 평안한 모습이 그려져 있었다. 사람들은 어미 새의 품에 안겨 있는 아기 새의 평화로운 모습을 보고 비로소 참된 평안의 의미를 깨달을 수 있었다 한다.

　하늘 백성들의 평안은 무엇인가? 무사태평하게 놀고먹는 것이 아니다. 믿음과 열정으로 세상을 향해 도전하다가 고난과 시련을 당할 때 하늘 아버지의 그 크신 사랑의 날개 아래서 안식을 누리는 것을 말한다. 성도가 고난과 시련을 당할 때 세상에서 안식할 곳을 찾는다면 그는 어디에서도 안식할 곳을 찾을 수 없을 것이다. 하늘 아들이 로마 총독 빌라도에게 십자가 처형의 언도를 받고 채찍에 맞고 가시관을 썼다. 길고도 험한 날카로운 가시가 있는 가시나무가지를 엮어 만든 관이다. 가시관을 씌운 하늘 아들 머리를 날카로운 가시가 깊숙이 찔렀다. 하늘 아들이 극심한 아픔으로 몸을 떨었다. 왜 하늘 아들이 이런 고통을 당해야 하는가? 하늘 아들이 당한 고통 가운데는 하늘 백성들에게 주는 사랑과 평안이 들어 있었다. 그 가시관에는 영원한 멸망에서 영원한 생명을 얻을 수 있는 의의 면류관이 들어있었다.

하늘 아들이 로마 총독 빌라도에게 십자가 처형의 언도를 받고 채찍질을 당하고 가시관을 쓴 관정이 있던 곳의 길 맞은편에 기념품을 파는 가게들이 있다. 가게마다 하늘 아들 머리에 씌웠다는 가시관을 판다. 가시나무가지를 서너 개 엮어 머리에 씌울 수 있도록 둥글게 만든 관이다. 가시관을 기념으로 사 가지고 갈까 하는 생각이 언뜻 들어 가격을 물었다. 이스라엘 돈으로 20세켈이란다. 6천원이 조금 넘는 가격이다. 머뭇거리다 가지고 갈 방법이 여의치 않아 사진만 찍고 눈에 담아가기로 하고 발길을 돌렸다. 그러자 주인이 15세켈에 가지고 가란다. 그대로 가려 하자 다시 10세켈에 주겠다고 소리친다. 하늘 아들 머리에 씌운 가시관인데 고작 삼천 원이 조금 넘는 가격밖에 되지 않는다. 너무 싸다.

피조물인 세상의 왕들이 쓰는 왕관만 하더라도 엄청난 가격의 금·은·보석으로 장식돼 있어 얼마나 화려하고 아름다운가! 세상에서 가장 화려한 것으로 알려진 왕관은 영국 왕실의 왕관이다. 영국 왕가에서 대관식 때 사용하는 왕관은 성 에드워드 왕관과 제국왕관 두 개가 있다. 성에드워드 왕관은 순금 무게만 3kg이나 돼 너무 무거워 대관식 때 의식으로 국왕의 머리에 잠깐만 씌운다. 그리고 그 이후에는 제국왕관을 사용한다. 제국왕관은 백금 관에 2,783개의 다이아몬드, 277개의 진주,

17개의 사파이어, 11개의 에메랄드, 5개의 루비가 박혀 있다. 그리고 다이아몬드 중에는 309캐럿이나 되는 '제2의 아프리카 별'이 들어있고, 루비에는 170캐럿짜리 달걀만한 빨간 첨성석의 '흑태자 루비'도 있다. 그 밖에 화려한 왕관으로 알려지고 있는 것은 러시아 로마노프 왕조의 왕관이다. 이 왕관은 5,000개의 다이아몬드와 금·은·진주로 꾸미고 중앙에 400캐럿의 '흑태자 루비'가 있다. 그러나 세상을 창조한 하늘 아들 머리에는 날카로운 가시가 돋아있는 가시나무로 엮어 만든 관이 씌워졌다. 왜 하늘 아버지께서는 사랑하는 아들 머리에 험하고도 날카롭고 초라한 가시관이 씌워지는 것을 보고만 계셨을까? 그것은 하늘 아들 머리에 씌워진 가시관이 영광의 면류관이 아니라 이 죄인이 써야 하는 형벌의 관이기 때문이다.

하늘 아들이 쓴 가시관의 가시나무에 돋아난 가시가 어쩌면 이렇게 길고도 날카로울까! 작은 것은 가운데 손가락 한 마디를 넘고 긴 것은 두 마디를 넘는다. 가시관의 크기를 손가락을 펴서 가늠해 보았다. 지름이 가로 세로 각각 한 뼘을 조금 넘는다. 어지간한 머리에도 씌울 수 있는 크기다. 가시관을 머리에 씌워 누르면 날카로운 가시가 순식간에 머리 깊숙이 파고들 것 같다. 가시나무 가시가 왜 그렇게도 길고 날카롭고 단단하게 자랄 수 있었을까! 사람이 범죄한 후 죄가 세상에 들어왔고 이로 인해 땅이 하나님으로부터 저주받았을 때 토해낸 가시나무다. 흉악한 죄인의 머리에 씌워 가시가 찌르는 엄청난 고통을 당하도록 마련된 가시나무다. 그런데 왜 흠도 없고 티도 없는 하늘 아들이 가시관을 쓰고 험악한 가시에 찔려야 했는가! 내 죄 때문이다. 거룩한 하늘 아들이 이 죄인의 모든 죄와 허물을 담당하고 있었기 때문이다.

이 죄인이 써야 할 가시관을 하늘 아들의 머리에 씌우자 날카로운 가시가 살을 파고들며 찔렀다. 하늘 아버지께서 사랑하는 아들이 당하고 있는 아픔과 고통을 보고 있었다. 하늘 아버지의 가슴이 아픔으로 떨렸다. 하늘 아버지여! 이 죄인, 어찌하라고 사랑하는 아들이 이 죄인이 써야 할 가시관을 쓰고 험한 가시에 찔리도록 하셨나이까? 사랑하는 아들이 이 죄인의 죄와 허물로 인해 수치스런 가시관을 쓰고 고통을 당했기에 이 죄인은 의의 면류관을 쓰고 하늘나라 가는 길을 갑니다. 깨끗하지 못한 죄인이 갈 수 없는 거룩한 길을 갑니다. 그 길은 구속함을 입은 죄인이 가는 생명의 길이다. 세상의 왕들이 쓰는 왕관이 제아무리 비싸고 화려해도 그것은 죄인들이 자신의 권위와 힘을 자랑하기 위해 쓰는 관이지 생명의 길로 갈 수 있는 의의 면류관이 아니다. 그러나 하늘 아들이 쓴 가시관은 비록 싸고 보잘것없고 험한 것이지만, 거기엔 십자가 붙잡은 죄인이 쓰고 생명의 길로 갈 수 있는 의의 면류관이 담겨있다.

7-7

홍포

왕이여
왕이여
유대인의 왕이여
희롱으로 얼룩진
홍포 입힌
하늘 아들

아버지 뜻에 따라
하늘 영광 버리고
죄인 구원하러
이 땅에 온
사랑하는 아들

죄인들에게
뺨 맞고
침 뱉음 당하며
갈대를 들리고
희롱거리 되었다

하늘 아들에게
치욕의 홍포 입힐 때
이 죄인
거룩한 세마포
하늘 아들 옷 입었다

하늘 아버지여
이 죄인
어찌하라고
하늘 아들 옷
입히십니까!

홍포 입힌
하늘 아들
죄인들이 희롱할 때
세마포 입은
이 죄인
하늘 영접 받습니다

▷▷▷▷

왕이 국사를 처리하기 위해 시무할 때 입는 옷을 곤룡포라 한다. 왕이 입었던 곤룡포는 대홍색이나 황금색이었으며, 가슴과 등, 양어깨에는 용의 무늬를 금으로 수놓은 원보가 붙어 있었다. 곤룡포에 수놓은 용은 발톱수가 다섯인 오조룡이었다. 용의 모습도 왕과 왕비는 오조룡, 왕세자와 세자빈은 사조룡, 왕세손과 세손빈은 삼조룡의 보를 사용했다. 자유와 평등이 보장된 현대사회에서는 어떤 색상 어떤 문양을 새긴 옷을 입어도 누가 뭐라 시비할 사람이 없지만 과거 봉건적 계급사회에서 그렇게 생각하고 옷을 입었다면 큰일 난다. 특히 대홍색이나 황금색의 옷이나 용의 무늬가 들어있는 옷을 입으면 역적으로 몰려 죽는다. 하늘 아들이 로마 총독 빌라도로부터 십자가 처형의 언도를 받고 채찍질을 당하고 홍포를 입혀 희롱을 당했다. 붉은색 옷 홍포는 권력과 부를 상징하는 옷이다. 하늘 아들에게 홍포를 입힌 것은 왕으로 모시기 위한 것이 아니라 '유대인의 왕'이라 희롱하고 반역의 죄를 씌워 처형하기 위해서였다.

하늘 아들이 메시아로 이 땅에 왔다. 영원한 멸망의 길로 가고 있는 세상을 구원하기 위해 이 땅에 오신 것이다. 하늘 아버지를 섬기는 택한 백성들은 그들이 기다리던 메시아가 이 땅에 왔는데도 몰랐다. 하늘 아버지께서 보낸 메시아는 하늘의 눈으로 보아야 알아볼 수 있는데, 그들은 사람의 눈으로 보고 사람의 생각으로 판단했다. 특히 사람이 권력과 돈과 명예에 맛을 들이면 그것 때문에 사실을 왜곡하고 무죄한 사람을 사지로 몰아넣는 경우가 허다하다. 하늘 아버지의 이름으로 권력과 부와 명예를 누리고 있던 유대인의 지도자들이 그랬다. 하늘을 보지 못하니 하늘 아버지의 뜻을 알 수 없고, 하늘 아버지의 뜻을 알 수 없으니 하늘 아버지께서 보내신 사랑하는 독생자를 알아볼 수 없었다. 그래서 그들은 그들이 누리고 있는 것을 움켜쥐고 놓지 않기 위해 하늘 아들이 참람하다며 잡아 죽이기로 작정했던 것이다.

하늘 아버지를 섬기도록 세움 받은 대제사장과 장로들이 하인들을 보내 하늘 아버지의 사랑하는 아들을 잡아끌고 왔다. 그들은 움켜쥐고 누리고 있는 것을 놓기 싫어 하늘 아들을 어떻게 해서든지 죽이고 싶었다. 그러나 그들에게는 사람을 죽일 권한이 없었다. 세계를 지배하던 로마 제국은 피지배국의 특성을 어느 정도 인정했으나 사람을 죽일 권한은 주지 않았다. 그래서 그들은 하늘 아들을 잡아끌고 로마 총독에게 갔다. 로마 총독 빌라도가 하늘 아들을 심문했다. 죽일 만한 죄를 찾지 못했다. 대제사장과 장로들이 무리를 선동했다. 무리들이 외쳤다. "십자가에 못 박으소서! 십자가에 못 박으소서!" 빌라도는 소리를 질러대는 무리를 바라보며 민란이 일어날까 두려워하여 하늘 아들에게 십자가 처형을 언도했다. 로마 병사들이 하늘 아들을 채찍질하고 홍포를 입히고 갈대를 들리고 희롱했다. "왕이여, 왕이여, 유대인의 왕이여!" 하늘 아들에게 입힌 자색 옷, 홍포가 희롱과 멸시로 얼룩졌다.

사랑하는 아들이 죄인들에게 멸시와 희롱을 당할 때, 하늘 아버지 가슴이 아파 떨렸다. 누구를 위해 보낸 아들인가! 저들이 하늘을 바라보며 숫양을 잡아 번제를 드리고, 살진 짐승을 잡아 기름을 태워 향기로운 냄새를 올리고, 수송아지나 어린 양이나 숫염소를 잡아 그 피를 뿌리며 시시때때로 제사를 드렸지만 하늘 아버지께서는 저들의 악행으로 인해 드리는 제사가 이제는 싫다고 했다. 하늘 아버지는 저들의 악행을 더 이상 참고 견디지 못했다. 그러나 하늘 아버지께서는 택한 백성을 여전히 사랑해서 회개하고 돌아서도록 사랑하는 아들을 메시아로 이 땅에 보냈다. 그러나 이미 죄악에 깊이 빠져버린 저들이기에 하늘 아버지의 사랑을 알 수 없었고, 하늘 아들을 메시아로 받아들일 리가 없었다. 죄로 인해 영의 눈이 가리면 하늘 아버지를 볼 수 없고 아버지의 깊은 뜻을 깨달을 수 없게 된다.

하늘 아버지께서는 예나 지금이나 십자가에 달린 하늘 아들을 바라보며 가슴을 찢으며 회개하는 심령을 찾으시고 은혜를 베푸신다. 이 죄인이 십자가를 만났다. 그리고 하늘을 보았다. 십자가에 못 박기 위해 자색 옷을 입힌 하늘 아들, 희롱과 수치를 당하고 있는 사랑하는 아들을 바라보는 하늘 아버지를 보았다. 하늘 아버지의 슬픈 눈을 보았다. 하늘 아버지의 슬픔과 사랑이 내 심령에 밀려들어왔다. 하늘 아버지께서 이 죄인에게 은혜를 베푸셨다. 하늘 아들에게 치욕의 자색 옷이 입혀지고 희롱당할 때, 이 죄인에게는 거룩한 하늘 아들이 입는 세마포 옷을 입혀주셨다. 홍포를 입힌 하늘 아들이 멸시와 희롱을 당할 때, 이 죄인은 세마포 옷을 입고 존귀한 하늘 아들로 천군천사들의 영접을 받게 됐다는 것을 비로소 깨달았다. 회개하고 돌아온 죄인에게 베푸시는 하늘 아버지의 사랑과 은혜가 헤아릴 수 없이 크고도 깊고도 넓다는 것을 알았다.

7-8

하늘 보는 아들

그 피를
우리와 자손에게
외치는 소리에
십자가 처형 언도하고
손 씻은 빌라도

하늘 아버지
사랑하는 아들
빌라도를 외면하고
미친 백성 보지 않고
하늘을 보았다

아버지 눈물 보았고
아버지 아픔 알았다
하늘 아버지여
아버지 뜻 따르겠습니다
십자가 지겠습니다

십자가 지고 걷는 아들
아버지 슬픈 고통 되고
십자가 지고 쓰러질 때
아버지 가슴 무너졌다

하늘 아버지여
아버지 눈물
이 죄인의 눈물 되고
아버지 아픔
내 아픔 되게 하소서

아버지 뜻 다 이룬
십자가 사랑
그 사랑 붙잡고
그 사랑 베풀며
살게 하소서

▷▷▷▷

　사람들이 먹고 살만하니 미술품에 대한 가격이 하늘 높은 줄 모르고 치솟고 있다. 투자처를 찾지 못하고 있는 뭉칫돈이 몰려다니며 미술품 경매장을 놀라게 한다. 2015년 5월 세상을 놀라게 한 그림 값은 피카소의 〈알제리 여인들〉이었다. 당시 미술 경매사상 최고가에 낙찰됐는데 우리나라 돈으로 2천억 원 가까이 된다. 그리고 2016년 2월에는 지금까지 거래된 모든 대형 미술품을 무색하게 만든 거래가 이루어졌다. 바로 고갱이 타이티에서 그린 걸작 〈너 언제 결혼하니?〉였다. 이 그림은 카타르 왕가에 무려 3억 달러, 원화로 3천3백억 원 정도 되는 가격에 팔렸다.

　그런데 이 고갱의 그림을 가볍게 밀어재친 그림이 또 나타났다. 2017년 12월 8일 뉴욕 크리스티경매장에서 레오나르도 다빈치가 그린 예수님의 초상화 '구세주'라는 뜻의 라틴어 〈살바토르 문디〉가 4억5천3십만 달러, 한화로 약 5천억 원에 낙찰됐다. 이 그림은 옷의 가장자리에 심홍색의 띠를 댄 청색 옷을 입고 정면을 응시하고 있는 예수님이 왼손바닥 위에는 커다란 크리스털 구를 올려놓고, 오른손은 엄지, 검지, 중지 손가락을 위로 펴 하늘 복을 비는 모습을 그린 유화다.

　〈살바토르 문디〉가 왜 이렇게 비싼 값에 팔리게 된 것일까? 그림 속의 '구세주'의 모습 때문일까? 아니다. 예수 그리스도를 그린 그림은 세상에 널려있다. 이 그림도 1958년에는 런던 소더비 경매에서 불과 45파운드, 한화로 6만6천 원 정도에 팔린 적이 있다. '살바토르 문디'가 세상이 경악할 정도로 놀랄만한 가격에 팔린 것은 그림 속의 '구세주'의 모습 때문이 아니라 그림을 그린 레오나르도 다빈치의 명성 때문이다. 그림 속의 '구세주'의 모습에 대해 세상 사람들이 생각하고 있는 가격을 구태여 따져보자면 레오나르도 다빈치의 그림이 아닌 것으로 알려져 있을 때 런던 소더비 경매에서 낙찰된 가격에서 알아볼 수 있다. 이 그림 속의 예수님의 모습에 대한 가격은 런던 소더비 경매에서 낙찰된 가격에서 액자 값을 빼야 하니 6만6천 원도 되지 않는다. 세상 사람들이 이 그림 속의 예수님의 모습을 귀하게 생각하고 일억 원의 가치가 있는 것으로 판단만 해도 세상이 이렇게 죄로 만신창이가 되지는 않았을 것이다.

예루살렘 성 로마 총독 빌라도 관정이 있던 곳에 세워진 에케호모교회로 들어가면 정면에 하늘 아들 예수 그리스도께서 빌라도에게 십자가 처형을 언도 받고 십자가를 지기 위해 로마 병사에게 끌려 계단을 내려가고 있는 장면의 작품이 있다. 그 작품이 경매시장에 나오면 얼마에 팔릴 수 있을까? 하늘 아들이 세상 죄를 지고 십자가에 달리기 위해 로마 병사들에게 끌려가는 작품인데, 하늘 아들의 목숨과 하늘 아버지의 슬픈 고통이 담겨있는 작품이지만 사람들이 그 작품의 가치를 알아볼 수 있을까?

예루살렘 성 헤롯 안토니우스 요새의 로마 총독 관정이 있던 곳으로 들어가면 하늘 아들이 로마 병사들에게 채찍질 당한 곳에 기념교회가 세워져있다. 에케호모교회다. 총독 빌라도가 하늘 아들이 로마 군병들에게 옷이 벗겨지고 채찍질 당하고, 홍포가 입혀지고, 가시관이 씌어지고, 희롱당한 후 기진맥진해 서 있는 모습을 바라보며 "보라 이 사람이

로다" 즉 '에케 호모(Ecco Homo)'라 말했다고 해서 교회 이름이 에케호모 교회다. 교회 내부로 들어가면 정면 벽에 하늘 아들이 총독 빌라도에게 십자가 처형의 언도를 받는 장면을 조각한 작품이 있다. 그리고 정면 왼편에는 하늘 아들이 가시관을 쓰고 있는 모습의 동상이 세워져있고, 오른쪽 벽에는 뺨을 맞는 장면의 작품이 있다.

교회 정면 벽에 조각돼 있는 작품을 잔잔한 마음으로 찬찬히 살펴보았다. 그 작품 속의 오른쪽에는 로마 군병들이 지켜보고 있는 가운데 총독 빌라도가 무리들의 위협에 못 이겨 죄가 없는 하늘 아들에게 십자가 처형의 언도를 내리고 나는 무죄하다며 아이가 들고 있는 물그릇에 손을 씻고 있다. 왼쪽에는 유대인으로 보이는 어른과 아이, 두 사람이 큰 십자가를 힘겹게 세우고 있고, 중앙에는 십자가 처형의 언도를 받은 하늘 아들이 십자가를 지기 위해 로마 군병에게 끌려 계단을 내려오며 하늘을 바라보고 있다.

나는 그 작품 속에 있는 하늘 아들의 모습을 보고 울었다. 하늘 아들이 십자가 처형의 언도를 받은 후 가시관을 쓰고 홍포를 입고 두 손이 묶여 있는 상태에서 로마 병사에게 끌려 십자가 쪽으로 가기 위해 계단을 내려오며 하늘을 바라보고 있다. 하늘 아들에게서 죄를 발견하지 못했다는 빌라도에게 십자가에 못 박으라며 윽박지르고 그 피를 우리와 우리 자손에게 돌리라며 외치고 있는 하늘 백성들을 원망스러운 눈으로 보고 있지 않았다. 그리고 죄가 없다면서 십자가 처형의 언도를 내린 빌라도도 보고 있지 않았다. 하늘 아들은 어느 누구도 원망하지 않고 왜 하늘을 보고 있을까?

나도 하늘을 보았다. 거기 사랑하는 아들을 바라보고 있는 하늘 아버지가 있었다. 처참한 모습으로 십자가를 지러 가고 있는 아들을 바라보고 있는 전능하신 창조주 여호와가 있었다. 하늘 아들은 아버지 눈에서 눈물을 보았다. 하늘 아버지께서 슬픔과 고통을 참고 견디고 있는 모습을 보았다. 하늘 아들이 아버지를 바라보며 결단의 기도를 올렸다. "하늘 아버지여, 죄인을 구원하시려는 아버지의 뜻을 따르겠습니다. 택한 백성들이 세우고 있는 저 십자가를 지겠습니다. 그러나 저들이 알지 못하고 저지르는 죄이니 저들의 죄를 사하여 주옵소서!" 하늘 아들이 십자가를 지면서도 죄인들을 사랑으로 감싸는 모습을 보았다.

십자가를 지고 해골 언덕으로 가고 있는 사랑하는 아들을 바라보고 있는 하늘 아버지, 슬픈 고통으로 아파했고, 십자가 무게를 이기지 못해 쓰러질 때마다 채찍질 당하고 있는 아들의 처참한 모습에 하늘 아버지 가슴이 무너져 내렸다. 나는 하늘을 바라보며 두 손을 모았다. 하늘 아버지여, 주의 일 감당하기 힘들어 십자가를 의지할 때마다 아버지 눈물 바라보게 하소서! 하늘 아들 가신 길, 좁은 그 길 가다가 힘겨워 십자가를 붙잡을 때마다 아버지 슬픈 고통이 이 죄인의 가슴에 와 닿게 하소서! 그리하여 하늘 아들이 저주의 나무에 달려 지옥 고통 견디며 다 이루어 놓은 십자가 사랑 넉넉하게 받아 누리고, 그 사랑 전하며, 그 사랑 베풀며 살게 하소서!

고난의 길

십자가의 길은
생명의 주인이
잠잠히 걸어가신
고통과 치욕의 길
죽음의 길이다

하늘 아들이
고통의 길 가시니
이 죄인
평안의 길로 갑니다

하늘 독생자가
치욕의 길 가시니
이 죄인
영광의 길로 갑니다

하늘 어린 양이
화목제물 되어
죽음의 길 가시니
이 죄인
생명 길로 갑니다

죄인 된 하늘 아들
아버지를 아버지라
부르지 못하니
이 죄인이
아버지라 부릅니다

하늘 아버지여
이제야 이 죄인
하늘 아들 은혜로
아버지 사랑 깨닫고
아버지를 사랑합니다

▷▷▷▷

이런 이야기가 있다. 서울 시내에서 구두닦이를 하며 힘겹게 살아가던 어떤 청년이 하루는 돼지꿈을 꾸고 바로 다음 날 복권 한 장을 샀다. 그런데 그 복권이 1등에 당첨돼 50억 원을 받을 수 있게 됐다. 그 청년은 복권에 당첨된 것을 알고는 구두 닦는 것을 즉시 그만두고 집으로 향했다. 평소와 같이 구두 통을 메고 걸어서 한강다리를 건너 집으로 돌아가는데 복권당첨을 생각하니 너무 기분이 좋아 펄쩍 펄쩍 뛰고 달리며 고래고래 소리를 질렀다. "나는 부자가 됐다! 나는 부자가 됐다!" 그러다가 어깨에 매고 있는 구두 통을 보았다. 지금까지 그가 애지중지하던 손때 묻은 구두 통이다. 그를 먹여 살려주던 구두 통이 여전히 어깨에 걸려있었다. 그러나 이젠 보기가 싫었다. 지금 내가 왜 이걸 매고 있지, 이제 나는 엄청난 부자가 됐는데! 이 청년은 이제 구두 통이 필요 없다는 생각이 들었다. 그래서 지금까지 그와 함께 동고동락하던 구두 통을 한강으로 던져 버렸다. 그리고 "잘 가거라. 구두 통아!" 통쾌하게 웃으며 "나는 부자다!" 다시 한 번 크게 소리 질렀다. 그 순간 이 청년은 '아차' 하는 생각이 들었다. 그러고는 땅에 털썩 주저앉았다. 그리고 땅을 치며 통곡했다. 복권이 사라져버린 것이다. 이 청년은 복권을 구두 통 속에 넣어 두었던 것을 까맣게 잊어먹고 그 구두 통을 한강으로 던져버린 것이다. 소중한 것은 소중하게 생각하고 소중하게 간직해야 하는데 그것을 던져버린 것이다.

하늘 아버지께서 죄인들을 구원하기 위해 사랑하는 독생자를 이스라엘 땅에 사람의 몸으로 보냈다. 그 분이 바로 이스라엘 백성들이 기다리고 기다리던 메시아 즉 그리스도이신 예수님이었다. 이스라엘 백성들은 예수 그리스도로 말미암아 영원한 멸망에서 영원한 생명을 얻을 수 있게 됐다. 그러나 그들은 하늘 아버지께서 보내주신 엄청나게 소중한 선물을 던져버렸다. 탐욕으로 눈이 가려 하늘 것을 보지 못하고 영원한 생명을 놓쳐버렸다. 그들은 하늘 복음을 전하는 하늘 아들을 멸시하고, 희롱하고, 십자가를 지워 골고다 언덕까지 끌고 가 십자가에 못 박아버린 것이다.

이스라엘 땅 예루살렘에 있는 '비아 돌로로사' 즉 '십자가의 길'은 로마 총독 관정이 있던 헤롯 안토니우스 요새에서 시작해 골고다 언덕에서 끝난다. 멀지 않은 길이다. 대략 800m정도밖에 되지 않는 길이다. 육상선수들이 2분 내로 뛸 수 있는 거리다. 그러나 하늘 아들이 걸어간 십자가의 길은 한 걸음 한 걸음이 세상의 모든 죄를 지고 걷는 고통의 길이었다. 한 걸음 한 걸음이 천근만근이었다. 그 길은 세세토록 영광 받으실 하늘 아들이 로마 병사들의 채찍에 맞으며 온갖 모욕과 수치를 당하며 걸어가신 길이다. 그 길은 생명을 주기도 하고 거두어가기도 하는 생명의 주인이 생명을 걸어놓고 걸어간 죽음의 길이다.

나는 예루살렘에 머무는 동안 하늘 아들이 걸어가신 십자가의 길을 수십 번 걷고 또 걸었다. 협소한 길에 사람의 물결이 넘쳐나고 장사꾼들이 외치는 소리로 가득 메워진 십자가의 길을 걷고 또 걸었다. 하늘 아들이 당한 고통과 수치를 느껴보고 싶었다. 그러나 그 길은 걸으면 걸을수록 이 죄인에게는 고통의 길이 아니라 평안의 길이라는 것을 깨달았다. 죄로 인해 겪어야 할 지옥 고통은 사라지고, 하늘 아버지께서 부어주시는 평안이 밀려들어 오는 길이었다. 하늘 아들이 이 죄인이 겪어야 할 지옥 고통을 온몸으로 감당하며 그 길을 가셨기에, 이 죄인은 평안히 하늘나라 가는 길로 가게 된 것이다.

하늘 아들이 십자가를 지고 간 길은 치욕의 길이었다. 다른 두 행악자들과 함께 행악자로 처형되기 위해 십자가를 지고 로마 군병들에게 끌려가는 길이었다. 수많은 사람들로부터 하늘 아들이 십자가에 못 박혀 죽어야 할 행악자라 손가락질 당하며 걸어가야 했던 수치의 길이었다. 하늘 아들이 십자가를 지고 치욕의 길을 가는 모습을 바라보는 큰 무리의 여자들이 가슴을 치며 슬피 울었다. 하늘 아들이 온갖 모욕을 당하며 그 길을 가지 않았으면 이 죄인이 온갖 수치를 당하며 걸어가야 할 길이다. 하늘 아들이 치욕을 당하며 십자가의 길을 가셨기에, 이 죄인은 천군천사들의 영접을 받으며 영광스러운 길을 가게 된 것이다.

하늘 아버지께 화목제물이 되기 위해 하나님의 어린 양이 십자가를 지고 끌려가고 있었다. 하늘 아버지와 원수 됐던 죄인이 하늘 아들이 될 수 있는 길을 열어 가고 있었다. 이제 거룩한 제물로 드려질 어린 양은 하늘 아버지 앞에서 죽임을 당해 그 피가 제단 사방에 뿌려지게 될 것이다. 죽음의 길에서 생명의 길을 열어가는 속죄의 피가 뿌려질 것이다. 영원한 생명의 하늘 아들이 화목제물이 돼 죽음의 길을 가시니, 영원한 죽음의 길로 가야할 이 죄인이 영원한 생명의 길로 가게 된 것이다.

십자가에 달린 사랑하는 아들이 하늘 아버지를 아버지라 부르지 못했다. 거룩한 하늘 아들이 죄인의 모든 죄와 허물을 담당하고 있었기 때문이다. 죄인 아닌 죄인이 돼 죄 값을 치러야 하기 때문이다. 하늘 아들이 하늘 아버지를 아버지라 부르지 못하고 거룩한 제물이 되었으니, 십자가의 은혜로 이 죄인이 이제 하늘 아버지를 아버지라 부르게 된 것이다.

하늘을 바라보았다. 사랑하는 아들이 아버지의 뜻을 이루기 위해 흉악한 죄인이 돼 십자가에 달려 죽어가는 처절한 모습을 바라보는 하늘 아버지의 고통스런 얼굴을 보았다. 그리고 하늘 아버지께 이렇게 고백했다. "하늘 아버지여! 이 죄인이 하늘 아버지를 아버지라 부를 때, 이 죄인을 바라보시는 아버지의 눈에서 사랑을 보았습니다. 십자가에 달린 독생자를 버리신 하늘 아버지의 아픔과 이 죄인에게 부어주시는 한량없는 사랑을 보았습니다. 하늘 아버지여, 이제야 이 죄인이 아버지를 참으로 사랑하나이다!"

<h1 style="text-align:center">7-10</h1>

<h1 style="text-align:center">도살장으로</h1>

십자가에
못 박으소서
십자가에
못 박으소서
그 피를
우리에게 돌리소서

죄인들이
부르짖는 소리
땅에 가득할 때
하늘 아들이
저주의 십자가
지고 걸었다

도살장으로
잠잠히 끌려가는
하나님의 어린 양
죄인들 죄 모두 지고
죽음의 길로 갔다

해골 언덕 가는
십자가의 길이다
하늘 아들이
죄인 되어 열어놓은
생명 길이다

아들 목숨으로
열어놓은
거룩한 길
하늘 아버지
만나는 길이다.

▷▷▷▷

인생은 항해하는 배와 같다고 한다. 항해를 하기 위해서는 목적지를 알아야 하고, 목적지에 정확하게 도착하기 위해서는 길을 안내하는 항법장치가 있어야 한다. 인생의 목적지는 어디인가? 목적지를 바로 가기 위해 길을 안내하는 항법장치는 무엇인가? 사람은 누구나 인생 항해가 끝나면 죽음의 언덕을 만나게 되고 그 언덕을 넘어야 한다. 그리고 새로운 목적지로 가야 한다. 새로운 목적지는 천국과 지옥뿐이다. 천국 즉 하늘나라는 하나님이 의롭다고 인정하는 사람만이 갈 수 있는 곳이고, 지옥은 하늘나라에 들어갈 수 없는 모든 사람들이 가기 싫어도 가야 하는 곳이다. 지옥은 가만히 있어도 가는 곳이니까 항법장치가 필요 없지만 하늘나라에 가기 위해서는 길을 안내하는 항법장치가 필요하다. 하늘나라에 갈 수 있는 항법장치는 무엇일까? 그것은 바로 하늘 아들, 예수 그리스도께서 달린 십자가다.

로마 총독 관정에서 난리가 났다. 유대인의 대제사장과 장로들이 하늘 아들을 십자가에 못 박기 위해 잡아끌고 로마 총독 빌라도에게 왔으나 총독이 죽일만한 죄를 발견하지 못했다며 방면하려 하자 무리들을 선동해서 소란을 피우게 했다. 옛날이나 지금이나, 동양이나 서양이나 죄인들이 사는 곳에서는 음모와 선전과 선동이 있게 마련이다. 무리들이 흥분하기 시작했다. 왜 그렇게 해야 하는지 알지도 못하고 선동하는 사람들과 함께 소리치기 시작했다. "십자가에 못 박으소서! 십자가에 못 박으소서!" 흥분한 무리들이 외치는 소리에 빌라도가 주눅이 들었다. 십자가 처형을 언도하지 않으면 무리들이 폭동이라도 일으킬 기세다. 권력을 가진 자는 힘에 약하다. 제압할 수 있는 힘이 넉넉하지 않으면 밀리게 돼 있다. 빌라도는 하늘 아들에게 십자가 처형을 언도하고 병사들에게 넘겼다.

하늘 백성들이 하늘을 두려워하지 않았다. 저들이 어찌하여 하늘 아버지의 사랑과 은혜를 망각하고 하늘 아버지의 진노를 자신과 자식들에게 돌리라고 부르짖으며 원하고 있는가! 이 일을 어찌 감당하려고 그러는가! 하늘 아들의 피가 어떤 핀데 그 피 값을 감당하겠다고 미쳐서 날뛰고 있는가! 암탉이 새끼를 모아 그 날개 아래 품듯이 하늘 아버지께서 택한 백성들을 불러 모아 그 품에 품고 사랑과 은혜를 베풀기를 원했으나 저들은 아버지의 품을 싫어하고 아버지 가슴에 못을 박고 있는 것이다. 하늘 백성들이 하늘을 보지 못하고 땅의 것을 좇아가며 감당하지도 못할 일을 저지르고 있는 것이다. 하늘 아들을 십자가에 못 박으라는 소리가 빌라도 관정을 넘어 예루살렘과 사마리아와 땅 끝까지 울릴 때 하늘 아들이 저주의 나무를 지고 죽음의 길을 걸어갔다.

하늘 아들이 왜 할 말이 없겠는가! 택한 백성들을 바라보며 내가 누구인지, 그리고 얼마나 너희를 사랑하는지 아느냐고 타이르며 하늘능력을 보여주고 굴복시킬 수도 있었다. 아니면 열두 영을 불러 하늘의 능력으로 저들을 싹쓸이 하듯이 깨끗이 쓸어버리고 따르는 제자들을 불러 모아 새로운 나라를 만들 수도 있었다. 그러나 하늘 아들은 도살장으로 끌려가는 어린 양과 같이 잠잠히 십자가를 지고 죽음의 길을 걸어갔다. 왜 그렇게 험난한 고난의 길을 택해 저주의 나무에 달려 수치와 모욕을 당하고 지옥 고통을 겪으며 처절하게 죽어야 했는가? 십자가의 길이 사랑하는 하늘 아버지로부터 버림받는 길이라는 것을 알면서도 왜 그 길을 택하고 털 깎는 자 앞에 서 있는 양과 같이 잠잠했는가?

십자가의 길은 사랑과 은혜의 길이다. 나 같은 죄인을 사랑해서 구원의 은혜, 생명의 은혜, 하늘 아들이 될 수 있는 은혜를 베풀기 위해 택하신 길이다. 하늘 아들은 이 땅에 와서 힘과 능력을 보여주며 영광과 존귀를 받으러 온 것이 아니다. 하늘 아들은 하늘 보좌에 가만히 앉아만 있어도 만물이 그 발아래 복종하며 세세토록 영광을 받으실 분이다. 그러나 하늘 아들이 고난의 길, 십자가의 길을 가지 않으면 이 죄인이 영원한 멸망의 길, 지옥 형벌의 길을 갈 수밖에 없다. 하늘 아들이 십자가를 지고 해골 언덕으로 가는 길은 영원한 생명의 길, 하늘나라 가는 길이다. 그 길은 하늘 아들이 흉악한 죄인이 돼 십자가에 못 박히지 않으면 열리지 않는다. 하늘 아버지께서 죄인인 우리를 사랑하시고 만나고 싶어 하신다. 그러나 죄인이 어찌 거룩하신 하늘 아버지를 만날 수 있겠는가! 하늘 아들이 화목제물로 십자가에 달려 죽어야 죄인인 우리에게 하늘 아버지를 만날 수 있는 길이 열리는 것이다. 하늘 아버지께서 사랑하는 백성들을 만나기 위해 기다리고 있는 하늘나라로 갈 수 있는 길이 열리는 것이다.

7-11
골고다

하늘이 내려다보고
땅이 잘 볼 수 있도록
태초부터 마련해 둔
골고다

죄인 중의 죄인
흉악한 죄인
십자가에 매달아
처참하게 죽이는
골고다

십자가에 달린
거룩한 하늘 아들
죄인들이
비웃으며 저주하던
골고다

하늘 아버지
십자가에 달린
사랑하는 아들
눈물로 지켜보던
골고다

하늘사랑
깨달은 죄인이
십자가 붙잡고
눈물로 찾아오는
골고다

십자가 앞에서
가슴 치는 죄인의
죄를 씻어주는
거룩한 피가 흐르는
골고다

▷▷▷▷

'백합(lily)'은 4월의 꽃이다. 백합은 나리 과에 속하며, 나리는 백합에 대한 우리말로 모든 백합을 총칭하는 말이다. 백합은 말 그대로 순결, 결백, 존엄 등을 나타내는 꽃이다. 백합을 보는 사람마다 백합의 자태에서 이 말들이 얼마나 잘 어울리는지 느낄 수 있다. 그리고 백합은 그 꽃 자체가 나무랄 데 없이 아름다워 대부분의 사람들이 좋아한다. 백합은 우리나라 사람들이 장미와 함께 가장 좋아하는 꽃이다. 희고 청결하고 당당한 모습 때문에 성전 꽃꽂이에 없어서는 안 될 꽃이다. 그리고 꽃말대로 백합은 순결하고 결백해 보이기 때문에 결혼식 꽃 장식에도 많이 쓰인다. 성경에는 백합화가 많이 등장한다. 아가서 기자는 순결한 신부로 노래했고, 호세아는 이스라엘이 백합화같이 피겠다 했으며, 이사야는 메시야가 오실 때 사막이 백합화같이 즐거워할 것이라 예언하고 있다.

이천여 년 전 골고다 언덕에 순결하고 결백한 백합화가 피었다. 세상 죄를 모두 지고 하늘 아버지의 거룩한 뜻을 다 이루어 낸 십자가 아래 한 송이 백합화가 피었다. 죄인들로부터 멸시와 희롱과 저주를 받으며 하늘 아버지의 고통과 눈물로 자라난 꽃이다. 하늘 아버지께 모든 영광을 돌리며 하늘을 바라보고 있는 하얀 꽃이다. 백합화가 하늘을 가리키며 바라보고 있다. 하늘 아들이 다 이루어낸 하늘나라다. 골고다 언덕에 핀 백합화는 찾아온 죄인들에게 하늘나라를 가리키며 그 나라 가는 길, 영원한 생명의 길을 알려주고 있다.

골고다 언덕은 죄인들 중에서도 흉악한 죄인을 십자가에 매다는 곳이다. 나무 십자가 위에 사형수를 눕혀 놓고 좌우로 벌린 손과 포개놓은 두 발에 쇠못을 박은 후 십자가를 세워 고정시킨다. 십자가에 매달린 사형수는 살이 찢기고 피를 서서히 흘리며 심장이 터질 것 같은 지옥 고통을 당하며 처참하게 죽어간다. 그 곳이 골고다 언덕이다. 흠도 없고 티도 없는 하나님의 어린 양이 흉악한 죄인들과 같이 십자가에 못 박혀 죽은 곳이다. 영원한 지옥 형벌을 받아야 할 죄인들이 거룩한 하늘 아들이 달린 십자가를 바라보며 "네가 만일 하늘 아들이면 내려오라"며 머리를 흔들고 모욕하며 희롱하던 언덕이다. 죄인들의 죄를 지고 십자가에 달린 하늘 아들이 죄인들로부터 저주받으며 "성전을 사흘 만에 지어보라" 비웃음을 당하던 곳이 골고다다.

이 죄인, 하늘 아들이 십자가에 달려 처참하게 죽은 골고다 언덕을 찾아갔다. 골고다는 지금은 예루살렘 성 안에 있지만 이천여 년 전에는 예루살렘 성 밖에 있던 언덕이었다. 그렇게 높지 않은 언덕이다. 그러나 하늘이 볼 수 있고, 땅이 잘 볼 수 있는 언덕이다. 골고다는 하늘 아버지께서 임재하시도록 지은 예루살렘 성전에서 얼마 되지 않은 곳에 있다. 예루살렘에 도착한 날 제일 먼저 성 안에 있는 비아 돌로로사 길을 따라 걸으며 하늘 아들이 십자가에 못 박혀 달려 죽은 골고다 언덕을 찾아갔다. 내 죄 때문에 거룩한 하늘 아들이 흉악한 죄인과 같이 십자가에 못 박혀 달려 죽은 험악한 언덕이다. 골고다 언덕에서 내 죄가 얼마나 흉악한지 알고 싶었다. 하늘 아들이 달린 십자가를 붙잡고 땅을 치며 가슴을 찢으며 회개하러 찾아갔다. 골고다 언덕에서 사랑하는 아들이 십자가에 달려 찢기며 지옥 고통을 당하는 모습을 눈물로 지켜보던 하늘 아버지를 만나고 싶었다. 하늘 아버지 사랑 따라 찾아온 이 죄인, 골고다에서 하늘 아버지께서 버리신 사랑하는 아들이 달린 험한 십자가를 가슴에 품고 돌아가고 싶었는데, 그곳에는 처참한 해골 언덕이 없었다.

예루살렘 성이 온갖 풍상을 겪으며 확장된 관계로 골고다는 성 안에 있게 됐고, 거기다 주변에 집들이 들어서고 하늘 아들이 못 박혀 죽은 곳에는 교회가 세워져 있었다. 성분묘교회(Church of the Holy Sepulchre)다. 골고다 언덕을 깎아서 그 위에 교회를 지었다 한다. 하늘이 볼 수 있고 땅이 잘 보도록 태초에 마련해둔 골고다 언덕인데 사람들이 깎아 다듬어버리고 그 위에 웅장한 교회를 지어 덮어 씌어버린 것이다.

그래도 예루살렘까지 왔으니 사람들이 다듬어놓은 골고다라도 보고 싶었다. 골고다 언덕을 깎아 그 위에 세운 교회 안으로 들어갔다. 2층에는 하늘 아들이 달려 죽은 십자가가 세워졌던 바위가 있고, 1층에는 하늘 아들의 시신을 아리마대 요셉이 염을 한 후 세마포로 쌌다는 장소가 있다. 1층 안으로 더 들어가면 하늘 아들의 시신을 안치했던 무덤이 나온다. 1층이나 2층이나 수많은 사람들이 북적거리며 줄을 서서 기다리고 있다. 하늘 아들이 죽은 흔적을 만져보고 확인하고 싶은 것이다. 나는 먼저 2층으로 올라갔다. 2층에는 하늘 아들이 십자가에 못 박혀 누워있고 옆에서 지켜보고 있는 어머니 마리아의 모습이 그려진 그림과 제단이 있는데 이곳이 하늘 아들이 십자가 나무 위에 눕혀져 못 박힌 자리라 한다. 그리고 그 옆쪽에 하늘 아들이 십자가에 매달려 있는 모습의 커다란 조각이 세워져 있고, 십자가가 세워진 밑 부분에 투명 아크릴

로 감싼 바위가 있다. 그곳이 하늘 아들이 달린 십자가가 세워진 곳이
라 한다.

기다리는 사람이 너무 많아 줄에서 벗어나 한동안 그 곳의 모습을 조
용히 지켜보며 묵상하다가 돌아섰다. 두 번째 날에도 대기하는 사람이
많아 묵상만 하다가 그냥 돌아갔다. 세 번째 날에는 일찌감치 서둘러 2
층으로 올라가니 기다리는 사람들이 적어 줄을 섰다. 기다리는 동안 벽
에 그려진 그림들을 보았다. 하늘 아들이 십자가에 못 박혀 누워있는
장면부터 죽은 후 십자가에서 내리는 모습과 내린 후 새하얀 천으로 덮
여 있는 평상 위에 뉘어있는 모습과 하얀 세마포로 싼 시체를 옮기는 모
습이 담긴 그림들이다. 그림들이 너무 화려하다. 죄인들로부터 저주 받
으며 처참하게 죽은 하늘 아들의 모습은 없었다. 어느 부잣집 아들이
죽어 장사지내는 모습 같다. 하늘 아들은 그런 융숭한 대접을 받으며
죽은 것이 아닌데 사람들이 보기 좋으라고 그린 그림 같다.

줄을 서서 30분 넘게 기다렸다. 하늘 아들이 달린 십자가 밑에 큰 탁
자 모양으로 마련된 장소가 있다. 그곳에 머리를 숙이고 들어가면 아크
릴로 씌워진 바위를 볼 수 있다. 그 바위가 하늘 아들이 달린 십자가가
세워진 곳이다. 차례가 돼 나도 들어갔다. 아크릴 위에 손을 얹고 기도
했다. 처참한 모습의 골고다를 생각하며 잠깐 묵상하고 나왔다. 많은
사람이 줄을 서서 기다리니 지체할 수 없었다.

1층으로 내려왔다. 1층 입구에 있는 하늘 아들이 죽은 후 염을 하고
세마포로 쌌다는 곳에도 많은 사람들이 손을 얹고 기도하고 있었다.

그곳을 지나 교회 안으로 더 들어가면 하늘 아들의 시체를 안치했다는 무덤이 나온다. 바위를 파서 만든 무덤인데 갈 때마다 인산인해다. 기다릴 엄두가 나지 않았다. 다음 날 일찍 그곳으로 갔다. 그래도 줄을 서서 기다린 지 한 시간이 지나서야 무덤 안으로 들어갈 수 있었다. 무덤 안에는 방 같은 공간이 두 개 있다. 무덤 입구 방에는 촛불이 켜져 있는데 일곱 명이나 여덟 명 정도 들어갈 수 있는 공간이다. 그 다음 방이 세마포를 싼 시체를 안치해 둔 곳이다. 시체가 안치된 곳에는 네 명씩 들어간다. 무덤 안으로 들어가 첫 번째 방에서 대기하다가 시체를 두는 곳으로 들어갔다. 시체를 올려놓는 자리는 돌을 깎아 만든 상이다. 길이는 어른이 두 팔을 벌린 것보다 서너 뼘 더 길고, 폭은 한 팔의 길이보다 조금 더 길다. 참배하러 들어온 네 사람은 나란히 돌상 앞에 꿇어앉아 기도하고 나온다. 주어진 시간은 3분 정도 되는 것 같다. 시간이 지체되면 관리하는 성직자가 빨리 나오라고 독촉한다. 기다리는 사람들이 너무 많으니 어쩌겠는가! 시간에 쫓겨 무덤 밖으로 나왔다.

나는 왜 골고다를 찾아왔는가! 그리고 왜 무덤 안을 보려고 그렇게도 오래 참고 기다렸는가! 십자가가 세워진 골고다 바위에서도, 시체가 안치된 무덤 안에서도 내가 보고 싶어 하던 내 죄의 비참한 모습을 찾아볼 수 없었다. 교회 밖으로 나와 하늘을 보았다. 사랑하는 아들이 십자가에 달려 처참하게 죽어가는 모습을 바라보는 하늘 아버지의 모습을 보았다. 눈이 눈물에 상하고 창자가 끊어지고 간이 쏟아지는 아픔을 견디며 사랑하는 아들의 죽음을 외면하고 있는 아버지의 모습을 바라보았다. 하늘 아버지의 처절한 모습 속에서 나는 비로소 내 죄가 얼마나 크고 비참한지를 깨달았다.

험한 골고다가 없다

이 죄인
하늘 아들이 못 박혀
달린 십자가 만나러
골고다를 찾아갔다

멀고 먼
하늘 길 날아
거룩한 성
예루살렘으로 갔다.

세상소리 요란한
골고다 가는 길
미아처럼 돌고 돌아
골고다 찾아갔다

흉악한 죄인
십자가에 매다는
험한 골고다가
보이지 않는다

처참한 해골언덕
가슴에 담으러
찾아 왔는데
골고다가 없다

웅장하고
화려한 탐심이
험한 골고다를
삼켜버렸다

하늘 아들 달린
험한 골고다는
십자가 붙잡은
심령 속에 있었다

▷▷▷▷

　서울시 마포구 합정동에 '양화진 외국인선교사묘원'이 있다. 이 묘원은 1890년 7월 조선정부의 배려로 양화진 언덕 일대에 조성됐다. 설립 목적은 이렇다. '외국인 선교사의 분묘를 보전하고 관리하여 우리나라에 그리스도의 복음을 전한 고인들의 사랑과 희생정신을 기림을 목적으로 한다.' 그러나 세월이 흘러가면서 이 묘원에는 선교사뿐만 아니라 한국에서 죽은 외국인들도 묻히기 시작했다. 현재 안장된 자는 총 15개국 417명인데 이 중 선교사는 145명이다. 이 묘원은 미국 장로교의 의료 선교사로 이 땅에 와서 선교 활동하다가 전염성 이질로 죽은 '헤론'을 묻기 위해 우여 곡절 끝에 조선정부로부터 허락 받았다. 복음을 들고 이 땅을 찾은 선교사들 중에는 의료봉사나 교육으로 이바지한 사람들이 많았다. 연세대학의 전신인 연희전문학교를 세운 언더우드 일가, 배재학당과 이화여전을 세운 아펜젤러 일가, 대한매일신보를 창간한 영국인 베델과 같은 사람들이 좋은 예다. 선교사들은 이 땅에 하나님의 말씀을 심고 의료봉사와 교육이라는 밑거름을 주어 복음의 씨앗이 잘 자라도록 가꾸었다. 이 묘원에 묻힌 선교사들이 있었기에 이 땅에 기독교가 이렇게 부흥될 수 있었고, 이제 천만 명에 이르는 사람들이 구원의 반열에 들어설 수 있게 됐다. 이 묘원은 복음을 전하기 위해 이 나라를 땅 끝으로 알고 아비 집을 떠나 피와 땀과 눈물을 뿌리며 젊은 생애를 기꺼이 바친 하나님의 사람들이 잠들어 있는 곳이다. 이들은 일찍이 주님의 사랑을 알았고, 그 주님을 사랑해서 하늘 말씀 들고 이곳까지 찾아와 복음을 전하다가 묻힌 사람들이다. 그러나 십여 년 전 이 묘원을 찾았을 때는 퇴락해 가고 있었다. 특히 이름 없이 빛도 없이 이 땅에 와서 모든 여생을 쏟아 부으며 복음을 전한 선교사들의 묘원이 다른 묘원보다 더 심하게 퇴락돼 있는 모습을 보고 가슴이 아팠다.

복음의 꽃은 이렇게 험한 환경 속에서 피는 모양이다. 복음의 시작이 그랬기 때문에 당연한 것인지도 모른다. 하늘 아들이 걸어가신 십자가의 길은 평탄하고 즐거운 길이 아니다. 특히 흉악한 죄인을 십자가에 매달아 죽이는 골고다언덕은 처참하고 험한 곳이다. 복음의 꽃이 십자가가 세워진 험한 언덕에서 피기 시작한 것이다.

골고다 언덕은 특별한 일이 없으면 가지 않는 험악한 곳이었다. 흉악한 죄인을 십자가에 못 박아 매달아 놓고 심장이 터질 것 같은 고통을 느끼며 물과 피를 다 흘리고 목숨이 끊어질 때까지 방치해 두는 곳이다. 주인이 없는 시체가 방치된 채 썩어 해골이 돼 쌓인 곳이라 해서 해골 언덕이라 부르는 곳이다. 우리도 어릴 때는 귀신이 나온다고 해서 공동묘지에는 가지 않았다. 그런데 여기저기 해골이 보이는 골고다 언덕에 누가 가고 싶어 하겠는가! 하늘 아들이 나 같은 죄인을 구원하려고 험한 해골언덕에서 흉악한 강도 둘과 함께 조롱받으며 십자가에 달려 살이 찢기고 물과 피를 다 쏟으며 죽어갔다. 나는 험악하고 처참한 해골언덕을 보고 싶었다. 그리고 가슴에 담고 싶었다. 그래서 그곳을 찾아 나섰다. 멀고 먼 하늘 길을 13시간 동안 날았고 공항에서 승용차로 한 시간 정도 달려서야 골고다가 있는 예루살렘 성에 도착할 수 있었다.

예루살렘 성은 사방 둘레가 4km 정도밖에 되지 않지만 길이 좁고 미로 같아 초행인 순례자들은 길을 찾기가 쉽지 않다. 예루살렘 성은 큰 시장

같다. 길에는 물건을 사러 온 사람들과 순례자들로 언제나 붐빈다. 팔 물건이 있으면 어른이나 아이들이나 물건을 가지고 나와 길에까지 펼쳐 놓고 싸게 판다고 소리를 질러댄다. 길도 미로 같고 물건을 사라고 외치는 소리에 정신이 나가 길을 찾기가 더 힘들다. 평소에도 길눈이 어둡다고 핀잔을 자주 듣는데, 낯선 이국땅 예루살렘 성의 얽히고설킨 미로 같은 길에서 헤매지 않고 길을 바로 찾아간다는 것이 오히려 이상한 일이라 생각하며 마음을 다독거리고 물어물어 해골언덕을 찾아갔다. 해골이 여기저기 널려있어야 할 해골언덕, 흉악한 죄인을 십자가에 매달았다는 험한 골고다가 보이지 않았다. 처참한 해골언덕이 사라져버렸다. 웅장하고 화려한 것에 길들여진 탐심이 험한 해골언덕을 삼켜버렸다. 해골언덕을 깎고 다듬어 사람들이 보기 좋으라고 그 자리에 웅장한 교회를 세웠다.

해골언덕에 세워진 험한 십자가, 죄인을 구원하기 위해 하늘 아들이 달린 십자가가 세워진 험한 골고다를 가슴에 담으려 찾아왔는데 볼 수 없게 된 것이다. 하늘 아들이 험한 해골언덕에서 흉악한 죄인으로 온갖 모욕과 수치와 조롱을 당하며 십자가에 달려 찢기는 처참한 모습을 만나고 싶었는데 없어진 것이다. 신앙은 화려하고 웅장한 곳에서 꽃이 피는 것이 아니다. 해골언덕에 세워진 고통의 십자가, 하늘 영광 버리고 사람의 몸으로 이 땅에 와서 세상 죄를 지고 가는 하늘 아들이 달려 찢긴 처참한 십자가, 그 십자가를 가슴에 담고 사는 죄인의 심령에 사랑의 꽃이 피고 믿음의 열매를 맺는 것인데, 이제는 험한 골고다와 처참한 십자가를 볼 수 없다. 말씀을 생각하며 하늘을 보았다. 험한 골고다와 그 위에 세워진 처참한 십자가는 예루살렘 성 골고다에 있는 것이 아니라 그 십자가를 붙잡고 하늘나라를 바라보고 사는 죄인의 심령 속에 있었다.

7-13
망치 소리에

골고다 언덕
망치 소리에
하늘이 흔들리고
땅이 떨었다

독생자의 손에
못 박는 소리
하늘 아버지
가슴 치는 소리다

사랑하는 아들 발에
대못 치는 소리
하늘 아버지
탄식하는 소리다

하늘 아들 손발에
대못 치는 망치소리
하늘나라 가는 길
열리는 소리다

십자가 붙잡고
통회하는 죄인에게
닫혀있던 하늘 문
열리는 소리다

▷▷▷▷

　교육심리학에 '호빙 이펙트(Hoving Effect)'라는 말이 있다. 자신감을 잃은 사람은 무슨 일을 시작하기도 전에 '나는 못한다. 나는 할 수 없는 사람이다. 누군가 나를 도와줘야 할 수 있다.'고 생각한다. 그런 사람은 무슨 일이든 시작도 해보지 않고 포기한다. 자신감은 어린 시절부터 길러지고 발달돼야 하지만, 나이가 든 뒤에라도 어떤 계기를 통해 자신의 능력을 인정받게 되면 새롭게 생겨날 수 있다. 그런 자신감을 갖게 되는 계기를 교육심리학에서는 '호빙 이펙트'라 한다. '호빙 이펙트'란 말은 미국의 토마스 호빙(Thomas Hoving)이란 사람의 이름에서 따온 말이다. 그는 프린스턴대학 학생시절에 삶의 방향을 잡지 못한 채 방황하고 있었다. 그래서 의욕을 잃고 공부도 제대로 하지 않아 몇 해째 낙제하다가 드디어 퇴학당할 지경까지 이르렀다. 호빙은 어떤 과목에도 흥미를 느끼지 못해 공부에 집중하지 못했다. 호빙은 학교에서 제적당하기 직전 학기에 마지막으로 조각과목 수업을 듣게 됐다. 첫 강의 시간에 교수가 조각 작품 하나를 들고 와 학생들에게 질문을 던졌다. "이것이 무슨 작품이며 어떤 예술적 가치가 있다고 생각하느냐?" 교수의 이 질문에 조각과 학생들은 모든 상상력을 동원해 그 작품에서 예술적 가치를 찾으려 머리를 짜냈다. 학생들은 나름대로 생각해낸 예술적 가치를 이야기 했다. 호빙이 대답할 차례가 됐다. 그는 솔직하게 본 대로 느낀 대로 이야기했다. "나에게는 그 작품이 어떤 예술적 가치가 있는 것 같지 않고 하나의 기계나 도구로 보입니다. 어떤 용도가 있어 만든 것입니다." 교수는 그의 보는 눈을 극찬했다. 교수가 호빙이 보는 눈을 인정해주고 칭찬하자 그것이 그의 삶에 큰 전환점이 됐다. 그 후 호빙은 학업에 대한 관심과 흥미를 느끼고 열심히 공부했다. 그 결과 그는 세계적인 뉴욕 메트로폴리탄 미술박물관을 책임지는 큐레이터가 됐다. 인정은 대단한 힘을 가지고 있다. 보이진 않지만 자신감을 심어주고, 사람을 변화시키며, 소망을 주고, 창조적인 힘을 발휘하게 한다. 무시와 비난은 파괴적 에너지가 되지만, 인정은 창조적 에너지가 돼 사람을 변화시키고 세상을 바꾸게 하는 계기가 된다.

하나님은 영원히 멸망 받을 수밖에 없는 죄인이지만 십자가를 붙잡고 하늘을 바라보며 가슴 치며 회개하는 모습을 못 본 체하고 버려두지 않는다. 하늘 아들이 십자가에 못 박히는 망치 소리를 듣고 있는 하늘 아버지의 아픔과 슬픔을 알고, 그 사랑에 목 메어 우는 죄인을 하나님은 의인으로 인정해 주시고 사랑하는 아들이라 불러주신다. 창조주 여호와 하나님의 사랑하는 아들이라는 사실을 깨닫고 그 사랑으로 사는 사람은 엄청난 '호빙 이펙트'의 효과가 일어난다. 사람이 변한다. 절망 가운데 주저앉아 있는 사람이 소망 가운데 일어서고, 나약한 자가 강한 자가 되고, 없는 자가 있는 자가 되고, 무능한 자가 유능한 자가 된다. 죄로 인해 낙담한 가운데 고개를 들지 못하던 사람이 하늘 아버지 앞에서 기뻐 뛰며 하나님의 영광을 위해 산다.

골고다 언덕에서 망치소리가 울렸다. 무지막지한 로마 군병들이 하늘 아들을 십자가 위에 눕혀놓고 손과 발에 못 박는 소리다. 못을 박은 후 십자가를 세울 때 손과 발이 찢겨나가 몸이 땅에 떨어지지 않도록 힘껏 박는다. 죄로 파괴된 세상을 새로운 피조물로 창조하기 위해 이 땅에 오신 하늘 아들이 십자가에서 대속 제물로 드려지기 위해 손과 발에 못이 박히고 있는 것이다. 골고다 언덕에서 울리는 망치소리에 하늘이 슬퍼하며 울었다. 하늘과 땅을 사랑하고 품는 거룩한 하늘 아들인데, 한 줌의 흙으로 돌아가 지옥 형벌을 받을 수밖에 없는 죄인들이 감히 하늘 아들의 손과 발에 못을 박고 있는 것이다. 참혹한 광경을 바라보던 해가 놀라 빛을 잃고 천지에 어둠이 밀려왔다. 하늘 아들 못 박는 망치소리에 땅이 몸서리치며 떨었다. 저 죄를 어떻게 감당할 것인가! 골고다 언덕의 바위가 두려움에 떨다가 견디다 못해 터져나갔다.

하늘을 보았다. 사랑하는 아들이 하늘 아버지의 거룩한 뜻을 이루기 위해 십자가에 못 박히는 모습을 바라보는 아버지를 보았다. 망치소리가 울렸다. 하늘 아들 손에 못 박는 망치소리가 하늘에 닿았다. 천군천사들이 놀라 떨며, 하늘 아버지의 슬픈 고통을 보았다. 두 손에 못을 박은 로마 군병들이 하늘 아들의 두 발을 포개놓고 그 위에 대못을 박았다. 힘껏 내려치는 망치질에 대못이 두 발의 뼈를 뚫고 들어갔다. 하늘 아들의 깊은 신음소리가 흘러나왔다. 망치소리가 더 크게 울렸다. 하늘이 흔들렸다. 하늘 아들이 심장이 터질 것 같은 고통을 견디며 위를 보았다. 사랑하는 아들이 망치질 당하는 소리를 들으며 탄식하고 있는 하늘 아버지를 보았다. 그리고 이렇게 기도를 올렸다. "하늘 아버지여, 아버지의 거룩한 뜻이 땅에서도 이루어지도록 하겠나이다!"

하늘이 닫혀 있었다. 사람이 저지른 죄와 허물로 인해 하늘이 문을 닫아버린 것이다. 죄인이 들어오는 곳이 아니란다. 내 죄를 어찌할꼬! 영원한 지옥 형벌을 당할 수밖에 없는데 쌓이고 쌓인 이 많은 죄를 어찌할꼬! 하늘을 바라보고 땅을 살펴보아도 지옥 형벌을 피할 길이 없었다.

거룩한 하늘 아들이 나의 모든 죄와 허물을 지고 십자가에 못 박혔다. 골고다 언덕에서 내 죄를 대신 담당하고 하늘 아들이 못 박히는 소리가 하늘에 닿았다. 망치소리가 하늘을 울릴 때마다 하늘 문이 열리기 시작했다. 십자가에 달린 하늘 아들을 바라보며 가슴 치며 애통하는 죄인이 들어갈 수 있도록 하늘 문이 열리고 있었다.

7-14

내가 목마르다

타는 광야에서
방황하던
목마른 영혼들
생수를 만났다

여호와가 서 계신
반석을 치니
찢어져 쏟아지는
생명수다

하늘 아들이
영원히 목마르지 않는
생명수 주려고
십자가에 달렸다

저주의 나무에
달린 하늘 아들
살이 찢어질 때
생명수가 흘렀다

목마른 영혼에게
생명수 주기 위해
물과 피 다 쏟고
내가 목마르다는
하늘 아들

갈급한 이 영혼
마시는 생명수
십자가에 달린
하늘 아들 흘린
거룩한 피다

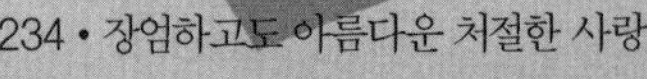

▷▷▷▷

땅에 물이 없다면 어떻게 될까? 아마도 생명체의 대부분이 살아남지 못할 것이다. 물은 공기와 더불어 사람이 살아가는데 절대적으로 필요하지만, 정작 물에 대해 아는 것이 별로 없다. 그러면 우리 몸에 가장 좋은 물은 어떤 물일까? 물의 화학적 구조가 육각형의 고리구조일 때라 한다. 이런 물을 육각수라 하는데, 우리나라 이론화학자인 전무식의 이론으로 널리 알려지게 됐다고 한다. 전무식의 이론에 따르면 흔히 마시는 물은 육각형의 고리구조, 오각형의 고리구조, 오각형의 사슬구조 등 세 종류인데, 이 중에서 생체분자와 친화성이 가장 높은 것이 육각형의 고리구조를 가진 육각수다. 그런데 물의 분자는 고정돼 있는 것이 아니라 상황에 따라 일천억 분의 1초 단위로 변한다고 한다. 이와 같이 변하는 물의 분자구조를 실험해본 사람들 중에는 물에도 의식과 반응이 있다고 생각하는 사람들이 있다. 일본의 에모토 마사루는 말, 글, 음악 등에 따라 물의 결정이 변한다는 사실을 발견하고, 이를 사진으로 찍어 《물은 답을 알고 있다》라는 책을 썼다. 물을 담은 유리컵에 '사랑, 감사'라는 글을 보여주거나 말을 들려준 경우 물에서 비할 데 없이 아름다운 육각형 결정이 나타났고, '악마'라는 글을 보여준 물은 육각형의 결정이 모두 파괴되고 중앙의 시커먼 부분이 주변을 공격하는 듯한 형상이 나타났다. 우리가 물을 마실 때 '사랑합니다, 감사합니다'라는 말을 하고 물을 마시면 그 물이 아름다운 육각수가 돼 우리 몸에 면역력을 증가시켜 건강과 생명력을 높여 주고, '악마, 저주'라는 말을 하거나 화를 내면서 물을 마시면 그 물의 육각수는 파괴돼 우리 몸을 약하게 하고 병들게 한다는 것이다. 더욱 놀라운 사실은 우리 몸의 70%가까이가 물로 돼있기 때문에 물을 마시지 않는 평소에도 사랑과 감사의 말을 하며 사는 사람은 몸속의 물이 아름다운 육각수가 돼 건강하고 즐거운 생활을 할 수 있고, 화를 잘 내고 욕을 자주 하며 시기, 질투, 미워하며 사는 사람은 몸속의 물의 분자구조가 파괴돼 건강을 해치고 불행한 삶을 살게 된다는 것이다.

하나님이 세상을 창조한 동기가 '사랑'이고, 사람이 사는 본분이 '하나님을 사랑하고 이웃을 자신과 같이 사랑하는 것'이라는 사실에 비추어볼 때 상당히 타당한 주장이라 생각된다. 사람이 하나님과 사람뿐만 아니라 주변의 모든 것을 사랑하며 살 때 물뿐만 아니라 식물이나 동물 등 세상의 만물이 육각수의 물과 같은 반응을 하게 돼 사람이 행복하게 살 수 있는 환경이 되리라 생각된다. 사람은 하나님이 만드신 원리에 따라 살면 그것이 가장 건강하고 행복하게 사는 길이라는 것은 분명하다. 하늘 아들이 사람의 몸으로 이 땅에 오신 목적도 영원한 생명수를 주기 위해 오신 것이다. 영원히 목마르지 않는 물을 주기 위해 하늘 아들이 십자가에 달려 찢기고 죽으셨다. 하늘 아들이 십자가에 달려 살이 찢어져 주신 영원한 생명수를 이스라엘 백성들은 광야에서 반석이 찢어져 쏟아지는 생수를 마심으로 경험했다.

이스라엘 백성들이 하나님의 능력으로 애굽을 탈출해서 홍해를 가르고 광야로 들어섰다. 사막과 같이 메마른 광야에는 물이 없었다. 이스라엘 백성들이 모세를 원망하고 하나님을 시험했다. 말씀을 읽다가 이런 광경이 나오면 이스라엘 백성들이 믿음이 없어서 모세를 원망하고 여호와를 시험했다고 남의 일처럼 이야기한다. 그것은 팔레스타인 땅 광야를 걸어보지 않고 물을 마음껏 마실 수 있는 사람들이 하는 소리다. 광야에는 물이 없을 뿐만 아니라 열풍이 가득해 풀과 나무가 자라지 않는다. 따갑게 내려 쪼이는 햇볕을 막아줄 만한 것이 없다. 특히 광야에는 돌이 많아 뜨거운 햇볕을 받으면 달아올라 열기를 내뿜는다. 숨 쉬기도 힘들다.

이스라엘 백성들이 아이들로부터 어른과 짐승들까지 타들어가는 광야에서 물이 없어 목말라 죽을 지경이 됐다. 이스라엘 백성들에게서 원망의 소리가 터져 나왔다. 왜 하필 물이 없는 곳으로 데려 왔느냐, 사전에 답사도 해 보지 않고 우리를 이곳으로 인도해 왔느냐며 모세를 원망할 법도 하다. 모세도 그렇지, 장정만 육십만 명이나 되고 여자들과 아이들과 노인들을 합치면 수백만 명이 넘는 거대한 민족을 가나안 땅으로 인도해 가는데 어떻게 물이 없는 광야를 지나서 가려고 했는가! 또 이스라엘 백성들의 생활 근거인 짐승들은 어떻게 하고! 사람의 생각과 판단 기준으로 보면 다 죽게 됐다고 원망할 만하다. 그런데 이스라엘 백성들은 몰랐다. 그들을 인도해 가는 분이 모세가 아니라 천지만물을 창조하신 전능하신 여호와 하나님이라는 사실을 잊어버리고 있었다. 하나님은 이스라엘 백성들을 젖과 꿀이 흐르는 가나안으로 인도하기 전에 가나안에서 하늘 백성답게 살아갈 수 있도록 양육하기 위해 때로는 기적과 이사를 행하며 광야로 이끌어 가신 것이다.

이스라엘 백성들이 물이 없어 다 죽게 됐다고 모세를 원망할 때, 모세가 하나님의 말씀에 따라 나일 강을 치던 그 지팡이로 반석을 치자 물이 터져 나왔다. 반석이 찢어져 생수가 쏟아져 나온 것이다. 모세가 지팽이로 친 그 반석 위에는 이스라엘을 인도하시는 여호와 하나님이 서 계셨다. 반석이신 성자 하나님 그리스도께서 찢기신 것이다. 생명수의 근원이신 그리스도께서 찢기고 생수를 주신 것이다.

하늘 아들이 십자가에 달렸다. 영원히 목마르지 않는 생명의 물을 주려고 십자가에 달려 찢기셨다. 십자가를 찾아온 목마른 영혼들이 마시도록 생명의 물이 쏟아져 나왔다. 물의 근원이 마르지 않고 영원히 쏟아져 나오는 생명수다. 이 죄인 갈급한 심령으로 십자가 앞에 설 때마다 마시는 영생수다. 십자가에서 흐르는 생명수가 광야와 같이 메말라가던 심령을 적시고 흐를 때 목마른 영혼이 기쁨으로 넘치고 사막에 백합화가 피어나듯 아름답게 소생하며 즐거워한다.

십자가에 달려 물과 피를 다 쏟은 하늘 아들이 "내가 목마르다"고 하셨다. 생명수의 근원이신 하늘 아들이 목이 마르다는 것이다. 하늘 아들이 십자가에 달려 살이 찢기고 물과 피를 다 쏟고 목말라 했다. 갈급한 심령으로 영원히 죽을 수밖에 없는 죄인들에게 영원한 생명수를 쏟아주시고 목말라 하신 것이다. 갈급한 이 죄인이 마시는 생명수, 십자가에 달린 하늘 아들이 살이 찢어지며 흘린 거룩한 피다.

7-15

엘리 엘리 라마 사박다니

십자가에 달린
하늘 아들
지옥 고통당하며
목숨 걸고 준 선물
엘리 엘리 라마 사박다니

죄인 구하려
십자가에 달린 아들이
하늘 아버지 바라보며
왜 나를 버리셨느냐
부르짖었다

십자가 붙잡고
가슴 치는 죄인
하늘 아버지 사랑
깨닫게 하려고
주신 선물이다

하늘 아버지
우편에 앉은 아들
이 죄인을 위해
손 모아 간구할 때마다
엘리 엘리 라마 사박다니

거룩한 여호와
공의의 심판 앞에서
엘리 엘리 라마 사박다니
의인과 죄인 나누고
천국과 지옥 갈랐다

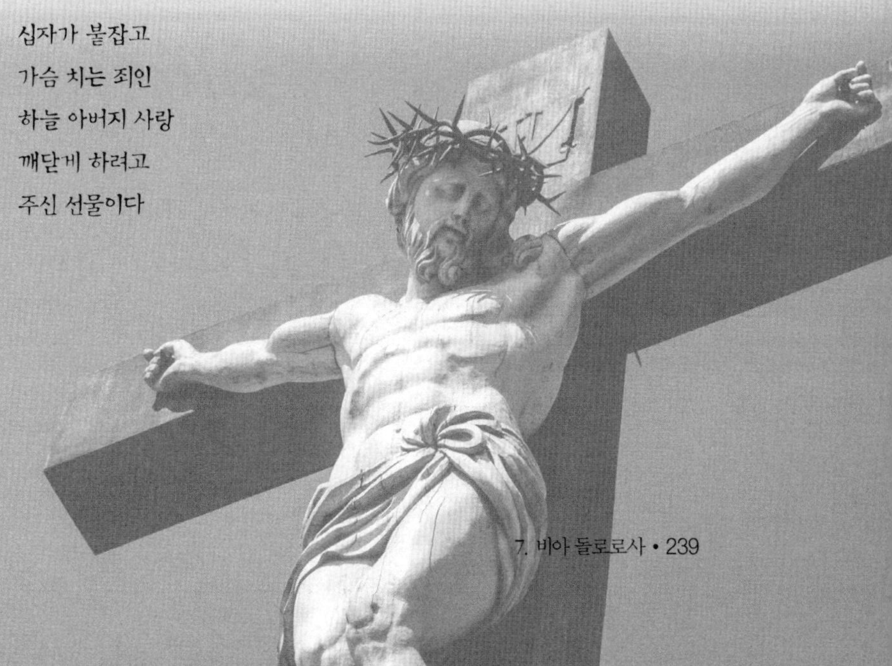

우리나라에는 절이 많다. 산이 많은 우리나라에 산 좋고 물 좋은 곳에는 어김없이 절이 자리 잡고 있다. 절의 구조를 보면 먼저 일주문이 나오고, 일주문을 들어서면 천왕문이 나오고, 천왕문을 지나면 본당이 나온다. 천왕문에는 네 명의 천왕 즉 사천왕이 서 있다. 사천왕은 몸집이 엄청 크고, 눈이 부리부리 하고, 얼굴이 험악하게 생겨 보기만 해도 섬뜩하고 몸이 으스스 해지도록 만들었다. 부처를 모시고 있는 절에 무서운 모습을 하고 위압적으로 사람들을 내려다보고 있는 사천왕의 상을 만들어 절에 들어가는 천왕문에 세워놓은 것은 잡귀가 가까이 하는 것을 막고 사람들이 딴 마음을 품지 못하도록 두려움을 주기 위해서라 한다. 사천왕은 본래 귀신들의 왕이었는데 부처의 제자가 된 후 불법을 지키기 위해 신장이 된 것이다. 사천왕은 불교의 많은 신들 중에 지위가 가장 낮다. 사천왕을 사대금강(四大金剛)이라고도 부른다. 사천왕은 천하의 네 방위를 맡아 지키고 있기 때문에 호세사천왕(護世四天王)이라고도 한다. 사천왕 중에 지국천왕은 동방을 지키며 몸은 흰색이고 비파를 들고 있으며, 증장천왕은 남방을 지키며 몸은 청색이고 보검을 쥐고 있으며, 광목천왕은 서방을 지키며 몸은 붉은색이고 손에 용이 똬리를 틀고 있으며, 다문천왕은 북방을 지키며 몸은 녹색이고 오른손에는 우산을, 왼손에는 은 쥐를 쥐고 있다. 절 본당에 들어서기 전에 몸집이 건장하고 큰 사천왕이 눈을 부라리고 무섭게 사람들을 내려다보며 서 있는 것과 달리, 교회 입구에는 초라하기까지 한 십자가가 세워져 있다.

십자가는 천지만물을 창조하신 성자 하나님이신 예수 그리스도께서 우리를 구원하기 위해 십자가에 못 박혀 죽은 것을 말해준다. 하늘 아버지께서는 사랑하는 독생자가 죄인들의 모든 죄와 허물을 지고 십자가에 달려 살이 찢기고 물과 피를 다 쏟으며 지옥고통을 겪고 있을 때 그 아들을 외면하고 버렸다. 사랑하는 독생자가 "엘리 엘리 라마 사박다니", 즉 '나의 하나님 나의 하나님 어찌하여 나를 버리셨나이까!'라 부르짖으며 하늘을 바라볼 때 고개를 돌리고 침묵했다. 왜 그랬을까? 죄인들을 구원하기 위해서다. 십자가는 하나님의 한량없는 자비와 사랑을 나타내는 것이다.

사랑하는 하늘 아들이 십자가에 못 박혀 달렸다. 물과 피를 다 쏟으며 지옥 고통을 겪고 있을 때 하늘이 빛을 잃어가고 어둠이 임하기 시작했다. 오후 3시 한낮이었다. 하늘이 슬퍼하고 땅이 떨며 요동치고 있었다. 지옥 고통을 겪고 있는 하늘 아들, 목숨이 다해갈 때 "엘리 엘리 라마 사박다니"라 크게 소리 질렀다. 하늘도 듣고, 땅도 듣고, 천지만물이 다 들었다. 하늘 아버지도 듣고, 천군천사들도 듣고, 십자가 앞에서 가슴 치는 죄인도 듣고, 하늘 아들을 멸시하며 희롱하며 십자가에 못 박으라 소리소리 지르던 하늘 백성들도 듣고, 온 세상도 다 들었다. 하늘 아들이 목숨 걸고 준 마지막 선물이다.

"엘리 엘리 라마 사박다니." 아버지를 아버지라 부르지 못하고 하늘을 향해 부르짖는 사랑하는 아들의 마지막 절규를 하늘 아버지께서 들었다. 이 죄인이 하늘 아버지 가슴에 못 박으며 살 때도 하늘을 향해 부르짖었고, 아버지께서 세상을 좇아가는 이 죄인의 한심한 모습 바라보며 탄식하고 슬퍼할 때도 부르짖었고, 아버지를 멀리 떠났던 이 죄인이 돌아오도록 징계할 때도 하늘을 향해 애타게 부르짖었다. "나의 하나님,

나의 하나님, 어찌하여 나를 버리셨나이까!" 나를 버리셨으니 이 죄인의 죄를 용서해 달라고 하늘 아들이 아버지께 간구하는 부르짖음이다.

하늘 아버지 품을 떠나 멀고 먼 길 돌고 돌아 십자가 앞에 선 이 죄인이 애통한 마음으로 가슴 찢으며 '내가 어찌 할꼬!' 낙담해서 주저앉아 있을 때 이 죄인에게 들려준 귀하고도 아름다운 선물, "엘리 엘리 라마 사박다니!" 하늘 아버지께서 얼마나 나를 사랑하며 기다리고 있는지 깨닫게 해 주는 사랑의 부르짖음이었다. 하늘 아버지께서 십자가에 달린 사랑하는 독생자를 버리기까지 이 죄인을 사랑하고 돌아오기를 기다리고 있다는 것을 알려주는 천금보다 귀한 선물이다. 절망 가운데 좌절하고 주저앉아 있을 수밖에 없는 죄인 중의 죄인이 이 말씀을 붙잡고 하늘을 보았다. 이 죄인을 기다리고 있는 하늘 아버지의 한량없는 사랑을 보았다. 하늘 아 버지의 사랑을 깨달은 이 죄인이 흐르는 눈물을 주체하지 못하고 하늘을 향해 이렇게 울부짖었다. "하늘 아버지여, 십자가에 달려 지옥 고통을 겪 고 있는 사랑하는 아들, 기뻐하는 독생자를 왜 버리셨나이까? 아버지를 아버지라 부르지 못하고 죽어가고 있는 아들을 왜 버리셨나이까? 이 죄 인, 어찌하라고 사랑하는 아들을 버리셨나이까?" 그리고 이렇게 고백했 다. "하늘 아버지여, 이제야 이 죄인이 아버지께서 버리신 그 십자가를 사 랑하나이다." 이 죄인, 하늘 아버지께서 버리신 그 십자가를 품고 사랑할 때 하늘 사랑이 강물과 같이 심령 속으로 밀려들어와 주체할 수 없는 기 쁨으로 충만하게 되었다. 파스칼은 이 기쁨을 이렇게 고백했다. "환희, 환 희, 환희, 환희의 눈물!" 인간의 언어로 다 표현하지 못하는 기쁨이다. 하 늘 백성들은 하늘이 주는 환희의 기쁨으로 하나님을 사랑하고 이웃을 자 신과 같이 사랑한다. 그리고 십자가를 통해 하늘로부터 오는 이 사랑과 기쁨으로 세상을 섬기고 사랑하고 변화시킨다.

거룩하신 여호와, 공의의 심판 앞에서 세상 사람들이 이렇게 불평한다. "어찌 저런 죄인이 구원 받아 하늘 아버지의 아들로 사랑 받을 수 있느냐? 왜 우리는 죄인으로 심판 받아 지옥으로 가고, 우리보다 더 큰 죄를 지은 저 죄인은 의인으로 인정받아 천국으로 가느냐? 공의의 하나님이 어디 있느냐!"고 항변한다. 여호와의 공의 앞에서는 사랑하는 독생자라도 세상 죄를 지고 있기 때문에 아버지로부터 버림받아 지옥 고통을 당하며 죽을 수밖에 없었다. 흠도 없고 티도 없는 거룩한 하늘 아들이 십자가에 달려 "엘리 엘리 라마 사박다니"라 부르짖으며 죽은 것은 죄인들이 지은 죄의 대가였다. 십자가에 달린 하늘 아들을 바라보며 내 죄 때문이라 가슴 치며 회개하고 하늘 아버지 품으로 돌아온 죄인은 죄의 대가를 다 지불한 것이다. 하늘 아버지는 십자가에 달린 예수 그리스도를 믿고 돌아온 죄인을 의인이라 부르며 아들로 영접한다. 이것이 여호와의 공의다. 하늘 아버지를 바라보며 "나의 하나님, 나의 하나님, 어찌하여 나를 버리셨나이까!"라고 처절하게 부르짖는 아들을 버리기까지 사랑하는 그 사랑을 외면하고 돌아오지 않는 죄인을 심판해서 영원한 지옥불로 보내는 것이 하나님의 공의다. 머지않아 한 줌의 흙으로 돌아갈 피조물인 죄인이 영원한 창조주 성자 하나님이 세상 죄를 지고 달려 죽은 십자가를 멸시하고, 모욕하고, 저주하고, 외면했다면 지옥 형벌보다 더한 형벌을 받아도 마땅한 것이다. 창조주 여호와께서 죄인을 구원하기 위해 독생자가 십자가에 못 박혀 죽도록 하는 것보다 더 큰 사랑과 은혜는 없다. 그리고 그 사랑과 그 은혜를 외면하고 돌아오지 않는 죄보다 더 큰 죄는 없다.

7-16
다 이루었다

하늘 아버지
태초부터
천지를 만들어
이루고자 하신
하늘나라

하늘 아버지
창조하시고
심히 좋아하신
천지만물을
저주했다

죄로 인한 저주
땅이 토해낸
가시덤불과 엉겅퀴
하늘 아버지
가슴 아팠다

하늘 아들
아버지 뜻 이루려
이 땅에 와서
세상 죄 지고

십자가에 달렸다

대속 제물로 드린
영원한 생명
지옥 고통당할 때
새 생명의 역사
일어났다

하늘 아들이
다 이루었다
고개 숙일 때
하늘 아버지의 뜻
하늘나라 임했다

▷▷▷▷

　　물고기 중에 '가시고기'라는 이름을 가진 고기가 있다. 사람이나 동물이나 부성애보다 모성애가 강한 경우가 대부분이다. 그러나 '가시고기'는 부성애가 모성애보다 강하다. 우리나라에 사는 가시고기는 모두 세 종류로 '큰 가시고기, 가시고기, 잔가시고기'가 있다. 가시고기는 동해로 흘러 들어오는 하천에서 산란한다. 가시고기 중에 부성애가 가장 강한 것은 큰 가시고기다. 큰 가시고기는 바다에서 살다가 해마다 이른 봄이 되면 산란을 위해 하천으로 올라온다. 암수가 무리 지어 올라온 큰 가시고기는 약 일주일간의 민물적응기간이 지나면 본격적으로 산란 준비에 들어간다. 산란준비는 수컷의 몫이다. 먼저 수초를 이용해 산란을 할 둥지부터 만든다. 둥지가 만들어지면 수컷은 몸을 흔들며 암컷을 둥지 안으로 유인한다. 암컷은 둥지가 마음에 들면 그곳에 알을 낳고 미련 없이 둥지를 떠난다. 그러면 수컷은 암컷이 낳아놓은 알에 수정을 한다. 이때부터 수컷의 알 지키기가 시작된다. 알을 먹으러 모여드는 침입자들을 물리치고, 알이 잘 부화되도록 앞 지느러미를 이용해 끊임없이 부채질하며 둥지 안에 새 물을 넣어준다. 잠시도 쉬지 않고, 아무 것도 먹지 않고, 오로지 둥지 안의 알을 지키고 키워내는 데만 전념한다. 마침내 알이 부화해 새끼들이 탄생하기 시작해도 수컷은 둥지를 떠나지 않는다. 갓 부화한 새끼들이 둥지 밖으로 나오면 새끼들을 물어 둥지 안으로 집어넣는다. 아직 나올 때가 아니라는 것이다. 부화한 지 한 5일 정도 지나면 새끼들은 제법 자라 둥지를 떠나기 시작한다. 그리고 먹이를 찾아 돌아다닌다. 마지막 한 마리까지 새끼들을 모두 안전하게 떠나보낸 수컷은 마침내 그 자리에서 삶의 최후를 맞이한다. 둥지 짓기부터 새끼들을 모두 떠나보내기까지 약 15일간 아무 것도 먹지 않고 오직 새끼를 위해 혼신의 힘을 다한 수컷의 몸은 만신창이가 된다. 주둥이는 헐고, 화려했던 몸 색깔은 퇴색해 볼품없이 변하고, 기진맥진해서 그토록 애지중지 지키던 둥지 앞에서 마지막 숨을 거둔다. 아비 가시고기가 죽으면 둥지를 떠났던 새끼들이 모여든다. 새끼들이 모여드는 것은 새끼를 위해 희생한 아비의 죽음을 슬퍼하기 위해 오는 것이 아니다. 아비 가시고기의 살을 파먹기 위해 오는 것이다. 죽어서까지 자신의 몸을 새끼들의 먹이로 주는 것이 바로 '가시고기' 아비의 새끼에 대한 사랑이다. 아비 가시고기는 생의 목적을 '다 이루었다.' 아비 가시고기는 창조주의 섭리에 따라 종을 번식하기 위해 새끼들에게 모든 것을 다 쏟아 부어준 것이다.

가시고기의 생애를 바라보며 십자가를 생각한다. 천지만물을 창조하신 성자 하나님, 하늘 아버지의 사랑하는 독생자가 한낱 피조물에 지나지 않는 죄인을 구원하기 위해 십자가에 달려 죽기까지 모든 것을 다 쏟아 부어 주시고 "다 이루었다"고 말씀하신 그 은혜와 사랑을 생각한다. 다 이루셨기에 십자가를 붙잡은 죄인이 의인 되고, 영원한 멸망에서 영원한 생명을 얻고, 죄의 종에서 하늘 아버지의 사랑하는 자녀가 될 수 있는 것이다.

하늘 아들이 십자가에 달렸다. 흉악한 죄인을 세상에서 가장 고통스러운 방법으로 죽이는 십자가에 달린 것이다. 살이 찢어지고 물과 피를 다 쏟고 심장이 터져나갈 것 같은 고통 속에서 숨이 끊어지기 직전에 한 말씀을 하셨다. "다 이루었다." 무엇을 다 이룬 것일까? 다 이루었다는 말씀은 어떤 목적을 가지고 사람의 몸으로 세상에 와서 이루고자 하는 일을 하나도 빠짐없이 완전하게 이루었다는 말씀이 아닌가! 하늘 아들이 무슨 목적으로 세상에 와서 다 이루었을까?

태초에 여호와 하나님이 천지만물을 창조하신 후 보시고 심히 좋아했다. 하나님의 형상대로 사람을 만들어 사랑하시고, 에덴동산을 만들어 하나님과 교제하며 행복하게 살도록 했다. 그러나 사람으로 인해 죄가 들어왔다. 하늘 아버지께서 특별히 만들어주신 에덴동산에 죄가 들어와 하나님 말씀에 순종하며 살던 사람의 거룩한 심령을 파괴시키고 탐욕이 자리 잡았다. 죄가 탐욕을 낳고 탐욕이 죄를 낳았다. 죄로 인해 하늘 아버지께서 이루고자 하신 거룩한 나라가 완전히 파괴됐다. 사탄이 웃었다. 하늘 아버지의 계획을 무너뜨리고 너무너무 기뻐했다. 이제 죄로 인해 무너진 창조의 세계를 다시 회복시킬 수 있는 길이 없다는 결론을 내리고 승리의 노래를 불렀다.

하늘 아버지께서 만드시고 보시고 그렇게 좋아하던 천지만물이 죄로 인해 오염되자 저주하셨다. 땅이 가시덤불과 엉겅퀴를 토해내고 그것들이 사람을 평안히 살지 못하도록 괴롭혔다. 사람이 살아가기 위해서는 가시덤불과 엉겅퀴를 걷어내고, 땅을 갈아엎고, 씨를 뿌리고, 잡초를 뽑아주고, 곡식을 심고 거두어들여야 한다. 땀을 흘리며 일해도 먹고 살기 힘든 삶을 살아야 한다. 가시덤불과 엉겅퀴는 사람이 가꾸지 않아도 잘 자란다. 없애려고 뿌리를 뽑아내고 땅을 갈아엎어도 땅이 다시 토해낸다. 사람의 죄로 인해 땅이 토해내고 있기 때문에 감당하기가 어렵다. 선을 행하는 것은 어렵고, 하라고 권장해도 잘 하지 않지만, 죄는 짓기가 쉽고 아무리 짓지 말라고 말려도 짓는다. 죄의 뿌리가 깊이 박혀 있는 사람의 심령에 사탄이 역사하기 때문이다. 죄로 인해 사람은 스스로 고난을 자초하고 두려움과 불안에 떨며 영원한 멸망의 길로 가게 된 것이다. 이 모습을 보고 계신 하늘 아버지, 마음이 아팠다.

사람이 죄를 짓고 거룩한 심령이 파괴됐지만 하늘 아버지께서는 여전히 사랑하신다. 하늘 아버지께서 죄인을 구원하기 위해 뜻을 세우셨다. 구원 받은 죄인을 하늘 아버지께서는 사랑하는 아들, 딸이라 부른다. 하늘 아버지께서는 구원받은 자녀들과 함께 영원히 살 수 있는 나라를 세우기로 작정하셨다. 하늘나라다. 하늘나라는 하나님의 자녀들이 아버지를 사랑하고, 하늘 아버지께서 자녀들을 사랑하는 나라다. 하늘나라는 사랑과 사랑이 어울려 하나가 되는 사랑의 나라다.

하늘 아버지의 사랑하는 독생자 예수 그리스도께서 아버지의 뜻을 이루기 위해 이 땅에 와서 고난을 받다가 십자가에 달렸다. 인간의 모든 죄와 허물을 대속하는 속죄의 제물로 영원한 생명을 바친 것이다. 십자가를 바라보며 자신의 모든 죄와 허물을 쏟아놓고 가슴을 치며 애통하는 죄인이 용서 받고 하나님의 자녀가 돼 하늘 아버지와 함께 영원한 삶을 누릴 수 있는 생명의 길이 열렸다. 모든 만물이 회복되는 새 창조의 역사가 일어나게 된 것이다. 다 이루셨다! 예수 그리스도를 믿는 사람은 어떤 죄인이라도 구원 받아 하나님의 자녀가 되는 길이 활짝 열렸다. 그리고 새 생명을 얻은 하나님의 자녀들이 하늘 아버지와 함께 영원히 살 수 있는 하늘나라를 다 이루신 것이다.

7-17
십자가 언덕 가는 길

하늘 아들
달린 십자가로
열어놓은 길은
좁은 길이다

교만한 눈으로
찾을 수 없는 길
탐욕에 배부른 자
갈 수 없는 길이다

용서와 사랑 없이
열리지 않는 길
십자가 없이
갈 수 없는 길이다

십자가 앞에서
가슴 치는 자
낮아진 자가
갈 수 있는 길이다

그 길은 생명 길
하늘 아버지께서
사랑하는 아들
되는 길이다

그 길은
사랑과 사랑이 만나
하나 되는 하늘나라
가는 길이다

▷▷▷▷

앞을 보지 못하는 사람이 캄캄한 밤에 한 손엔 등불을 들고, 다른 한 손엔 지팡이를 잡고 길을 더듬어가며 가고 있었다. 앞에서 오던 어떤 사람이 그와 마주치려다 등불 덕에 피할 수 있었다. 그런데 그가 등불을 들고 있는 사람을 보았다. 그가 앞을 보지 못하는 사람이라는 것을 알고 비웃으며 이렇게 말했다. "정말 어리석군요. 앞을 보지도 못하면서 등불은 왜 들고 다닙니까?" 그 맹인이 대답했다. "당신 같은 사람이 나와 부딪치지 않게 하려고요. 이 등불은 나를 위한 것이 아니라 당신을 위한 것입니다." 앞을 보지 못하는 사람이 보는 사람을 걱정하고 있는 것이다. 가진 사람이 가지지 못한 사람보다 인색한 세상이 되고 있다. 경제가 발전하고 부가 축적되면 될수록 남을 배려하는 마음이 메말라가고 있다.

그러나 다른 사람에 대한 배려 없이는 자기 자신도 잘 살 수 없다는 것이 세상의 이치요 성경의 가르침이다. 이웃에 대한 작은 배려나 보살핌이 자신의 삶의 방향을 바꾸기도 한다. 작은 일에 신경을 쓰지 않다가 나중에 큰일을 망치는 경우가 허다하다. 남에 대한 배려는 자신이 행복하게 사는 길이고 성공하는 삶을 위한 바탕이 되기도 한다.

하나님은 이렇게 말씀하고 있다. 사람이 영원히 행복하게 살려면 '하나님을 사랑하고 이웃을 자신과 같이 사랑하라'는 것이다. 그러나 이 길은 아무나 갈 수 있는 쉬운 길이 아니다. 그래서 하나님은 사랑하는 독생자의 목숨을 걸고 이 길을 열어주셨다. 이 길은 하나님의 사랑을 깨닫고 그 사랑을 누리는 사람이 갈 수 있는 길이다.

하늘 아들이 로마 총독 빌라도에게 십자가 처형의 언도를 받은 후 채찍에 맞고 가시관을 쓰고 십자가를 지고 골고다 언덕으로 끌려갔다. 그리고 거기서 십자가에 못 박히고 달려 죽었다. 하늘 아들이 십자가를 지고 간 길은 좁은 길이다. 넓고 편안한 길이 아니다. 끝없는 탐욕에 사로잡혀 받은 은혜에 감사하지 않고, 가지고 또 가지기를 원하는 사람이 갈 수 있는 길이 결코 아니다. 이른 비 늦은 비를 적절히 내려주신 하늘 은혜로 풍성한 추수를 거두면서도 모퉁이 곡식까지 남기지 않고 거두어 가버리는 메마른 사람이 갈 수 있는 길이 아니다. 차고 넘치도록 추수하면서도 밭고랑에 떨어진 이삭까지 주워 가버리는 탐욕스러운 사람이 갈 수 있는 길이 아니다. 고아와 과부와 나그네가 굶주리고 있는 모습을 싸늘한 눈길로 바라보는 사람은 더더구나 갈 수 없는 길이다.

십자가 언덕 가는 길은 교만한 자가 갈 수 있는 길이 아니다. 하늘 말씀을 가볍게 알고 십자가에 달린 하늘 아들의 죽음을 귓가로 들어 넘기는 사람이 갈 수 있는 길이 아니다. 돈을 받고 의를 버리며, 가난한 자의 팔을 비틀어 착취하며, 힘없는 자의 머리를 티끌 먼지 속에 발로 밟고 즐거워하며, 연약한 자를 유혹해 악의 길로 가게 하는 사람은 결코 갈 수 없는 길이다.

하늘 아들이 십자가에 달린 언덕으로 가는 길은 십자가 없이는 갈 수 없는 길이다. 자신의 죄악을 바라보며 가슴 치며, 십자가에 달려 죽을 죄인이 하늘 아들이 아니라 자신이라는 사실을 깨닫고, 스스로 자기 십자가를 지고 가는 죄인이 갈 수 있는 길이다. 하늘 아들이 달린 십자가 앞에서 거룩한 하늘 아들이 왜 거기 달려 있는지를 깨닫고 가슴을 치며 애통해 하는 자가 갈 수 있는 길이다.

십자가 언덕 가는 길은 용서와 사랑의 길이다. 일곱 번씩 일흔 번이라도 용서하라는 길이다. 천지를 만드신 하늘 아들이 영원히 멸망 받을 수밖에 없는 더럽고 추악한 죄인들에게 치욕과 멸시와 희롱을 당하고, 채찍질 당하고, 십자가에 달려 죽으면서도 하늘 아버지를 향해 "아버지, 저들을 사하여 주옵소서. 자기들이 하는 것을 알지 못함이니이다." 하며 용서를 비는 길이다. 그 길은 용서를 구하고 용서하는 사람이 갈 수 있는 길이다.

십자가 언덕 가는 길은 사랑의 길이다. 길 잃어버린 어린 양 한 마리를 찾아 그 이름을 부르며 산과 들을 헤매던 목자가 양을 찾아 어깨에 메고 돌아오며 기뻐하며 즐거워하는 길이다. 평생 아버지 가슴에 못 박고, 아버지 가슴을 찢어놓으며, 눈이 눈물에 상하고 창자가 끊어지고 간이 쏟아지는 아픔만 안겨드린 죄인이 자신의 죄를 깨닫고 십자가를 붙잡고 가슴 치며 애통해 하며 하늘 아버지 앞으로 돌아올 때, 아버지께서 가슴에 품고 너는 내 사랑하는 아들, 기뻐하는 아들이라 맞이해 주는 사랑의 길이다. 그 길은 하늘로부터 사랑 받은 사람이 이웃을 자신과 같이 사랑하며 가는 길이다.

십자가 언덕 가는 길은 하늘 아버지 앞에 자신을 한 없이 낮추는 겸손한 자가 가는 길이다. 자신의 추하고 더러운 모습을 거룩한 하늘 아버지 앞에 내려놓고 버러지보다 못한 인생임을 고백하는 자가 가는 길이다. 물 한 방울로도 죽일 수 있는 연약한 인생, 머지않아 한 줌의 흙으로 돌아갈 수밖에 없는 가련한 인생임을 깨닫는 자가 갈 수 있는 길이다.

십자가 언덕 가는 길은 영원한 생명으로 가는 길이다. 그 길은 영원한 하늘 아들이 영원한 생명을 걸고 열어놓은 길이다. 하늘 아들이 십자가에 달려 몸을 찢어 열어놓은 길이다. 그 길은 하늘 아들이 달린 십자가를 가슴에 품고 사랑하며 하늘 아들과 함께 가는 길이다. 그 길은 죄인이 하늘 아들 되는 길, 하늘 아버지께서 죄인을 죄인이라 부르지 않고 의인이라 불러주는 자가 가는 길이다.

십자가 언덕 가는 길은 하늘 아버지 사랑이 강물과 같이 흐르는 거룩한 길이다. 하늘 아버지께서 버리신 십자가를 사랑하며 고난의 길을 가는 자가 갈 수 있는 길이다. 그 길은 스스로 의인이라 생각하는 죄인이 갈 수 있는 길이 아니라, 죄인임에도 십자가의 은혜로 의인으로 부름 받은 자가 가는 거룩한 길이다. 머리털만한 죄가 있어도 갈 수 없는 거룩한 길이다. 십자가 언덕 가는 길은 가시에 찔리는 아픔이 있고, 때로는 멸시와 치욕을 당하며, 하늘나라가 없다는 자들에게 희롱을 당하기도 하며 가는 길이지만, 하늘 아버지의 영원한 사랑으로 충만한 하늘나라 가는 길이다.

7-18

들을 수 없나요

하늘 아들
저주의 나무에
못 박히는 소리
들을 수 없나요

병자 어루만져
고쳐주던
거룩한 손에
못 박히는 소리
들을 수 없나요

잃어버린 양
찾아다니던
거룩한 발에
못 박히는 소리
들을 수 없나요

이 죄인 구하려
하늘 아버지 향해
엘리 엘리 라마 사박다니
부르짖던 소리
들을 수 없나요

십자가에 달린
하늘 아들이
부르짖는 소리
골고다 언덕
찾아온 죄인에게
들려주소서

하늘 아들
고통의 신음소리
듣는 심령에
용서의 꽃 피고
사랑의 열매
맺게 하소서

▷▷▷▷

　헬렌 켈러(Helen Adams Keller, 1880~1968)는 1880년 미국 앨라배마 주의 작은 시골 마을에서 태어났다. 19개월 됐을 때 뇌척수막염으로 시각과 청각을 모두 잃고 말았다. 헬렌은 여섯 살 무렵 앤 설리번 선생님을 만나 선생님의 헌신과 자신의 노력으로 언어 문제를 해결하고 하버드대학에 입학해 맹·농아자로 세계최초의 대학교육을 받았고 우등생으로 졸업했다. 헬렌의 노력과 정신력은 전 세계 장애인들에게 희망을 주었고, 작가, 교육자, 사회주의운동가로 활동하며 많은 사람들에게 감동과 희망을 주었다. 그래서 사람들은 그녀를 '빛의 천사'라 불렀다. 헬렌 켈러의 글 중에 '삼일 동안만 볼 수 있다면(Three Days To See)'이란 수필이 있다. 〈리더스 다이제스트〉는 이 글을 '20세기 최고의 수필'로 꼽았다.

　"나에게 유일한 소원이 한 가지 있다면 삼일 동안 눈을 떠 이 세상을 보는 것이다. 내가 눈을 뜬 첫 순간 나를 키워주고 가르쳐준 앤 설리번 선생님을 찾아가 선생님의 인자한 얼굴 모습을 몇 시간이고 바라보고 가슴 속 깊이 새겨 두겠다. 그리고 친구들을 만나 그들의 특징을 하나하나 기억해 두고, 들로 나가 바람에 나부끼는 아름다운 나뭇잎과 들꽃들과 저녁노을의 지는 모습을 바라보겠다. 둘째 날은 새벽에 일찍 일어나 아침 해가 떠오르는 그 웅장한 모습과 풀잎에 맺혀 있는 이슬방울, 하늘을 나는 새들을 바라보고 서둘러 박물관으로 가서 인간이 남긴 수많은 유적들을 보고, 미술관으로 가서 아름다운 그림과 섬세한 조각들을 보겠다. 마지막 셋째 날에는 아침 일찍 큰 길에 나가 청소부들의 청소하는 모습과 출근하는 사람들의 모습을 보고 싶다. 아침을 먹고 오페라하우스와 영화관에 가서 공연을 볼 것이다. 그리고 저녁이 되면 네온사인이 반짝이는 거리, 쇼윈도에 진열돼 있는 아름다운 물건들을 보면서 집으로 돌아와 나를 이 사흘 동안만이라도 볼 수 있게 해주신 하나님께 감사의 기도를 드리고 영원히 암흑의 세계로 돌아가겠다."

헬렌은 보지 못하고 듣지 못했지만 영원한 것을 보고 듣고 있었다. 그러나 눈과 귀가 열려 있어도 영원한 생명의 말씀을 듣지 못하고 영원한 세계를 보지 못하는 사람들이 너무 많다.

하늘 아들이 십자가를 지고 끌려간 해골언덕에서 망치소리가 울렸다. 세상 죄를 지고 가는 하늘 아들을 흉악한 죄인으로 몰아 손과 발을 저주의 나무에 못 박는 소리다. 하늘을 울리고 땅을 흔드는 소리다. 피조물인 죄인이 창조주의 손에 못 박는 소리다. 죄인들이 흠과 티가 없는 거룩한 하늘 아들 발에 대못 박는 소리다. 하늘 아들이 못 박히는 소리를 듣기 위해 해골언덕을 찾아갔다. 그러나 그 소리를 들을 수가 없었다. 귀 있는 자는 들으라고 했는데 귀가 있어도 들을 수가 없었다. 귀가 열리지 않아서 들을 수가 없었다.

하늘 아들이 십자가에 못 박힌 손이 어떤 손인가! 모든 사람들이 부정하다며 멀리하던 나병환자의 몸에 손을 대며 깨끗하게 하던 손, 맹인들의 눈을 만져 고쳐주던 손, 빈들에서 먹지 못한 사람들을 위해 오병이어의 기적을 일으키던 손, 물 위를 걷던 베드로가 풍랑을 보고 무서워 빠져갈 때 건져주던 손, 어린 아이들을 사랑으로 품고 안수하던 손, 강도의 소굴이 돼버린 성전을 깨끗하게 하던 손, 십자가에 못 박히기 전에 내 몸과 내 피라며 떡을 떼어주고 잔을 주던 손, 겟세마네 동산에서 십자가를 지기 위해 땀방울이 핏방울 되도록 기도하던 손이 아닌가! 긍휼의 손, 자비의 손이 아닌가! 왜 그 거룩한 손에 못을 박아야 했는가!

하늘 아들의 거룩한 손이 십자가에 못 박히는 소리를 들어야 한다. 그 소리를 들어야 움켜쥔 손을 펼 수 있는데 들을 수가 없다. 하늘 아들의 못 박힌 손이 내 손 되어 하늘 사랑 나누어주어야 하는데, 그 소리가 들리지 않는다. 하늘 아버지여, 이 죄인의 막혀 있는 귀를 열어 하늘 아들의 거룩한 손에 못 박히는 소리를 듣게 하소서! 그 소리가 메마른 심령을 울려 움켜쥔 손 펴고 하늘 사랑을 나누게 하소서!

하늘 아들의 발이 어떤 발인가! 요한에게 세례 받으러 요단강으로 가던 발, 하늘 아버지의 뜻을 이루기 위해 성령에 이끌려 마귀에게 시험 받으러 광야로 가던 발, '회개하라 천국이 가까이 왔느니라' 외치며 하늘 복음을 전하러 다니던 발, 갈릴리 바다를 배로 건너가다가 거센 풍랑을 만나 위험에 처한 제자들을 구하기 위해 물 위를 걷던 발, 잃은 양을 찾아 귀신들린 딸을 고쳐주기 위해 머나먼 이방 땅 두로 지방까지 가던 발, 죄인이라 손가락질 받는 여인이 눈물로 적시고 머리털로 닦고 입 맞추고 향유를 부은 발, 생명의 길을 열기 위해 죽음이 기다리는 예루살렘으로 향하던 발, 죄인을 구원하기 위해 십자가를 지고 골고다로 걸어가던 발이 아닌가! 구원의 길, 생명의 길을 열어가던 발인데 왜 그 거룩한 발에 못을 박아야 했는가!

하늘 아들의 거룩한 발에 못 박히는 소리 들어야 한다. 그러나 죄인을 구원하기 위해 고난의 길, 십자가의 길, 모욕과 수치의 길을 잠잠히 걸어가신 그 발에 못 박히는 소리를 들을 수가 없다. 그 소리를 들어야 천하보다 귀한 한 생명이라도 살리려 하늘 아들이 가신 길을 따라 갈 수 있는데, 그 소리가 들리지 않는다. 하늘 아버지여! 이 죄인이 십자가에 달린 하늘 아들의 못 박힌 발을 붙잡을 때 그 발에 못 박히는 소리 듣게 하소서! 하늘 아들의 거룩한 발에 못 박히는 소리가 내 심령에 울려 하늘 아들의 발걸음을 따라 가게 하소서! 아골 골짝 빈들에도 생명의 말씀 듣고 따라 가게 하소서!

하늘 아들이 저주의 나무에 달려 지옥 고통을 당하며 하늘 아버지를 향해 마지막으로 부르짖으며 남겨주신 말, "엘리 엘리, 라마 사박다니." 죄인 중의 죄인인 이 죄인을 구하려 화목제물로 거룩한 생명과 함께 하늘에 올려드린 마지막 간구다. 흠도 없고 티도 없는 깨끗한 생명, 창조주의 생명을 제물로 드리며 남겨주신 장엄한 사랑의 부르짖음이다. 그러나 하늘 아들이 남겨주신 처절한 부르짖음이 들리지 않는다. 그 부르짖음을 들어야 하늘 아버지의 사랑을 받아 누리며 나눌 수 있는데 들을 수가 없다. 하늘 아버지여! 사랑하는 아들의 부르짖음을 듣기 위해 골고다까지 찾아왔는데 들리지 않습니다. 십자가를 붙잡고 가슴 치며 애통한 심령으로 찾아 왔으니 장엄하고도 처절한 그 부르짖음을 들려주소서! "엘리 엘리 라마 사박다니!" 그 부르짖음이 이 죄인의 발끝에서부터 머리끝까지 채워지게 하소서!

하늘 아들이 부르짖는 소리를 듣고 하늘 아버지 앞으로 나갈 때 하늘 사랑을 강물과 같이 부어주소서! 그 부르짖음으로 강퍅한 심령 깨뜨려 옥토와 같이 만들어 주소서! 광야와 같이 메마른 심령에 사랑의 샘물 솟아나 용서의 꽃 피고 사랑의 열매 맺게 하소서!

7-19

하늘 성에서

대제사장 가야바
하늘 아버지의
거룩한 성에서
하늘 아들을
결박해 끌고 가
큰 일 저질렀다

죄가 없는 하늘 아들을
흉악한 죄인이라 우기며
총독 빌라도에게
십자가에 못 박으라
윽박지른 가야바

하늘을 보지 못한
어리석은 가야바
십자가에 못 박힌
하늘 아들의 피 값
어찌 감당하려느냐

대제사장 가야바
하늘 아버지의
가슴 찢어 놓고
짐승의 피 뿌려
거룩한 하늘나라에
들어갈 수 있겠느냐

'부메랑' 놀이는 부메랑을 자기가 던지고 자기가 받는 놀이다. 마치 낫처럼 돼 있는 부메랑을 던지면 멀리 날아갔다가 던진 사람 앞으로 다시 돌아온다. 부메랑 놀이에도 룰이 있다. 부메랑의 룰은 무엇일까? 첫째, 멀리 갔다가 되돌아와야 한다. 둘째, 돌아오는 시간이 길어야 한다. 셋째, 상상을 초월해서 이상하게 갔다가 돌아와야 한다. 넷째, 던진 자리에서 한 발자국도 움직이지 않고 돌아온 부메랑을 받아야 한다. 인생은 부메랑이다. 자신이 던진 것이 자기에게로 돌아온다. 뿌린 대로 거둔다는 말이다.

《탈무드》에 이런 이야기가 나온다. 구두쇠 주인이 종에게 돈은 주지 않고 빈 술병을 주면서 말했다. "술 좀 사오너라." 종이 말했다. "주인님, 돈을 주셔야 술을 사오지요." 주인이 말했다. "돈 주고 술 사오는 거야 누군들 못 하겠니, 돈 없이 술 사오는 것이 비범한 것이지." 종은 아무 말도 하지 않고 빈 술병을 가지고 나갔다. 얼마 후 종은 빈 술병을 가지고 돌아와 주인에게 내밀었다. 빈 술병을 받아든 주인이 화를 내며 말했다. "빈 술병을 주면 어떻게 술을 마시느냐, 이놈아!" 종이 말했다. "술 가지고 술 마시는 것이야 누군들 못 마시겠습니까. 빈 술병으로 술을 마셔야 비범한 것이지요."

대제사장 가야바는 욕심에 눈이 멀어 자신이 던진 부메랑이 자신에게 돌아온다는 것을 몰랐다. 가야바는 복음을 전하는 하늘 아들을 죽이기로 모의했다. 하늘 아들 한 사람만 죽이면 자신들이 언제까지나 권세를 누리며 편안한 여생을 보낼 것 같았다. 그래서 거룩한 하늘 아버지의 독생자를 신성모독 했다고 잡아끌고 와 심문한 후 사형에 해당한다고 결정을 내렸다. 그리고 로마 총독 빌라도에게 하늘 아들을 잡아끌고 가 십자가에 매달아 죽일 것을 강요했다.

대제사장이 어떤 자리인가? 예루살렘 성전에서 하늘 아버지를 섬기는 제사장들 가운데 우두머리가 아닌가! 거룩한 성전에서 성소까지는 제사장들이 들어갈 수 있으나 성소와 지성소를 나누고 있는 휘장 너머로는 아무나 들어갈 수 없다. 하나님 앞에서 정결하고 깨끗한 자만이 들어갈 수 있다. 죄인이 들어가면 죽음이다. 그러나 대제사장은 하늘 아버지의 각별한 은혜로 1년에 한 번 지성소에 들어갈 수 있다. 대제사장이 지성소에 들어갈 때는 자신과 이스라엘 백성들의 죄 값으로 짐승을 잡아 그 피를 제단과 속죄소에 뿌려 속죄의 과정을 거쳐야 살아나올 수 있다. 대제사장은 하늘 아버지께서 세운 특별한 직분이다.

대제사장 가야바가 하늘 아버지의 거룩한 성에서 큰일을 저질렀다. 하늘 아버지의 거룩한 뜻을 이루기 위해 사람의 몸으로 이 땅에 온 사랑하는 아들을 참람하다며 붙잡아 끌고 와 공회 앞에 세우고 심문했다. 하늘 아들을 죽이려고 거짓 송사를 하는 이런 사람 저런 사람의 고발을 들어보아도 명백하게 죽일 죄를 줄만한 근거를 찾지 못했다. 가야바가 직접 하늘 아들에게 물었다. "네가 하나님의 아들 그리스도냐?" 하늘 아들이 대답했다. "이 후에 인자가 권능의 우편에 앉아 있는 것과 하늘 구름을 타고 오는 것을 너희가 보리라." 가야바가 입고 있던 대제사장의 옷을 찢었다. 거룩한 하늘 아들을 보고 신성모독 했다고 우기며 사형에 해당한다고 선언했다. 하늘 아들을 끌고 사람을 죽일 수 있는 권한이 있는 이방인 로마 총독 빌라도에게 갔다.

총독 빌라도가 하늘 아들을 심문했다. 고발하는 송사를 아무리 살펴보아도 죄를 찾지 못했다. 빌라도는 난감했다. 빌라도가 아무리 생각해보고 따져 보아도 죄를 줄만한 근거가 없으니 어찌하겠는가! 그래도 명색이 로마 총독인데! 그 자리가 어중이떠중이가 올라갈 수 있는 만만한 자리가 아닌데, 사리판단 능력이 없으면 올라갈 수 없는 자리다. 총독의 아내마저 나섰다. 사람을 보내 오늘 꿈에 하늘 아들로 인해 애를 많이 태웠으니 저 옳은 사람에게 아무 상관도 하지 말라고 충고했다. 총독이 무리들에게 하늘 아들에게서 죄를 찾지 못했으니 방면하겠다고 말했다. 무리들이 펄쩍 뛰며 십자가에 못 박으라고 미친 듯이 소리질렀다. '유대인의 왕'이라는 하늘 아들을 죄가 없다고 놓아주면 로마황제 가이사의 충신이 아니라고 협박했다. 빌라도가 하늘 아들을 놓아주었다가는 폭동이라도 일으킬 것 같아 무리들의 힘에 눌려 하늘 아들을 십자가에 못 박으라 내주었다. 그리고 나는 무죄하다며 무리들 앞에서 손을 씻었다. 무리들이 소리를 질렀다. "그 피 값을 우리와 우리 자손에게 돌리소서!"

대제사장 가야바는 하늘을 보지 못했다. 하늘 성으로 가는 거룩한 길을 보지 못했다. 짐승의 피를 뿌리고 지성소에 들락거리던 가야바는 짐승의 피로 하늘 성에도 들어갈 수 있다고 착각했다. 가야바는 하늘 아들이 달린 십자가 없이는 하늘 성으로 들어갈 수 없다는 것을 몰랐다. 하늘 아버지의 각별한 사랑으로 대제사장이 된 가야바는 하늘 아

들이 십자가에서 찢어질 때 하늘 아버지의 가슴이 찢어지는 것을 보지
못했다. 거룩한 하늘 아들을 흉악한 죄인으로 몰아 십자가에 달리게
하고 하늘 아버지의 가슴을 찢어놓은 대제사장 가야바는 하늘 성에서
심판의 주 앞에 서게 될 것이다. 그리고 심은 대로 거두게 될 것이다.

부활의 노래

8-1
부활의 벚꽃

온 몸으로
일구어낸 결실
아낌없이 다 주고
벌거벗은 몸으로
인고의 계절을
맞이한 벚나무

몰아치는 삭풍에
눈보라 맞아가며
아린 가슴에
생명의 씨앗
품었다

하늘 은총
봄비처럼 내려
언 가슴 녹일 때
부활의 꽃망울을
활짝 터뜨리고
꽃 춤을 춘다

부활의 기쁨에
환한 웃음으로
나비춤 추며
흐르는 눈물에
사뿐 사뿐
날아 내린다

고난주간을 보내고 부활절을 맞이할 때면 벚꽃이 핀다. 벚나무는 히말라야 지역이 원산지라 하지만 지금은 북반구 어느 지역에서나 핀다. 서양에서는 벚꽃을 순결한 처녀를 나타내기도 하고, 일본에서는 부와 번영, 행운을 상징하기도 해 많은 사람들이 벚꽃을 좋아하고 즐긴다. 우리나라에도 봄이 되면 이 동네 저 동네 벚꽃이 피고, 소문난 곳은 벚꽃축제를 벌이고 벚나무 길은 구경꾼들로 차고 넘친다. 꽃나무 중에서도 벚나무만큼 꽃을 한꺼번에 무더기로 터뜨리는 나무는 별로 없다. 손톱만한 작은 꽃 서너 개가 잎겨드랑이에 달려 군락을 지어 피는 벚꽃이지만 꽃 하나하나가 아리따운 자태를 뽐낸다. 겨울이 추울수록 화사하게 핀 벚꽃은 얼어있던 마음을 사로잡고 녹인다.

벚나무가 아름다운 꽃을 화려하게 피우기까지는 고난의 계절을 보내야 한다. 푸른 시절 부지런히 일구어낸 결실을 아낌없이 다 주고 소슬한 바람이 부는 계절이 다가오면 아름답게 차려입은 치장까지 다 벗어버린다. 그리고 인고의 계절을 맞이한다. 빈 몸에 삭풍이 몰아칠 때는 견디기 힘들어 웅웅거리는 소리를 내며 울먹인다. 빈 가지에 겨울눈 소복이 쌓여 속까지 얼어붙을 때는 부르르 떨기도 한다. 그러나 벚나무는 고난의 시절에도 부활의 꿈을 꾸며, 아린 가슴에 생명의 씨앗을 품는다. 고난이 혹독해질수록 생명의 씨앗은 영글어간다.

혹독한 시절도 때가 되면 물러가게 돼있다. 오르막이 있으면 내리막이 있고, 내리막이 있으면 오르막이 나타난다. 힘든 시절이 지나가면 좋은 시절이 다가온다. 계절의 법칙이고 인생의 굴곡이다. 하늘 은총으로 얼었던 대지가 녹아내리면 생명이 기지개를 켜기 시작한다. 인고의 계절을 견디어낸 벚나무도 가슴을 활짝 펴고 움츠렸던 팔을 뻗어 들어 올리며 하늘에 감사한다. 봄비가 소리 없이 내려 언 가슴 녹일 때 생명의 씨앗은 꽃망울을 열고 꿈을 터뜨리며 푸른 계절을 맞이한다.

벚꽃이 피는 때는 고난이 영글어 부활의 기쁨을 노래하는 계절이다. 하늘 아들이 고난과 수치를 당하며 목숨을 걸고 열어놓은 생명의 길을 하늘 백성들이 따라가며 감사하는 마음으로 고난의 아픔을 나눈다. 태초에 천지만물을 창조하신 여호와, 빛이 있으라 하시매 빛이 있었던 창조주가 세상 죄를 지고 걸어가신 길은 수치와 모욕의 길이요 지옥 고통으로 가득 찬 길이다. 그러나 하늘 아들은 겪어야 할 고난과 고통을 다 겪고 죽음을 넘어섰다. 다시 살아 나셨다. 십자가의 길, 고난의 길을 믿음으로 따라가는 죄인들에게 부활의 기쁨을 주었다.

꿈이 영글어 꽃망울을 터뜨린 벚나무는 환한 웃음으로 하늘 아들의 부활을 축복하는 꽃 잔치를 벌인다. 살랑살랑 거리는 바람결을 따라 하늘하늘 춤추며 날아오르는 벚꽃은 하늘 아버지를 향해 감사의 노래를 부르고, 고난의 길을 걸으며 부활의 소망을 꿈꾸던 하늘 백성들은 환희의 눈물을 흘리며 기뻐한다. 번데기가 고치를 뚫고 나와 하늘을 날아오르듯, 고난의 질곡을 넘어선 믿음의 사람들은 하늘 아버지를 향해 부활의 기쁨을 노래하고 꽃잎 따라 나비춤 추며 날아오른다.

빈 무덤에서

골고다 언덕 아래
빈 무덤 속으로
사람 물결 따라
흘러들어갔다

빈 돌판 붙잡고
하늘에 올린 기도
이 죄인을
왜 빈 무덤으로
부르셨습니까

부활의 주님
승천한 지 언젠데
어찌하여
빈 무덤으로
부르셨습니까

심령 속에
가득 찬 죄악을
빈 무덤에
쏟아놓으라고
부르셨습니까

하늘 아버지여
말씀 따라
빈 돌판 위에
세상 것 모두
쏟아 놓겠습니다

미움과 증오
모두 쏟아놓고
하늘 아들이 남긴
용서와 사랑으로
채우겠습니다

빈 마음에
채워주시는
하늘 사랑 나누고
십자가 은혜를
전하겠습니다

$$\triangleright \triangleright \triangleright \triangleright$$

노자(老子)의 《도덕경》에 나오는 말이다. 굴러가는 바퀴에 서른 개의 바큇살이 중심의 바퀴통에 모여 있지만 바퀴통 복판이 비어 있어야 바퀴가 찌그러지지 않고 잘 굴러갈 수 있다. 찰흙을 이겨 불에 구워낸 옹기그릇은 속이 비어 있어야 쓸모가 있다. 집을 지어 문과 창을 내고 방을 만들지만 방 안이 비어 있어야 방으로 쓸모가 있다. 그러므로 있음은 이로움을 위한 것이지만, 없음은 쓸모가 있도록 하는 것이다.

정욕과 탐욕과 교만으로 가득 찬 심령 속에는 진리가 자리 잡을 빈자리가 없다. 더더구나 정보가 홍수같이 밀려들어오고 있는 세상이다. 있어도 그만, 없어도 그만인 정보가 대부분이다. 쓰레기와 잡동사니 같은 정보도 많다. 거룩한 생명의 말씀을 들어도 자리매김을 할 곳이 없으니 홍수같이 밀려들어오는 정보에 휩쓸려 순식간에 모두 떠내려가 버린다. 영원한 생명의 길로 이끌어가야 할 말씀인데, 캄캄한 세상에서 발의 등불이 돼 걸음을 인도해야 할 말씀인데 말씀을 들어도 남아있지 않는다. 쓰레기와 잡동사니로 가득 찬 옹기그릇에는 소중한 것을 담고 싶어도 담을 수가 없다. 비워야 소중한 것을 담을 수 있고, 생각할 수 있고, 새로운 것을 창조할 수 있다. 아이폰을 만들어 세상 사람들의 삶을 바꾸어버린 스티브 잡스는 생각 속의 여백의 미를 생활화하고 있었다. 빈공간의 의미를 잘 아는 사람이다. 그래서 스티브 잡스가 입고 있는 옷에는 단추가 없다. 생활을 단순화 시켜 여유를 가지고 마음에 빈자리를 남겨 두고 있다. 그래야 창조적인 생각을 할 수 있다. 신앙도 마찬가지다. 마음에 빈자리가 있어야 생명의 말씀을 담을 수 있고, 묵상하고 깨달음을 얻을 수 있고, 하늘이 내려주는 사랑과 은혜를 누릴 수 있다.

비아 돌로로사 길을 따라 가다보면 마지막 지점인 골고다 언덕에 성분묘교회가 있다. 골고다 언덕을 깎아 그 위에 세운 교회다. 교회로 들어가면 1층에 하늘 아들이 십자가에 달려 죽은 후 묻혔던 무덤이 나온다. 아리마대 요셉이 바위를 파서 만든 새 무덤이다. 조그만 동굴 같이 생겼다. 그 무덤에 들어가 기도하기 위해 수많은 순례자들이 줄을 서서 기다리고 있다. 사람들이 줄을 서서 기다리는 모습이 밀려들어 오는 물결처럼 보인다. 서너 시간은 기다려야 무덤에 들어갈 수 있을 정도다. 하늘 아들이 십자가에 달려 죽은 후 세마포로 싸서 누인 자리를 만져보고 그 곳에서 잠간이나마 기도하기 위해서다. 여러 날 살펴보다가 기다리는 사람들이 적을 때 나도 줄을 섰다. 드디어 사람 물결 따라 빈 무덤 안으로 들어갔다. 동굴 무덤에는 방 같이 생긴 공간이 두 개 있었다. 첫번째 방에서 잠간 대기하다가 세마포를 싼 시체를 놓아두는 방으로 들어갔다. 네 명씩 들어가 빈 돌판 앞에서 무릎을 꿇고 기도한다. 기다리는 사람들이 많아 기도하도록 주어진 시간은 3분도 채 안 되는 것 같다.

시체를 올려놓기 위해 돌을 깎고 다듬어 평평하게 만든 돌판 앞에서 빈 돌판을 붙잡고 기도했다. 하늘 아버지여, 이 죄인 왜 빈 무덤으로 부르셨습니까? 무덤 속 돌판 위에 뉘었던 사랑하는 아들이 다시 살아나 하늘 아버지께로 돌아간 지가 언젠데 어찌하여 빈 무덤으로 부르셨습니까? 하늘 아버지께서 빈 무덤을 채우라 하신다. 정욕으로 품고 있는 더러운 욕심, 채울수록 채우고 싶은 끝없는 탐욕, 하늘을 보지 못하고 땅만 바라보며 고아와 과부와 나그네를 돌보지 않고 낮은 자를 업신여기는 교만을 돌판 위에 모두 쏟아놓으라 하신다. 빈 무덤 채우고 빈 마음으로 나오라 하신다. 더럽고 추악한 것으로 가득 채워진 마음을 비우지 않고는 하늘의 것, 신령한 것을 줄 수 없고, 준다 해도 담을 수가 없다고 하신다.

하늘 아버지여, 말씀 따라 빈 돌판 위에 모든 것 쏟아 놓겠습니다. 하늘 아들이 이 죄인 살리려 십자가에 달려 목숨 걸고 모든 것을 쏟아 부어 주셨으니, 이 죄인 주님 뉘었던 빈 돌판 위에 모든 것 쏟아 놓고 하늘 아들의 은혜로 빈 마음을 채우겠습니다. 빈 무덤에 모든 것을 쏟아 놓고 한량없이 부어주시는 하늘 아버지 사랑으로 빈 마음을 채우겠습니다. 하늘 아버지여, 이 죄인 떠날 때 빈 무덤을 가슴에 담고 가게 하소서! 십자가 앞에 설 때마다 허물과 죄를 쌓아두지 않고 빈 무덤에 쏟아 놓겠습니다. 빈 마음에 채워주시는 하늘 사랑 나누고, 십자가 은혜를 전하겠습니다.

하늘 아버지여, 미움이 미움을 낳고, 증오가 증오를 낳아 세상이 멸망의 길로 달려가고 있습니다. 미움과 증오가 가득한 심령들 빈 무덤 만나게 하소서! 빈 무덤에 모든 것 쏟아놓고, 빈 마음에 용서와 사랑으로 채우게 하소서! 미움과 증오로 상처 받은 심령들에게 용서와 사랑만이 치유 받는 길임을 알게 하소서! 십자가 사랑 없이는 어느 누구도 살 길이 없다는 것을 알게 하소서! 빈 마음에 넘치도록 부어주시는 하늘 사랑을 누리며 그 사랑 나누며 살게 하소서!

8-3

네가 주의 종이냐

메시아로 오신
하늘 아들이
복음 전한다고
끌고 왔다

대제사장 가야바가
하늘 아들을
심문했다
네가 하늘 아들이냐

돈과 권력과 명예를
움켜쥐고 놓지 못해
하늘 아들을
정죄한 가야바

하늘 아들이
하늘 심판 앞에서
대제사장 가야바를
심문하리라
네가 대제사장이냐

사랑하는 주님
이 죄인도
세상 것 좇아가며
가야바처럼 살았습니다

주의 종 된 죄인
세상으로
눈길 줄 때마다
말씀하소서
네가 주의 종이냐

▷▷▷▷

'파랑새 증후군'이라는 말이 있다. 행복은 항상 가까이 있는데도 멀리 있는 것으로 착각해서 찾아 헤매는 병적인 증상을 말한다. '파랑새 증후군'이란 말은 벨기에의 극작가이자 수필가인 마테를링크가 쓴 유명한 희곡《파랑새》의 주인공에게서 나왔다. 희곡《파랑새》의 줄거리는 이렇다. 크리스마스 전날 밤, 가난한 나무꾼의 두 어린 남매 치르치르와 미치르는 부잣집 아이들이 즐기고 있는 파티를 바라보며 저 아이들은 얼마나 행복할까라고 생각하며 부러워한다. 그날 밤 이 두 어린 남매가 꿈을 꾼다. 꿈속에서 요술 할멈이 나타나 아픈 딸을 위해 '행복의 파랑새'를 찾아 달라고 부탁한다. 그래서 두 남매는 '행복의 파랑새'를 찾아 머나먼 여행길을 떠난다. 온갖 동물들이 있는 숲속의 나라를 둘러보고, 밤의 궁전에 있는 방들도 하나하나 열어보고, 묘지에도 가보고, 행복의 궁전에도, 미래의 나라에도 가본다. 그러나 아무 데서도 '행복의 파랑새'를 찾지 못하고 집으로 돌아온다. 다음 날 아침, 잠에서 깬 두 남매는 어젯밤 그들이 함께 '행복의 파랑새'를 찾으러 갔다 왔다는 것을 알게 된다. 그러다가 그들은 자기 집 문에 매달린 새장 안에서 그 행복을 뜻하는 파랑새를 찾게 된다는 이야기다. 행복의 파랑새는 먼 곳에 있는 것이 아니라 늘 가까운 곳에 있다는 것이다. 이 희곡《파랑새》는 1911년 노벨 문학상을 받았다.

택한 백성, 택한 나라 이스라엘 땅에 하늘 아들이 사람의 몸으로 왔다. 택한 백성들에게 하늘나라를 전하기 위해서다. "회개하라 천국이 가까이 왔다"고 외쳤다. 그러나 택한 백성들은 하늘의 것을 바라보지 않고 땅의 것을 좇아갔다. 당장 달콤한 권력과 명예와 돈을 따라 좇아 갔다. 그리고 하늘 복음을 전하는 하늘 아들이 그들이 기다리는 메시 아임에도 아니라고 우기며 몰아세웠다. 대제사장 가야바가 하늘 아들을 잡아와 심문했다. "네가 하늘 아들 그리스도냐?" 하늘 아들이 그렇다고 했는데도 믿지 않고 참람하다며 십자가에 못 박는 일을 저질렀다. 대제사장이 세상 것에 눈이 가려 눈앞에 있는 그리스도를 알아보지 못한 것이다. 파랑새 증후군으로 말하자면 중증이다. 이것은 보통 문제가 아니다. 하늘나라로 갈 기회를 놓쳐버리고 영원한 불지옥으로 가게된 것이다.

성경은 심판에 대해 말씀하고 있다. 구원받은 백성은 생명의 부활로, 구원받지 못한 죄인은 심판의 부활로 나오게 된다. 그 날에 바다가 죽은 자들을 내주고, 사망과 음부도 죽은 자들을 내주매 큰 자나 작은 자나 하늘 보좌 앞에 서 있는데 책들이 펴 있고 생명책도 펴 있어 책에 기록된 대로 심판을 받게 된다. 누구든지 생명책에 기록되지 못한 자는 영원한 불 못에 던져질 것이다.

하늘 아들이 말씀대로 이 땅에 와서 눈먼 자를 보게 하고, 못 듣는 자를 듣게 하고, 말 못하는 자를 말하게 하고, 나면서 걷지 못하던 자를 일으켜 주고, 혈루병과 나병을 고쳐주고, 죽은 자를 살리며 하늘 복음을 전했다. 택한 백성 이스라엘이 기다리고 있는 메시아 즉 그리스도가 바로 하늘 아들이라는 것이다. 죄성이 강한 인간은 움켜쥔 것을 놓지 못한다. 하늘 아들이 기적과 이사를 행하며 복음을 전하자 유대인의 지도자로 행세하는 제사장들과 서기관들과 바리새인들은 난감했다. 자신들이 누리고 있는 자리가 위태롭다고 생각했다. 가진 것을 놓기 싫었다. 하늘 아들이 복음을 전한다며 잡아서 끌고 왔다. 대제사장 가야바가 하늘 아들을 심문했다.

대제사장 가야바가 권력과 명예를 내려놓지 못해 하늘 아들을 사형에 해당한다며 정죄했다. 높은 자리를 차지하고, 권력을 휘두르며, 명예를 누리고 있던 유대인 지도자들과 그들을 추종하던 자들이 둘러서서 보는 앞에서 위엄 당당하게 하늘 아들을 업신여기며 정죄했다. 죄인들이 하늘 아들에게 침 뱉고, 주먹으로 치고, 손바닥으로 때리며 그리스도 노릇을 하라며 조롱했다. 심판받을 죄인들이 심판의 주, 거룩하신 하늘 아들을 정죄하고 조롱한 것이다.

그날에 모든 죄인들이 하늘 아들 심판대 앞에 설 것이다. 하늘 아들 앞에서 위엄을 부리며 네가 그리스도냐고 하늘 아들을 치며 조롱하던 자들도 심판대 앞에 설 것이다. 하늘 아들이 심판대 앞에 선 대제사장 가야바를 심문할 것이다. "네가 대제사장 가야바냐!" 가야바는 땅만 보고 땅의 것이 전부인 것처럼 살았지 하늘을 보지 못했다. 하늘 아버지를 보지 못했고, 하늘 아버지의 뜻을 이루기 위해 이 땅에 오신 그리스도를 보고도 알지 못했다. 대제사장 가야바는 영원한 하늘나라를 눈앞에 두고도 잡지 못하고 영원한 불 못에 던져져 이를 갈며 가슴을 치게 될 것이다.

하늘 아버지여! 이 죄인이 하늘을 보지 못하고 땅의 것만 바라보고 권력과 명예를 좇아가며 살았습니다. 가야바처럼 살았습니다. 다행히도 하늘 아버지의 은혜로 사랑하는 아들이 달린 십자가를 만나 하늘을 보게 되었습니다. 십자가를 바라보고 계신 하늘 아버지의 고통과 슬픔을 보았습니다. 사랑하는 아들을 십자가의 제물로 삼아 이 죄인을 구원하신 아버지의 사랑을 보았습니다. 사랑하는 주님, 주의 종 된 이 죄인이 십자가를 외면하고 세상 것에 눈길을 줄 때마다 "네가 주의 종이냐!"라는 말씀 들려주소서! 이 땅에서 이 말씀 듣게 하시고, 하늘 심판대 앞에서는 "잘 했다 착한 종"이라는 칭찬 듣게 하소서!

8-4

통곡의 벽에서

하늘 백성들의 죄로
거룩한 성이
무너져 내릴 때
흩은 백성 돌아오라
긍휼 베푸신 아버지

떠돌던 하늘 백성들
남겨진 긍휼의 뿌리
통곡의 벽 찾아
은총의 땅으로
돌아왔다

하늘 아버지여
돌아온 백성들이
성전 그루터기에
회개의 눈물 뿌릴 때
생명의 역사가
일어나게 하소서

새 예루살렘 성에서
쏟아지는 생명수
사방으로 흘러나가
사망이 가득한 땅에
생명의 역사가
일어나게 하소서

미움과 증오로
메말라버린 심령에
은혜의 물이 흐르고
생명의 역사 일어나
용서와 사랑의 열매
열리게 하소서

▷ ▷ ▷ ▷

자연산 물고기가 왜 양식장 물고기보다 맛있고 영양이 더 좋은 것일까? 양식장의 물고기는 위험이 없는 평안하고 쾌적한 환경에서 자란다. 먹이를 찾아 여기저기 열심히 다닐 필요도 없고, 천적을 피해 숨이 턱에 닿도록 도망 다닐 필요도 없다. 그래서 회를 떠도 육질이 연하고 탄력이 없어 식감이 좋지 않다. 그러나 강이나 바다에서 자란 자연산 물고기는 세찬 파도를 만나 어려운 고비를 넘기기도 하고, 천적을 피해 온 힘을 다해 달아나기도 하고, 생존을 위해서는 위험한 곳을 오가기도 한다. 스스로 살아남기 위해 열악한 환경 속에서 최선을 다한다. 그래서 자연산 물고기의 회는 탄력이 있고 영양도 풍부하고 맛도 있다.

서리가 알곡을 만들고, 비가 와야 무지개를 볼 수 있다. 사람도 마찬가지다. 하나님이 결코 자신을 버리지 않았다는 믿음으로 사는 사람들은 열악한 환경 속에서 고난을 당할수록 하나님을 찾고 기도하며 믿음으로 환경을 헤쳐 나가며 더욱 성숙하게 되고 강하게 된다. 믿음의 사람들이 실패를 하더라도 좌절하지 않고 다시 일어서는 것은 하늘 아버지가 계시기 때문이다. 하늘 아버지께서는 실패와 시련을 통해서 사랑하는 자녀들을 연단시키신다는 것을 알기 때문이다.

하늘 아버지의 택한 백성들은 몰랐다. 예루살렘 성이 터가 높고 아름다운 돌로 만들어진 견고한 성이지만 열방이 놀라고 두려워하는 요새가 된 것은 그 성이 전능하신 만군의 주 여호와 하나님이 임재하기 때문이라는 것을 몰랐다. 택한 백성 이스라엘이 세상이 부러워하는 뛰어난 민족이 된 것은 스스로 능력이 뛰어나서가 아니라 하나님이 택하시고 함께 하시고 인도하시기 때문이었다. 거룩한 시온 성 예루살렘이지만 하나님이 외면하시면 하루아침에 무너질 수 있고, 택한 백성 이스라엘이지만 하나님이 함께 하지 않으면 열방으로 흩어져 고아와 같이 방황하고 멸시와 핍박을 받을 수밖에 없다. 예루살렘 성이 거룩한 시온 성이 된 것은 하나님이 임재하기 때문이다. 그리고 하늘 백성들이 세상을 이기는 거룩한 백성이 될 수 있는 것도 하나님이 함께 하시기 때문이다.

하늘 아들이 십자가에 달리기 전에 제자들이 예루살렘 성을 바라보며 감탄했다. 아름다운 돌들과 헌물로 만들어진 얼마나 웅장한 성인가! 그러나 하늘 아들은 충격적인 말씀을 하셨다. 제자들이 부러워하는 예루살렘 성이 돌 하나도 돌 위에 남지 않고 다 무너진다는 것이다. 거룩한 성 예루살렘이 하늘 아버지께서 보낸 선지자들을 죽이고, 파송된 자들을 돌로 치며, 하늘 아버지의 품으로 돌아오는 것을 원하지 않았다. 그리고 메시아로 오신 하늘 아들마저 십자가에 못 박아 죽였다. 거룩한 성이 추악한 죄악으로 넘쳤다. 예루살렘 성은 무너졌다. 하늘 아들이 예언한 대로 주후 70년 로마의 디도 장군에 의해 돌 하나도 돌 위에 남지 않을 정도로 철저하게 파괴됐다. 예루살렘 성은 불타고 성 안에 있던 대부분의 사람들은 살해되고 남은 자들은 동서남북으로 흩어졌다.

그러나 하늘 아버지께서는 긍휼을 베푸셨다. 돌 하나도 돌 위에 남지 않아야 할 예루살렘 성이지만 성의 서쪽 성벽 한 귀퉁이를 남겨놓았다. 그 벽을 통곡의 벽(Wailing Wall) 혹은 서쪽 벽(Western Wall)이라 부른다. 통곡의 벽은 하늘 아버지께서 남겨놓으신 긍휼의 뿌리다. 목자 없는 양 같이 여러 나라로 흩어져 이방인들의 핍박과 눈총을 받으며 살고 있는 택한 백성 유대인들이 때가 됐을 때 돌아오라고 거룩한 성의 그루터기를 남겨 놓은 것이다. 이스라엘 백성들은 이천년 가까이 이 나라 저 나라로 떠돌아다니며 많은 환란을 겪었다. 독일 나치에 의해서는 6백만 명이나 되는 유대인들이 죽임을 당했으며, 그 중에는 어린 아이들도 150만 명이나 포함돼 있었다. 제2차 세계대전이 끝나자 유대인들이 예루살렘 성이 있는 팔레스타인 땅에 나라를 세웠다. 세상 사람들은 기적이라 한다. 세계 각국으로 흩어진 민족이 이천년 가까이 지났는데도 사라지지 않고 다시 모여 나라를 세운 것이니 기적이라 할만하다. 흩어진 유대인들이 하나님을 떠나 살았다면 다른 민족과 동화돼 세상에서 벌써 사라져버렸을 것이다. 그러나 유대인들은 이 나라 저 나라로 가는 곳마다 환란과 핍박을 당했지만 여호와 하나님을 잊어버리지 않았다. 여호와께서 임재하시던 거룩한 성 예루살렘을 사모하며 살았다. 때가 되매 여호와 하나님이 이스라엘을 회복시켜 주신 것이다.

나라가 회복되자 이스라엘 백성들이 팔레스타인 땅, 여호와 하나님이 인도하신 젖과 꿀이 흐르는 은총의 땅으로 돌아왔다. 거룩한 성 예루살렘으로 돌아온 택한 백성들이 하늘 아버지께서 남겨놓으신 긍휼의 뿌리를 찾아 모여든다. 열방에 흩어져 온갖 고난과 핍박을 견딘 택한 백성들이 무너지지 않고 남아있는 통곡의 벽으로 찾아와 그 벽을 붙잡고 통곡하고 있다. 통곡의 벽에 가면 하루도 빠짐없이 수많은 유대인들이 벽을 향해 성경을 읽고 연구하고 묵상하고 있는 모습과 벽을 붙잡고 머리를 앞뒤로 흔들며 기도하는 모습을 볼 수 있다. 그들은 하나님 말씀에서 어떤 깨달음을 얻고 어떤 기도를 드리고 있는 것일까? 열조들과 자신들이 저지른 죄악을 하나님 앞에 내어놓고 회개의 눈물을 뿌리며 이제는 하늘 백성답게 거룩하게 살아가리라 결단하고 있는 것일까?

하늘 아버지여, 통곡의 벽으로 돌아와 성전 그루터기에 회개의 눈물을 쏟고 있는 택한 백성들이 그들의 열조가 십자가에 매단 하늘 아들 앞으로 돌아오게 하소서! 그들의 심령에 십자가에 달린 하늘 아들이 이루어놓은 용서와 사랑과 생명의 역사가 일어나게 하소서! 십자가의 은총으로 믿음 위에 든든히 자라는 참 감람나무가 되게 하시고, 하늘 아들이 이루어놓은 새 예루살렘 성을 사모하게 하소서! 새 예루살렘 성에서 쏟아지는 생명수가 젖과 꿀이 흐는 거룩한 땅을 살리고, 동서남북 열방으로 흘러나가 죄악으로 인해 사망이 가득한 땅에 생명나무가 자라고 생명의 역사가 일어나게 하소서! 시기와 증오와 저주가 가득한 심령마다 십자가의 피로 깨끗하게 씻어주시고 하늘로부터 내리는 은혜의 물이 강같이 흘러 생명의 역사가 일어나고 용서와 사랑의 열매가 열리게 하소서!

8-5

하나님 나라

회개하라
천국복음 전하던
하늘 아들이
십자가에 달렸다

의에 주린 자가
십자가 붙잡을 때
영의 눈 열리고
하늘나라 가는 길
보인다

하늘 아버지의 아픔
사랑하는 아들 목숨
성령의 탄식과 역사
함께 이룬 하늘나라

장엄하고도
아름다운
처절한 사랑으로
이루어놓은 하늘나라

생명수 흐르는 냇가
생명나무 아래서
사랑과 사랑이 만나
하나 되는 나라다

영원한 생명 주려고
화목제물이 된
순결한 어린 양
거기서 만나리라

마음을 다하고
목숨을 다하고
뜻과 힘을 다해
십자가의 길 달려가
거기서 만나리라

하늘나라 거기서
환희의 눈물로
주님 품에 안겨
이렇게 고백하리라
주님 사랑합니다

▷▷▷▷

　천지를 만드신 하늘 아들이 사람의 몸으로 이 땅에 왔다. 약속의 말씀을 이루기 위해 왔다. "회개하라 천국이 가까이 왔느니라!"외치며 천국 복음을 전하던 하늘 아들이 고난의 길을 가다가 십자가에 달려 죽었다. 거룩한 하늘 아들이 하늘나라 전한다고 멸시와 천대, 수치와 모욕을 당하고 흉악한 죄인으로 몰려 십자가에 달려 조롱당하다 죽었다. 우리의 모든 죄악을 담당하고 저주의 나무에 달려 죽은 것이다. 하늘나라가 무엇이기에 거룩한 창조주 성자 하나님이 십자가에 달려 말할 수 없는 고통을 겪으며 처참하게 죽어야 했는가?

　하늘 아들이 이 땅에 와서 십자가에 달려 죽은 것은 하늘 아버지의 뜻이라 한다. 하늘 아들이 그리스도로 십자가에 달려 죽은 것이 하나님의 능력이요 지혜라 한다. 여호와는 공의의 하나님이다. 죄인이 죄의 대가를 치르지 않고는 결단코 의인이 될 수 없다는 것이다. 사탄으로 인해 죄가 세상에 들어왔다. 창조주 여호와의 말씀을 믿지 않고 사탄의 말을 믿어 죄를 범한 사람은 영원히 멸망 받을 수밖에 없고, 이로 인해 땅이 저주받아 만물이 피폐하게 됐다. 사탄이 승리를 외쳤다. 죄로 인해 첫 창조의 세계가 파괴됐다. 그러나 죄인을 의인으로 받아주시고 하나님과 함께 영원히 살 수 있는 새 하늘과 새 땅, 영원한 하늘나라를 이루기 위해 하늘 아버지께서 '신의 한 수'를 준비하고 계셨다. 그것이 바로 하늘 아들이 달린 십자가다.

　죄의 굴레를 벗어나고 싶어도 벗어나지 못하고 의에 주리고 목마른

자가 십자가를 만났다. 자신의 모든 죄악을 담당한 하늘 아들이 처참하게 달려 죽은 십자가를 붙잡고 하늘을 바라보았다. 죄인을 구원하기 위해 사랑하는 아들이 십자가에 달려 지옥 고통을 겪으며 "왜 나를 버리셨느냐"고 부르짖는 모습을 외면하고 있는 하늘 아버지를 보았다. 하늘 아버지께서 버린 십자가, 사랑하는 아들, 기뻐하는 독생자가 달린 십자가를 "이제야 이 죄인이 사랑합니다!" 고백할 때 영의 눈이 열리고 메마른 심령에 하늘 사랑이 강물과 같이 밀려들어왔다. 죄인이 의인돼 하늘나라가 임하는 순간이다. 환희, 환희, 환희, 환희의 눈물로 맞이하는 하늘나라다.

하늘나라는 엄청난 대가를 치르고 이룬 나라다. 성부와 성자와 성령 삼위 하나님께서 모든 것을 쏟아 부어 이룬 나라다. 사랑하는 하늘 아들이 십자가에 달려 지옥 고통을 겪으며 아버지로부터 버림받아 화목 제물이 됐고, 십자가에 달린 사랑하는 아들을 바라보는 하늘 아버지의 슬픔과 아픔과 고통이 있었고, 하늘 아들이 사람의 몸으로 이 땅에 올 때부터 십자가에 달려 죽은 후 사흘 만에 다시 살아나 하늘에 올라 하늘 아버지 우편에 앉기까지 함께 하시고 그리스도의 사명을 감당하도록 도와주신 성령님의 탄식과 역사가 함께 이룬 나라가 하늘나라다. 그래서 하늘나라는 아무나 들어갈 수 없다. 값싼 믿음으로 갈 수 있는 나라가 아니다. 자신의 죄와 허물을 바라보며 십자가를 붙잡고 가슴을 찢으며 회개하는 죄인이 갈 수 있는 나라다. 십자가의 피로 깨끗함을 받은 거룩한 자만이 갈 수 있는 나라다.

하늘나라는 장엄하고도 아름다운 처절한 사랑으로 이룬 나라다. 하

늘 아버지의 한량없는 사랑과, 생명까지도 아끼지 않고 모든 것을 쏟아
부어주신 하늘 아들의 은혜와, 의에 목마른 죄인을 붙잡아 주시고 언제
나 함께 하시면서 십자가 앞으로 인도해 하늘 사랑을 깨닫게 해 주시는
성령님의 역사가 함께 이루어낸 나라다. 죽음까지도 소망 가운데 바라
보며 이길 수 있는 나라가 하늘나라다.

하늘나라가 임한 죄인은 땅에 살지만 땅만 바라보고 살지 않는다.
하늘나라를 바라보며 소망 가운데 준비하며 산다. 하늘나라가 정금과
진주와 화려한 옥과 고귀한 보석으로 장식돼 있다 해서 가고 싶은 것이
아니다. 거기 구원 받은 죄인을 위해 모든 것을 쏟아부어주신 성부와 성
자와 성령 하나님의 사랑이 있기에 하늘나라를 소망하며 목숨을 걸고
서라도 가고 싶은 것이다.

그래서 구원 받은 죄인은 하늘 아버지를 만나 그 품에 안기기를 소원
하며 산다. 이 땅에서는 비록 죄로 인한 슬픔으로 가슴을 찢으며 회개
하며 살지만 하늘나라에 이를 때는 믿음으로 사망을 이기고 사탄의 목
을 밟고 창조주 여호와의 최후의 승리를 외치며 사랑하는 아버지의 품
에 안길 것이다.

그리고 생명수가 흐르는 시냇가 생명나무 아래서 십자가의 은혜로 구
원 받은 죄인을 기다리고 있는 성자 하나님 우리 주 예수 그리스도를 만
날 것이다. 주님께서 부탁하신 어린 양들을 하늘 아버지께서 부어주시
는 한량없는 사랑과 죄인을 구원하기 위해 모든 것을 쏟아부어주신 주
님의 은혜로 잠잠히 품고 사랑하고 돌보며 먹이다가 주님을 만날 것이

다. 마음을 다하고 목숨을 다하고 뜻을 다하고 힘을 다해 주님을 사랑하는 그 사랑으로 양들을 사랑하며 돌보고 치다가 주님을 만날 것이다. 그리고 주님께서 십자가에 달려 찢긴 그 살과 흘린 피와 당한 수치와 모욕으로 양들을 먹이고 양들의 심장에 십자가를 세우다가 주님을 만날 것이다. 영원히 멸망당할 죄인에게 영원한 하늘나라를 주려고 화목제물이 된 순결한 어린 양을 거기서 만날 것이다. 그리고 환희의 눈물로 그 품에 안겨 이렇게 고백할 것이다. "주님, 이 죄인이 주님을 사랑합니다."

하늘나라를 바라보며 사는 죄인은 성령님을 믿고 의지하며 그 나라 가기를 소망한다. 하늘나라 가기가 어찌 쉬운 일이겠는가! 죄인 중의 죄인이지만 철없던 시절부터 함께 하시면서 때로는 탄식하시고, 때로는 슬퍼하시고, 때로는 안타까운 마음으로 권고하시며 이 죄인을 위해 하늘 아버지께 시시때때로 간구하며 십자가 앞으로 인도해 주시는 성령님의 사랑이 없으면 그 나라를 알 수도 없고 갈 수도 없다. 하늘나라 가는 길은 십자가의 길, 고난의 길이 아닌가! 그 나라는 십자가를 만나 하늘 사랑을 깨달은 죄인이 갈 수 있는 곳이다. 하늘 아버지의 사랑과 주님의 은혜를 깨닫고 그 사랑과 그 은혜를 누리도록 하는 성령님의 역사가 있어야 갈 수 있는 곳이다. 이 죄인이 성령님을 의지하고 십자가의 길, 생명의 길을 달려가 그 나라에 이르게 되면 이렇게 고백할 것이다. "성령님, 이 죄인을 이곳까지 인도하기 위해 얼마나 많은 슬픔과 탄식으로 하늘 아버지께 간구하며 인내하셨습니까! 성령님의 열심이 없었으면 이 죄인이 어찌 이곳까지 올 수 있었겠습니까! 이 죄인 이제야 성령님을 사랑합니다."

하늘나라는 구원 받은 죄인이 성 삼위 하나님을 마음과 목숨과 뜻과 힘을 다해 사랑하는 그 사랑과 성부와 성자와 성령께서 모든 것을 쏟아부어주신 장엄하고도 아름답고도 처절한 사랑이 만나는 곳이다. 사랑과 사랑이 만나 하나 되는 나라다. 십자가로 세워진 하늘나라에는 죄로 이끌어가는 선악을 알게 하는 나무가 없다. 십자가로 인해 구원받은 의인이 죄인 되는 일은 결단코 없는 곳이다. 하늘나라는 오직 영원한 생명이요 사랑이신 삼위 하나님과 십자가로 구원받은 하늘 자녀들이 영원히 사랑하며 함께 즐거워하는 곳이다.